普通高等教育新形态教材

QIYE ZHANLÜE GUANLI

企业战略管理
第二版

李 丹　薛章林　卢 欢 ◎ 主　编

　　　　李邓金　刘 毅
陈 刚　聂希刚　叶宇璐 ◎ 副主编

清华大学出版社
北　京

内 容 简 介

企业战略管理是一门以如何提高企业战略制定、实施、评价和控制活动有效性和效率为主要内容的管理学科。考虑到其所服务的对象及其对企业整体和长期绩效的影响，企业战略管理是工商管理学科体系中最为核心和重要的组成部分。为使我国企业战略管理的教学更加符合中国企业所处的经营环境，本书以全球视野与中国情景、静态模式与动态模式、产业组织模式和资源基础模式的整合为编写视角，全面系统地介绍国内外学者有关企业战略管理的基本理论、工具和实践应用。

本书既照顾了企业战略管理理论体系的完整性，又突出了营销理论发展的前沿性和实践的时代性；既突出理论系统的介绍，又强调了实践应用环节的要求。本书为"互联网＋"新形态教材，将互联网信息技术与纸质教材深度融合，多种介质综合应用，表现力丰富；读者可以通过学习相关的战略管理实践内容巩固所学理论。

本书适合应用型本科院校和职业技能专科学院的经济管理专业的学生使用，也适合其他跨专业的学生选修使用。

本书封面贴有清华大学出版社防伪标签，无标签者不得销售。
版权所有，侵权必究。举报：010-62782989，beiqinquan@tup.tsinghua.edu.cn。

图书在版编目(CIP)数据

企业战略管理/李丹，薛章林，卢欢主编．—2版．—北京：清华大学出版社，2021.7(2025.1重印)
普通高等教育新形态教材
ISBN 978-7-302-58244-1

Ⅰ.①企… Ⅱ.①李… ②薛… ③卢… Ⅲ.①企业战略-战略管理-高等学校-教材 Ⅳ.①F272

中国版本图书馆 CIP 数据核字(2021)第 093779 号

责任编辑：刘志彬
封面设计：汉风唐韵
责任校对：王荣静
责任印制：刘海龙

出版发行：清华大学出版社
网　　址：https://www.tup.com.cn,https://www.wqxuetang.com
地　　址：北京清华大学学研大厦 A 座　　邮　编：100084
社 总 机：010-83470000　　邮　购：010-62786544
投稿与读者服务：010-62776969, c-service@tup.tsinghua.edu.cn
质量反馈：010-62772015, zhiliang@tup.tsinghua.edu.cn

印 装 者：三河市天利华印刷装订有限公司
经　　销：全国新华书店
开　　本：185mm×260mm　　印 张：16　　字 数：369 千字
版　　次：2016 年 7 月第 1 版　2021 年 8 月第 2 版　印　次：2025 年 1 月第 5 次印刷
定　　价：45.00 元

产品编号：093110-01

前　言

企业战略管理是以研究组织高层战略决策和策略模式为重点的新兴科学，其研究对象包括各类组织——企业、学校、医院、协会等营利与非营利组织。企业战略管理是为国内外 MBA 及工商管理专业本科及研究生开设的一门具有高度整合性的学位核心课程。该课程将经济学、管理学、会计学、应用统计学、营销管理、生产运作管理、财务管理以及人力资源管理等课程的相关知识加以整合，综合运用于研究和解决企业带有全局性、长远性的方向和范围问题，为企业高层管理者拟定企业未来发展方向的分析与决策提供参考依据。企业战略管理课程是一门着眼于培养学生战略性思维、开发战略管理能力的课程。如今，我们已进入战略制胜的时代，战略决策已成为企业高层管理人员的首要职能与必备的重要技能。制定与实施行之有效的战略，对企业的生存和发展而言，已变得越来越重要。随着我国加入 WTO、知识经济时代的到来及全球经济一体化步伐的加快，来自国内外日益激烈的市场竞争使企业机遇与挑战并存，利益与风险同在。对此，可否制定正确的战略，实施有效的战略管理，关系到企业能否"做大、做强、做久"和永续经营的问题。因此，学好这门课程，对于企业构建与打造核心竞争力、获取与保持持续竞争优势无疑具有重要的理论与现实意义。

企业战略管理课程的教学目的在于：

（1）培养和提升学生的战略性思维及洞察力，使其能从高层管理者高瞻远瞩、纵览全局的角度审视与把握企业面临的环境挑战及各项经营管理问题；

（2）了解战略管理研究的理论前沿与发展动向；

（3）掌握战略管理的基本理论、基本方法和分析工具，学会利用其解决企业实际面临的战略问题；

（4）关注与企业现实相关的战略问题，以加深对课程内容的理解，提高对战略方面的敏锐度与洞察力。

对此，本书本着"传播知识、拓展思路、开发潜能、提高修养"的编写宗旨，立足中国企业现状，理论与实践结合，吸纳国内外企业战略管理发展的最新成果，彰显现代企业战略管理的现实背景与时代要求。本教材以战略的视角，基于中国企业不确定性的环境挑战，研究企业持续竞争优势，探讨企业生存与发展的动因与本质。

本书的主要特色体现在以下几个方面：

（1）以战略思维与方法路径的诠释为中心；

（2）强调国际前沿理论与本土企业实践的结合；

（3）注重将古代兵法与现代商战实践的结合；

（4）力求选用最新案例材料并以国内案例为主；

（5）关注战略分析与选择的基本方法和操作工具的介绍；

（6）展现战略规划的全貌；

（7）注重规范性、务实性与可读性；

（8）注重学生应用能力的培育，突出战略实训；

（9）为"互联网＋"新形态教材，将信息技术与纸质教材深度融合，多种介质综合应用，表现力丰富。

本书一共10章，主要以导论、战略承诺与战略分析、战略匹配与选择、战略实施与评价、战略变革五个部分为主线，侧重于战略承诺与战略分析、战略匹配与选择。每章都有开篇案例、小结、章末案例，文中以二维码的形式嵌入"微课视频""经典案例""线上课堂"等内容。案例紧跟当前"互联网＋"时代的发展背景，精选经典案例，同时强调以本土及信息产业企业的案例为主。这样，更便于培养学生的战略思维与战略管理实践能力。

本书在编写过程中，学习、借鉴和参考了国内外大量相关文献资料及研究成果。为了表示对这些作者的尊重与敬意，我们对所有引用的数据及资料，通过注释以及参考文献的方式尽可能详尽地加以标注。在此，谨向这些作者表示诚挚的感谢！

限于编写者的学识水平，书中错漏之处在所难免，恳请各位同人及读者指正。

编　者

目 录

第 1 章　战略管理导论　1

开篇案例 ·· 1
1.1　战略的概念与内涵 ··· 3
1.2　战略管理概述 ··· 6
1.3　两种战略思维模式 ··· 13
小结 ·· 16
章末案例 ·· 16
复习与讨论 ··· 18
线上课堂——训练与测试 ··· 18

第 2 章　战略承诺　19

开篇案例 ·· 19
2.1　愿景的内涵与作用 ··· 21
2.2　使命的内涵与作用 ··· 23
2.3　使命陈述的构成要素 ·· 24
2.4　愿景与使命的关系 ··· 26
2.5　企业战略目标体系 ··· 26
小结 ·· 28
章末案例 ·· 28
复习与讨论 ··· 30
线上课堂——训练与测试 ··· 30

第 3 章　外部环境分析　31

开篇案例 ·· 32
3.1　宏观环境分析 ··· 34
3.2　产业环境分析 ··· 43
3.3　外部环境分析的方法 ·· 57

小结 ·· 60
章末案例 ··· 61
复习与讨论 ·· 62
线上课堂——训练与测试 ·· 63

第 4 章　内部环境分析　64

开篇案例 ··· 64
4.1　价值创造 ·· 66
4.2　内部环境分析的重要性和挑战 ··· 67
4.3　企业的资源、能力与核心竞争力 ··· 68
4.4　内部环境分析的方法 ·· 77
4.5　SWOT 分析法 ··· 79
小结 ·· 80
章末案例 ··· 80
复习与讨论 ·· 82
线上课堂——训练与测试 ·· 82

第 5 章　公司层战略　83

开篇案例 ··· 84
5.1　公司层战略及其类型 ·· 86
5.2　增长型战略（密集型战略、一体化战略、多元化战略、国际化战略）
　　 ·· 87
5.3　稳定型战略 ··· 109
5.4　紧缩型战略 ··· 111
5.5　战略实施途径 ·· 113
小结 ·· 123
章末案例 ··· 123
复习与讨论 ·· 126
线上课堂——训练与测试 ·· 126

第 6 章　业务层战略　127

开篇案例 ··· 127
6.1　竞争优势和价值创造 ·· 130
6.2　基本竞争战略 ·· 136
6.3　竞争优势的来源与维持 ··· 151

6.4 可持续竞争优势的构筑 ······················· 154
小结 ··· 157
章末案例 ····································· 158
复习与讨论 ··································· 160
线上课堂——训练与测试 ······················· 160

第 7 章　战略匹配与选择　161

开篇案例 ····································· 161
7.1 影响战略选择的因素 ························ 163
7.2 战略选择分析框架 ·························· 166
7.3 战略选择的方法 ···························· 167
7.4 战略评价的方法 ···························· 179
小结 ··· 182
章末案例 ····································· 183
复习与讨论 ··································· 184
线上课堂——训练与测试 ······················· 185

第 8 章　战略实施　186

开篇案例 ····································· 187
8.1 战略实施概述 ······························ 188
8.2 公司治理 ·································· 191
8.3 组织设计 ·································· 195
8.4 战略领导力 ································ 202
小结 ··· 207
章末案例 ····································· 207
复习与讨论 ··································· 208
线上课堂——训练与测试 ······················· 209

第 9 章　战略评价　210

开篇案例 ····································· 211
9.1 战略评价的重要性 ·························· 212
9.2 战略评价的框架 ···························· 213
9.3 平衡计分卡 ································ 217
9.4 有效评价系统的特征 ························ 221
9.5 权变计划 ·································· 222

9.6 审计 223
小结 223
章末案例 224
复习与讨论 227
线上课堂——训练与测试 227

第10章 战略变革 228

开篇案例 229
10.1 战略变革基本内涵 230
10.2 战略变革的动因 231
10.3 战略变革的主导逻辑 235
10.4 战略变革的主要类型 237
10.5 战略变革方式 238
10.6 成功变革的主要因素 240
10.7 变革中的阻碍因素 241
小结 243
章末案例 243
复习与讨论 244
线上课堂——训练与测试 245

参考文献 246

第1章 战略管理导论

学习导语

在当今迅速变化的时代，环境有太多的不确定性和复杂性，企业之间的竞争也变得越来越激烈。企业在如此激烈的竞争环境中如何生存？怎样可持续发展？这就需要我们学会用战略的思想和理论来指导企业的经营实践。本章讲述了战略管理的基本内容，使读者对战略管理有一个全面的、概括的了解，为之后章节的学习奠定基础。

学习目标

> 掌握战略的定义与特征
> 理解并掌握战略管理的含义、过程及层次
> 领会两种战略思维模式
> 把握军事战略与企业战略的区别

名言

如果知道自己身在何处，并且知道如何到达此处，也许就能知道自己前往何处。当然，如果该路原本指向的方向不合我们的期望，就应及时改变。

——亚伯拉罕·林肯（Abraham Lincoln）

没有战略的组织会像没有舵的船，在原地打转。它如同一个流浪汉，漫无目的，无处可去。

——迈克尔·卡米（Michael Kami）

开篇案例

阿里巴巴集团的战略

2019年9月，创办于1999年的阿里巴巴集团迎来了20岁生日，这与其愿景中所写到的"成为一家活102年的好公司"的蓝图还有80年。但仅仅是这最初发展的20年，阿里巴巴伴随着互联网的发展迅速成长为当今中国最炙手可热的巨头企业。从最初的C2C淘宝，到B2C的天猫，再到大家都使用的支付宝，它已渗透到我们的生活的方方面面。但如果你还以为它只是电商企业，那说明你还不够了解阿里。实际上，它早已完成了电商企业身份的蜕变，通过一次次的战略布局，为自己打造了不可动摇的商业帝国。2019年9月，张勇

从马云的手上接过了阿里船长的大旗，将在当今数字经济、智能工程等商业环境下去探索阿里新的征程。

当前，阿里巴巴以生态战略进行业务布局。在专注零售核心业务的基础上，积极布局云计算、金融、物流、数字媒体及娱乐等领域，各业务之间相辅相成。云计算是生态体系的技术及系统基础设施，业务数据化的技术底层；金融是商业运营的支持系统，是整个阿里生态信用体系和金融服务体系的基础设施；阿里妈妈是阿里电商业务货币化平台，是阿里电商业务主要的变现手段；物流业务是打通线上与线下的关键环节，具有较强的规模效应，是提高消费者黏性和满意度的重要依托；建立在这些底层设施之上的是公司的核心商业、数字媒体及娱乐，以及创新业务。而数字媒体及娱乐和创新业务又是导流的主要手段，帮助阿里体系获得更大的流量。围绕阿里整个生态平台可以对用户进行交叉销售，实现最大化变现能力。因此，其生态体系内各环节实际上联系密切、相互促进，既体现了阿里对商业的渗透之深，又体现了系统的稳固和强扩展性。

核心商业方面

（1）电商业务遥遥领先、动能强劲：公司 2019 财年零售 GMV 达到 5.73 万亿元，占线上零售总额的 61%，处于遥遥领先地位。消费增长、人群和品类渗透以及货币化率提高是收入持续增长的核心动能；

（2）新零售业务稳步推进：包括两方面布局，一是由"口碑＋饿了么"组成的本地服务公司；二是由盒马鲜生通过新零售模式解决传统电商业务无法渗透的品类，扩展业务边界。

基础设施层面

（1）阿里云：全球第三大、国内第一大的 IaaS 服务提供商，服务客户超过 10 万家，云市场的订单总数突破 200 万，云业务亏损率持续收窄；

（2）菜鸟：菜鸟全球智慧物流网络已经覆盖 224 个国家和地区，并且深入到了中国 2 900 多个区县，其中 1 000 多个区县的消费者可以体验到当日达和次日达配送；

（3）蚂蚁金服：以广泛的底层支付产品和支付场景为依托，采用阶梯递进的变现模式，开展全球化布局和模式海外输出。

资料来源：阿里巴巴未来 20 年三大战略布局，电商在线官方账号
阿里巴巴官网，2016—2019 官方年报

《孙子兵法》中提道："上兵伐谋，其次伐交，其次伐兵，其下攻城。"由此可见，上等的用兵之道，是用谋略来克敌制胜。企业的经营也是如此，要靠谋略、靠智慧去抓住机会，迎接挑战。从上述战略案例中可以看出，阿里巴巴集团在经营发展中对战略的重视。他们擅于懂得运用战略的思维模式去赢得市场，占据市场制高点。战略如此重要，那么什么是战略？战略有什么特征？企业如何制定有效的战略和实施有效的战略？这就是本章学习的重点内容。

1.1 战略的概念与内涵

1.1.1 战略的概念

什么是战略？"战略"一词由来已久，起初属于军事与外交方面的范畴，通常被认为是在对抗条件下，克敌制胜的智慧与艺术。在西方，英文中的"Strategy"一词起源于希腊语"Strategos"，原意是"将军"，是指将帅本身，后来则强调指挥军队的艺术和科学。"战略"一词在中国起源于兵法，指将帅的智谋，顾名思义就是"战略谋略"。《左传》和《史记》中已使用"战略"一词，西晋史学家司马彪曾有以"战略"为名的著述。春秋时期的《孙子兵法》被认为是中国最早对战略进行全局筹划的著作。另外，在《东周列国志》《三国演义》等古典名著中也有不少战略谋略的范例。如《隆中对》中展示的诸葛亮给刘备所谋划的战略布局。

微课视频 1-1
什么是战略

战略聚焦

《隆中对》片段

自董卓已来，豪杰并起，跨州连郡者不可胜数。曹操比于袁绍，则名微而众寡。然操遂能克绍，以弱为强者，非惟天时，抑亦人谋也。今操已拥百万之众，挟天子而令诸侯，此诚不可与争锋。孙权据有江东，已历三世，国险而民附，贤能为之用，此可以为援而不可图也。荆州北据汉、沔，利尽南海，东连吴会，西通巴蜀，此用武之国，而其主不能守，此殆天所以资将军，将军岂有意乎？益州险塞，沃野千里，天府之土，高祖因之以成帝业。刘璋暗弱，张鲁在北，民殷国富而不知存恤，智能之士思得明君。将军既帝室之胄，信义著于四海，总揽英雄，思贤如渴，若跨有荆、益，保其岩阻，西和诸戎，南抚夷越，外结好孙权，内修政理；天下有变，则命一上将将荆州之军以向宛、洛，将军身率益州之众出于秦川，百姓孰敢不箪食壶浆，以迎将军者乎？诚如是，则霸业可成，汉室可兴矣。

在《隆中对》中可以初见古代战略规划的范式，需要对内外部的环境做出充分的分析，然后再谋定而后动。军事中的战略如此，那么商业中的战略又是怎样的呢？"商场如战场"反映了商场上的竞争和战场上的竞争一样硝烟弥漫、残酷无情，因此，"战略"一词也广泛地运用于企业管理中。虽然军事中的战略基本假设是"战争"，而商业中的战略基于"竞争"，但商业战略往往可以在军事战略中汲取经验和教训，从而为企业制定合适的竞争战略。虽然市场竞争（商战）与军事抗争（兵战即战争）两者性质不同，进行的场地不同，但其经营之道与用兵之道都是为了决定胜负这一目标则是相同的，即其目的都是超越或战胜对方，使自己占据有利地位。其求胜的要求与途径也有极多类似之处，要讲求环境的适应能力与对自身条件的充分认识与运用，同时还必须借助正确的战略、战术才能取得胜利。具体异同见表 1-1 所示：

表 1-1 商战与兵战(战争)的异同

相同点		不同点
目的	战胜或超越竞争对手,使自己占据有利地位	商战:最终目的是盈利,使企业获得长期发展,不一定要消灭对手,可以在竞争中实现"双赢"
外部环境	适应与利用环境	
内部条件	自身的实力大小	
途径	必须借助正确的战略才能较易取得胜利	兵战:最终目的是消灭对手,结束战争

当今,发展是时代的主题,不仅国家政治、军事需要战略谋划,我们的商业也亟须战略的指导。自 20 世纪 60 年代以来学术界掀起了企业战略研究的热潮。钱德勒(Alfred Chandler)于 1962 年出版了《战略与结构:工业企业史的考证》一书,继而安索夫(H. Igor Ansoff)也于 1965 推出了《公司战略》一书。两位作者直接将战略与企业的经营活动结合起来并以此为书名。至此,经深入研究学者们纷纷对"战略"的概念赋予了丰富的内涵。"战略"可以说是当今政治、军事及经营领域中使用最广泛的一个名词。从企业经营领域而言,通常人们认为"战略"是一个较为抽象而空泛的概念。人们将战略概括为:主要涉及组织的长远发展的方向和范围。然而,许多学者对此有不同的看法,纷纷发表了自己的高见。

(1) 彼得·德鲁克(Peter Drucker)

1954 年,彼得·德鲁克曾在《管理的实践》中讨论了企业战略的三个基本问题:我们的企业是什么?我们的企业应该是什么?我们的企业为什么应该是怎样?战略是决定组织将要干什么以及如何干的问题。战略的基本问题不仅阐明了企业存在的理由和基础,同时也实现了提供思维、方法与途径方面的指导。德里克·埃布尔在其所著的《确定业务:战略计划的起点》一书中提出了战略定位的要点——Who-What-How,这与德鲁克的战略基本问题有异曲同工之妙,即:我们应该将谁作为客户?我们应该提供什么样的产品或服务?我们应该怎么办才能有效率地完成任务?

(2) 钱德勒

钱德勒在深入研究了美国四个主要公司的战略思想和结构变化的历史后,在《战略与结构》一书中提出:战略是决定企业的基本长期目标,以及为实现这些目标所采取的行动和对资源的分配。该定义被认为是最早用于商业领域的战略定义。

(3) 安索夫

安索夫把企业决策分为战略决策、管理决策和业务决策三类,认为战略是企业为了适应外部环境,对目前从事的和将来要从事的经营活动而进行的战略决策,即战略是一条贯穿于企业活动与产品/市场之间的"连线",涉及产品/市场范围、增长向量、竞争优势与协同作用。

(4) 大前研一(Kenichi Ohmae)

日本著名的战略家大前研一认为:"任何企业战略的构想必须考虑到三个主要角色:公司自身(Company)、顾客(Customer)和竞争者(Competitor)。"由此构建了"战略 3C"分析框架,"战略 3C"中的每一个都是有着自己利益和目标的实体,称为"战略三角"。战略家的工作就是在决定成功的关键因素上取得相当于竞争对手的优势,同时把握其战略使公司的力量能和某一确定市场的需求相适应。他提出,所谓战略,就是这样一种方式,通过该方式,一个公司在运用自己的有关实力来更好地满足顾客需要的同时,将尽力使其自身区别于竞争者。

(5)明茨伯格(Henry Mintzberg)

明茨伯格认为,战略是由五个"P"组成的,即战略是一种计划(Plan)、战略是一种策略/方法(Ploy),战略是一种行为方式/模式(Pattern)、战略是一种定位(Position)、战略是一种期望(Perspective)。

(6)迈克尔·波特(Michael E. Porter)

在其1996年发表的文章中强调:一家企业不可能为所有的人做所有的事,他必须选择该做什么与不做什么。企业在战略方面失败的一个主要原因是企业没有能够在这个方面做出清晰而明确的选择。企业战略涉及经营范围、核心资源与经营网络等方面的界定,战略是决定组织将要干什么以及如何干的问题。

(7)吴思华

中国台湾知名学者吴思华认为,战略是企业主持人或经营团队面对企业未来发展所勾勒出来的整体蓝图。他在《策略九说——策略思考的本质》一书中提出了"战略三构面",即运营范畴的界定与调整、核心资源的创造与累积以及事业网络的构建与强化。

(8)迈克尔·希特(Michael A. Hitt)

在2007年时说到战略是设计用来开发核心竞争力、获得竞争优势的一系列综合协调的约定和行动。

1.1.2 战略的内涵

国内外专家学者对战略定义各种表述,说明了人们对战略特性的不同认识,我们不能说哪种定义更重要,但在借鉴其思想后,我们可以把战略理解为企业着眼于未来,根据其外部环境的变化和内部资源条件,为获得持久竞争优势以求得企业生存和长远发展而进行的总体性谋划。具体理解时应把握以下几点。

(1)企业应该把未来的生存和发展问题作为制定战略的出发点和归宿。也就是说,一个好的战略应有助于企业实现长期生存和发展的目标。而要做到这一点,企业不仅需要了解自身及所处行业的过去和现在,还需要关注行业将来的发展变化趋势,从而把握未来。在当今政治、经济和其他外部环境因素不断发生跳跃性变化的时代,仅凭过去的经验和传统的分析方法已不能满足企业建立持久竞争优势的要求,失去对未来动态的充分估计和把握,企业将失去目标和方向;反之,则可能抓住有利的时机,建立自身的竞争优势,从而获得加速发展。

(2)企业战略是为获得持久竞争优势而对外部机会和威胁以及内部优势和劣势的积极反应。战略不是凭空产生的,它的制定建立在对影响企业内外部因素的全面了解和分析的基础上。也就是说,它强调从内外部环境分析入手来构建自身的竞争优势,寻求有利的竞争地位,强调企业对环境的适应性。因此,在外部环境分析过程中,企业必须了解所在行业的吸引力大小、未来的发展趋势，以及主要竞争对手的特点，它们既可以给企业带来重要的机会，也可以给企业带来严重的危机；在分析内外部条件时，尤其要注意评价企业的竞争能力如何，优劣势在哪里，以便决定企业具备怎样的核心竞争力并弥补自身的劣势。

（3）企业战略应该是在经营活动之前有目的、有意识地制定的，应体现一种主动精神。虽然有人对这种事先筹划的科学性和有效性提出质疑，且实际生活中也不乏战略自然形成的先例，但正像很多人愿意采用理性的处理方法一样，我们认为，系统分析和理性判断对战略的形式仍然是有必要的。没有事先科学的分析，战略的形成过程尤其是在高层管理水平上可能就是混乱的。同时，某些关键决策可能变得易于受个别管理人员选择偏好和流行时尚的影响，而且对直觉和经验的过分强调有可能使人们重新陷入新的神秘主义的泥潭。

（4）战略的实质是帮助企业建立和维持持久的竞争优势。企业作为投资者所组建的竞争性经济组织，其存在的一个重要理由是通过满足顾客需求让投资者获得收益。只有那些在资源和能力上具有竞争优势的企业才能使其所提供的产品与服务在市场上显示出足够的竞争力，企业才能因此获得相对于主要竞争对手的市场竞争优势地位，并因此顺利进行理想中的产品、服务市场交换，获得收入和利润，进而满足投资者的诉求，实现持续发展。

1.2　战略管理概述

1.2.1　战略管理的含义

战略管理（Strategic Management）是一门关于制定、实施和评价使组织能够实现其目标的决策的科学和艺术。企业战略管理是企业确定其使命，根据组织外部环境和内部条件设定企业的战略目标，为保证目标的正确落实和实现进行谋划，并依靠企业能力将这种谋划和决策付诸实施，以及在实施过程中进行控制的一个动态管理过程。

微课视频 1-2
战略管理的
含义与过程

企业战略指导着企业全部活动，其全部管理活动的重点是制定战略和实施战略。而制定战略和实施战略的关键都在于对企业外部环境的变化进行分析，对企业的内部条件和素质进行审核，并以此为前提确定企业的战略目标，使三者之间达成动态平衡。战略管理的任务，就在于通过战略制定、战略实施和日常管理，在保持这种动态平衡的条件下，实现企业的战略目标。因此，战略管理不仅涉及战略的规划和制定，而且包含着将制定出的战略付诸实施的管理，因此是一个全过程的管理；同时，战略管理不是静态的、一次性的管理，而是一种循环的、往复性的动态管理过程。它是需要根据外部环境的变化、企业内部条件的改变，以及战略执行结果的反馈信息等，而重复进行新一轮战略管理的过程，是不间断的管理。

1.2.2　战略管理的本质

在了解具体的战略管理内容之前，首先要弄清楚战略管理与其他管理理论，如财务管理、市场营销管理、人力资源管理等的区别和联系,它的研究对象和目的是什么,谁来执行战略管理等问题,即战略管理的本质是什么。

▶ 1. 战略管理是整合性的最高层次的管理理论

在国家自然科学基金委员会组织编写的《自然科学学科发展战略调研报告——管理科学》中,成思危指出:从管理科学产生和发展的过程来看,现代管理科学的学科结构可以概括为三个基础、三个层次和三个领域。其中,"三个层次"是按照管理理论所涉及的范围和影响程度划分的,具体内容如下。

(1) 管理基础。这是管理中带有共性的基础理论、基本原则和基本技术。它主要包括管理数学、管理经济学、管理心理学、管理会计学等。

(2) 职能管理。这是将管理基础与特定的管理职能相结合,以提高组织职能部门的效率。它主要包括计划管理、生产运作管理、市场营销管理、财务管理、人力资源管理、研究与开发管理等。

(3) 战略管理。这是管理理论的最高层次,包括战略的制定与实施,它不仅要以管理基础和职能管理为基础,还融合了政治学、法学、社会学、经济学等方面的知识。

从这种分类中可见,战略管理是管理理论中顶尖性的和整合性的管理理论。只有掌握了战略管理理论,我们才有可能处理好涉及企业整体性的管理问题。

▶ 2. 战略管理是企业高层管理者最重要的活动和技能

美国学者罗伯特·卡茨(Robert L. Katz)将企业管理工作对管理者的能力要求划分为三个方面,即技术能力(战术能力)、人际能力(社会能力)和思维能力(战略能力)。

(1) 技术能力,即操作能力。这种能力与一个人所做的具体工作有关,是一个人运用一定的技术来完成某项组织任务的能力,包括方法、程序和技术。

(2) 人际能力。这种能力涉及管理人员和与之接触的人们之间的人际关系,是一个人与他人共事、共同完成工作任务的能力,包括领导、激励、协调等能力。

(3) 思维能力。这种能力包括将企业看成是一个整体,洞察企业与外界环境之间的关系,以及理解整个企业的各个部分应如何互相依靠来生产产品或提供服务的能力。

企业对于不同管理层次的人员的能力要求是不相同的。从图1-1中可以看出,低层管理者所需要的能力主要是技术能力和人际能力;中层管理者的有效性主要依赖于人际关系能力和思维能力;而高层管理者最需要的能力是思维能力,这是保证他们工作有效性的最重要的因素。因此,对于企业高层管理者来说,最重要的活动是制定战略和推进战略管理,以保证企业整体的有效性。

图1-1 不同管理能力在各管理层的分布

▶ 3. 战略管理的目的是提高企业对外部环境的适应性，使企业做到可持续发展

在当今这个时代，企业的外部环境既复杂多样又动荡多变。企业的存在和发展在很大程度上受其外部环境的影响。在这些因素或影响力中有些是间接地对企业起作用的，如政府、法律、经济、技术、社会、文化等；还有一些则是直接影响企业的活动，如供应商、股东、竞争者、顾客和企业利益相关的团体。战略管理的任务和目的是保证企业在复杂多变的外部环境中生存并持续地发展下去。战略管理促进企业高层管理者在制定、实施企业战略的各个阶段，都要清楚影响企业的外部因素有哪些，影响的方向、性质和程度如何，以便制定新的战略或及时调整现行的战略，不断提高企业的适应能力。就好比把企业组织看作是生态系统的一部分，就像自然界中的一个有机体一样，随着周围环境的气候、湿度、食物等条件的变化调节自身的适应能力，使其能够生存和发展下去，做到可持续发展。

▶ 4. 战略决策是一个直觉与分析相结合的思维过程

战略管理要在不断变化的环境下做出有效决策，就必须对企业所掌握的定性和定量信息进行分析。一般来说，战略管理采用的不是一种精确、明晰的方法，而是基于以往经验、判断和感觉。直觉对于良好的战略决策至关重要。在具有很大不确定性或所做的事情没有先例的情况下，直觉对于决策尤为有用。常有一些企业的管理者和业主宣称自己具有超常的单靠直觉制定出色战略的能力。就连阿尔伯特·爱因斯坦（Albert Einstein）也承认直觉的重要性，他说："我相信直觉和灵感。我常常不知原因地确认自己是正确的。"尽管一些企业在直觉天才的管理下生存和繁荣，但大多数企业却不这么走运。绝大多数企业受益于这样的战略管理，即将直觉与分析结合起来进行决策。靠直觉还是靠分析进行决策不是一个非此即彼式的判断。企业中各层次的管理者应当将他们的直觉和判断融入战略管理分析中去。分析式思维和直觉式思维是互为补充的。

1.2.3 战略管理的过程

战略管理是对一个企业的未来发展方向制定决策和实施这些决策的动态管理过程。一个规范的、全面的战略管理过程大体分为战略分析与战略承诺、战略匹配与战略选择、战略实施与控制、战略评价与变革四个阶段，如图1-2所示。由于环境变化的不可预测，在现实生活中不存在最完美的战略，好的战略都通过边实施边调整制定出来的。丰田公司最初进军美国市场的并不是轿车，而是一种试验型客车，因为不了解市场需求和政策，导致当年的年销售量仅为288辆。但是丰田汽车并没有因此放弃美国市场，他们重新制定了战略，第一步就是进行大规模的市场调研以发现美国的市场机会。结果丰田公司发现美国人对汽车的需求观念发生了变化，越来越多的人将汽车看作是代步工具，普遍希望买到既便宜、节能又耐用的小型汽车。结果丰田的皇冠轿车一经推出，就以其经济实惠的特点迅速占领了美国市场，到1980年，丰田汽车在美国的销量已达到了58 000辆，占美国进口汽车总额的25%。可见战略管理过程的四个阶段实际上是一个循环反复、不断完善的动态过程。

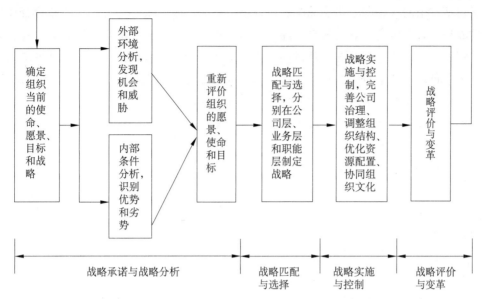

图1-2 战略管理的四个阶段

▶ 1. 战略承诺与战略分析

战略承诺主要是指企业使命、愿景和目标，战略分析包括外部环境分析和内部条件分析。

(1) 企业使命、愿景和目标

使命、愿景阐述了企业在中长期希望实现的目标，是企业区别于其他类型的组织而存在的原因和目的。这是企业对内对外的战略承诺，也是一个企业与其他企业最大的不同之处。使命、愿景和目标的分析与制定是企业战略管理过程的起点，也是战略制定的基础。

(2) 外部环境分析

外部环境分析的目的是为了在企业外部环境中寻找可能会影响企业使命实现的战略机会和威胁，包括对宏观环境、行业和竞争环境的分析。宏观环境是指那些在广阔的社会环境中影响一个产业或企业的各种因素，如经济、社会、法律等因素；产业和竞争环境则是指企业所处产业的竞争结构，包括企业的竞争地位和主要竞争对手。通过外部环境分析可以帮助企业解答以下问题：环境正在发生哪些改变？这些变化将怎样影响企业目前的地位？尽管外部环境中的变量很多，对企业的影响较为复杂，而且其中的很多因素都是企业无法掌控的，但通过环境的分析，可以帮助企业发现某些机会或威胁。

(3) 内部条件分析

内部条件分析即对内部资源和能力的分析，是为了帮助企业确定自己在行业中的地位，找到优势和劣势，以便在制定战略时能扬长避短。它包括确定企业资源和能力的数量和质量，利用企业的独特技能和资源，建立或保持竞争优势。与外部环境分析相比，对内部资源和能力的分析有利于促进企业内部的沟通和了解，使管理者和员工能更好地工作。

▶ 2. 战略匹配与选择

战略匹配与选择就是在基于战略分析的基础上制定能让企业获得竞争优势的有效战

略，它包括三个层次，即公司层战略、业务层战略和职能层战略。公司层战略是企业最高层次的战略，旨在确定企业所从事的经营范围和领域，以及在确定业务后要如何在各事业部进行资源分配以实现企业的战略意图；业务层战略涉及在所选择的业务领域内要如何进行竞争来取得超过竞争对手的竞争优势；职能战略是企业各个职能部门的短期性战略，涉及对市场营销、生产、财务、人力和研发等领域的管理。

战略匹配与选择包括三个阶段：制定备选方案、评估备选方案和选择方案。

（1）提出备选方案

在对企业的使命、愿景、目标、外部环境和内部条件分析后，企业要拟定几种备选方案。参与备选方案制定的人员需要充分掌握企业内、外部的情况。

（2）评估备选方案

企业拥有的资源是有限的，在可供选择的战略方案中，企业战略制定者应了解每一种战略方案的长处和局限性，然后根据参与者的综合判断来对这些战略方案进行排序。评价战略方案有两个标准：一是选择的战略是否充分利用了机会，较好地规避了风险；二是选择的战略是否能使企业在竞争中获得优势地位。

（3）选择方案

在考虑战略方案的可能收益时，还要分析它的风险，确定这种战略在哪种情况下是不适用的，并考虑如果发生了意外情况，对整个战略方案的影响有多大，需要做出哪些调整或更换什么样的备选方案。

▶ 3. 战略实施与控制

战略实施与控制就是将战略方案转化为实际行动并取得成效的过程。在这一过程中，企业通过分解战略目标设立年度目标、配置资源、建立有效地组织结构，形成协同的组织文化。战略实施与控制主要应考虑三个关键问题。

（1）公司治理结构

公司治理结构主要是解决所有权和经营权分离条件下的代理问题。建立有效的公司治理结构能降低代理成本和代理风险，防止经营者对所有者的利益背离，从而达到保护所有者的目的。

（2）组织结构与资源分配

新战略实施时，一般要设计和调整组织结构，使组织结构与战略相互适应和匹配。资源分配方面，企业的资源是有限的，如何在不同层次和部门间分配资源是战略实施的一个关键问题。

（3）组织文化

成功的战略实施离不开企业最高领导层的支持和理解。由于战略实施的主体是人，因此对人的管理就格外重要，协调不同部门和人员的活动需要领导者具备良好的领导才能。在弗雷德·戴维看来，"战略实施的成功与否取决于管理者激励雇员能力的大小"。企业的管理者除了需要在物质方面激励员工，还需要建立一种与战略相匹配的组织文化，在组织内部形成一种良好的工作氛围。

▶ **4. 战略评价与变革**

由于企业内外部环境处在不断的变化之中，大多数情况下，企业会发现战略的实施结果与预期的目标不一致。战略评价就是将反馈回来的实际成效与预期的战略目标进行比较，如果有明显的偏差，就要采取有效的措施进行纠正，以保证组织战略目标的最终实现。如果这种偏差是因为原来判断失误或是环境发生了意想不到的变化而引起的，企业就要重新审视环境，制定新的战略方案。倘若没有及时发现这种变化或是没

知识链接1-1
战略管理的
新变化

有及时采取有效的措施进行战略调整和变革，企业就可能遭受巨大的损失。以吉列公司为例，20世纪60年代，当不锈钢刀片最初出现在市场上的时候，因其刀刃锋利、不易腐蚀、使用寿命长且价钱合理等优点很快受到了消费者的欢迎。尽管这种产品的市场份额不及吉列刀片的20%，但它强劲的增长势头吸引了众多的小竞争者。吉列公司担心生产这种利润不高的刀片会影响到它的主要利润来源（高级蓝色刀片），时任公司总裁布恩·格罗斯毫不妥协地说："我们无意改变计划"。直到6个月后，吉列公司才迫于竞争对手的压力推出了自己的不锈钢刀片，并且在美国全范围内开展了声势浩大的促销活动，可即使是这样，公司市场占有率还是减少了几个百分点，而要重新获得这些客户就并非易事了。由此可见，战略评价对于及时发现战略管理过程中出现的问题，并做出战略调整起着至关重要的作用。

1.2.4 战略管理的层次

由于企业内部往往设置了若干管理层次，例如从上到下可以依次划分为最高管理层、中间管理层和基层管理层，因而企业战略也是分为若干层次的。一般来说，拥有多个战略业务单位(strategic business unit，以下简称为SBU)的企业战略至少可以分为三个层次：公司层战略(corporate-level strategy)、业务层战略(business-level strategy)和职能层战略(functional-level strategy)。而对于只拥有单个战略业务单位的中小企业，其公司层战略和业务层略是合二为一的。

微课视频1-3
战略管理的
层次与类型

▶ **1. 公司层战略**

公司层战略又称总体战略，是企业最高层次的战略。公司层战略的关注范围是由多个战略业务单位组成的、从事多元化经营的企业整体。

公司层战略的重点包括以下三个方面的内容。

(1) 强调把创造价值作为公司层战略的最终目的。公司层战略通过设定组织的战略目标和活动范围，增加公司各个不同部门(SBU)的价值，发挥企业的协同效应，最终实现企业整体的价值大于各独立组成部分价值的简单总和的目标。

(2) 对公司的多市场范围(即配置、构造)给予关注，包括公司的产品界线和垂直界线。根据对企业的外部环境和内部条件分析的结果，公司层战略要选择企业所从事的经营范围和领域，即回答：企业要用什么样的产品和服务满足哪一类顾客的需求？确定了经营范围后，公司层战略就要决定如何给不同的战略业务单位分配资源，以满足它们在各自市

场上竞争的需要。

（3）强调公司如何管理公司层级制度中的活动与业务。在确定了所从事的业务后，公司层战略还应考虑该怎样去发展业务，因为只有企业中的各项业务和活动相互支持，彼此协调，企业的总体战略目标才有可能实现。

综上所述，公司层战略可以概括为是公司通过配置、构造和协调其在多个市场上的活动来创造价值的方式。对于不同的企业来说，公司层战略的重要性也不同。如果公司经营者的扩张意图强烈，公司层战略就应成为战略规划的重点；反之，对于成立已久且无新的扩张计划的公司来说，应把战略重点放在业务层战略即竞争战略上。近年来比较热门的多元化、战略联盟、并购等战略都是属于公司层次的战略决策。

▶ 2. 业务层战略

业务层战略也称竞争战略，它是在公司层战略的指导下，为在某个特定的市场上成功开展竞争而制定的战略计划。从事多元化经营的公司往往拥有多个战略业务单位。竞争战略是由分管各战略业务单位的管理者制定的，它主要侧重于在特定的细分市场中获取竞争优势，包括进行准确的市场定位和选择有效的经营模式，例如发现或创造新的市场机会；针对市场需求开发新的产品和服务；评估产品和服务在多大程度上满足了客户需求，等等。通用电气公司（GE）就是一家拥有多个 SBU 的多元化企业，它的业务涵盖了从医疗器械到金融产品和服务等多个不同领域，仅其金融服务就包括了个人贷款，汽车贷款，租赁、抵押贷款，家庭财产保险和信用保险等多项内容。其业务层战略就是在各个具体的业务范围领域内如何去获取成功。

▶ 3. 职能层战略

职能层战略是属于企业运营层面的战略，它是为了贯彻和实施公司层战略和业务层战略在企业各职能部门制定的战略。职能层战略是企业内各主要职能部门的短期战略计划，一般分为研发战略、生产战略、营销战略、人力资源战略和财务战略等。职能层战略的侧重点在于发挥各部门的优势，提高组织的工作效率和资源的利用效率，以支持公司层战略和业务层战略目标的实现。如果说公司层战略和业务层战略强调的是"做正确的事"，那么职能层战略则强调"正确地做事"。

职能层战略实施的好坏会在很大程度上影响企业战略目标的实现，相比公司层战略和业务层战略，职能层战略具有更详细、具体和可操作性强的特点，如确定生产规模和生产能力，设定质量目标等可以量化的指标。

公司层战略、业务层战略和职能层战略共同构成了企业完整的战略体系，只有不同层次的战略彼此联系、相互配合，企业的经营目标才能实现，它们之间的相互关系如图 1-3、图 1-4 所示。图 1-3 为多战略业务单元的公司战略层次，即企业发展到一定程度后，涉及多个战略业务单元，更多考虑业务与业务之间的协同关系，依据从上到下的方式进行战略的决策。图 1-4 则为单一战略单元公司的战略层次，企业只专注于某一具体领域的发展，关注点更多放在业务层战略中，公司层战略往往与业务层战略合二为一。值得注意的是，上述三个层次的战略中，只有公司层战略和业务层战略才真正属于战略范畴，而职能层战略是根据上一层次战略制定的短期的、执行性的方案或步骤，因此属于战术范畴。

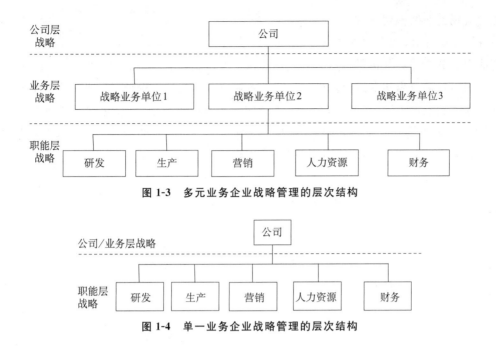

图 1-3 多元业务企业战略管理的层次结构

图 1-4 单一业务企业战略管理的层次结构

1.3 两种战略思维模式

相关研究发现，有 20% 的利润来自企业选择竞争的行业，36% 的利润变化源自于企业的特征和采取的行动。因此，外部环境、企业的资源、能力、核心竞争力和竞争优势，共同影响着公司赢得竞争优势和获取超额利润的能力。这也体现了两种基本的战略思维模式，即超额利润的产业组织模型和超额利润的资源基础模型。

1.3.1 超额利润的产业组织模型

20 世纪 60～80 年代，外部环境一直被视为企业获得成功的战略决定因素。超额利润的产业组织(I/O)模型解释了外部环境对企业战略行为的决定性影响。该模型指出，与管理者做出的组织内部的决定相比，企业选择进入的行业或细分行业对业绩产生的影响更大。企业的业绩被认为主要取决于行业的一系列特征，包括经济规模、市场进入壁垒、多元化、产品差异化以及行业中企业的集中程度。

基于经济学基础，I/O 模型有四个基本假设：第一，外部环境被认为能够对获得超额利润的战略产生压力和约束；第二，在行业或细分行业中进行竞争的公司被认为控制相似的资源，同时，基于这些资源采取相似的战略；第三，战略实施所需的资源被认为可以在公司间自由流动，因此，公司间所产生的任何资源差异都是暂时的；第四，公司的决策制定者被认为是完全理性的，并以公司的利益最大化为出发点。I/O 模型要求公司必须选择进入最具吸引力的行业。由于公司被认为拥有相似的、可自由流动的资源，因此，只有在具有最高潜在利润的行业中经营，学会如何利用资源来执行由行业结构特征决定的战略，才能使公司的业绩得到提升。

如图 1-5 所示，I/O 模型指出，只要公司能够有效地研究外部环境，以此为基础来识别有吸引力的行业，并执行适当的战略，公司是可以获得超额利润的。例如，在一些行业中，公司可以通过组建合资企业来减少竞争者，提高行业进入壁垒。因此，合资企业可以增加行业的获利能力。公司掌握外部环境所需的战略执行技巧，就可以增加成功的可能性；反之，则更容易导致失败。因此，该模型认为，决定公司能否盈利的首要因素是外部环境特征，而非公司内部所特有的资源或能力。

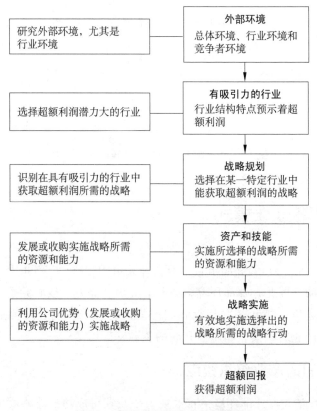

图 1-5 超额利润的产业组织模型

1.3.2 超额利润的资源基础模型

资源基础模型认为，任何一个组织都是独特的资源和能力的组合体，这些资源和能力的独特性是公司战略和超额利润的基础。

资源（resources）是指生产过程中的各种投入要素，如资本设备、员工技能、专利技术、资金以及有才能的管理者等。一般而言，公司的资源分为三类：实物资源、人力资源和组织资本。资源的本质分为有形资源和无形资源。单个资源或许无法创造竞争优势，事实上，只有当资源组合成能力后才更有可能成为能创造竞争优势的资源。能力（capability）是指将众多资源以整合的方式完成一项任务或活动的才能。随着时间的推移，能力在不断发展，因此，必须以动态的方式对其进行管理，以获取超额利润。核心竞争力（core competencies)是指可以作为战胜竞争对手的竞争优势的来源的一系列资源和能力。核心竞争力通常体现为组织职能。例如，苹果公司的研发职能就是其核心竞争力之一。

根据资源基础模型，随着时间的推移，不同公司间所表现出来的业绩差异主要源于它们所拥有的独特资源和能力，而不是行业结构的特征。这一模型还假设，公司首先获取各种资源，然后以资源的整合和利用为基础来发展其独特的能力，这些资源和能力不能在公司间很自由地流动，其差异性是获取竞争优势的基础。通过持续不断地运用这些资源，其自身能力变得更强，也更难被竞争对手掌握和复制。作为竞争优势的来源之一，能力既不能简单得易被竞争对手模仿，也不能复杂得难以在公司内部进行把握和控制。

超额利润的资源基础模型如图1-6所示。该模型指出，公司选择的战略应该能让它在有吸引力的行业中发挥竞争优势。并非公司拥有的所有资源都有可能成为竞争优势的基础，只有当资源和能力具有价值性、稀缺性、难以模仿性和不可替代性时，这种可能性才会成为现实。资源的价值性是指公司可以靠它来获取外部环境中的机会，应对各种风险；资源的稀缺性是指它只被少数现有的和潜在的竞争对手拥有；资源的难以模仿性是指与已经拥有该资源的公司相比，其他公司难以获得这种资源或者需要付出高昂的成本才能获得该资源；资源的不可替代性是指不存在结构类似的资源。随着时间的推移，许多资源都可以模仿或可以替代，因此，单纯依靠资源很难获得或长期维持竞争优势。为了获得能力，单个资源经常互相整合在一起，而整合后的能力更有可能具备上述的四个特征，成为公司的核心竞争力。

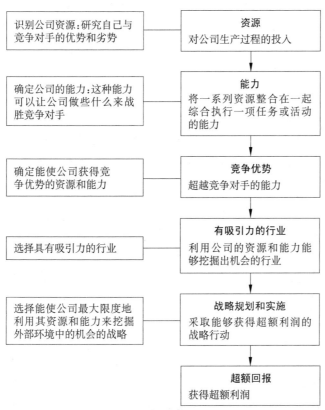

图1-6 超额利润的资源基础模型

如前所述，随着时间的变化，行业环境和公司内部的资源与能力都会影响企业的业绩表现。因此，公司形成愿景和使命后，在决定一个战略或多个战略以及如何实施战略时，必须同时运用产业组织模型和资源基础模型。事实上，这两个模型是相互补充的，前者关注的是公司外部环境，而后者则聚焦于公司内部条件。

小结

随着互联网技术的变革、经济全球化趋势的加强，国内市场的竞争越来越激烈，按照原有的经验早已无法应对，企业正面临前所未有的挑战。尽管国内有许多企业怀着做大做强的美好愿望，但面对市场中的众多诱惑和陷阱，很容易就迷失了方向。战略管理作为一门前瞻性的学科，为探索中的中国企业提供了发展的理论框架和思考方法。本章首先介绍了战略的概念；其次，进行了战略管理基本思想的梳理；最后，展示了两种基本的战略思维。希望通过本章的学习，可以基本掌握有关战略的基本概念和思维，以利于后续篇章的学习。

章末案例

华为的战略成功与战略盲点

在 2016 年 5 月底召开的全国科技创新大会上，任正非在《以创新为核心竞争力，为祖国百年科技振兴而奋斗》的讲话中提出："随着逐步逼近香农定理、摩尔定律的极限，面对大流量、低时延的理论还未创造出来，华为已感到迷茫，找不到方向，华为已前进在迷航中。重大创新是无人区的生存法则，没有理论突破，没有技术突破，没有大量的技术积累，是不可能产生爆发性创新的。"

讲话中，任正非的两个判断振聋发聩，第一个就是华为创新进入了无人区；第二个是我们对智能时代认知不足。作为中国最优秀的企业家之一，此刻，他内心最大的恐惧或许是远离人群和无法准确定义竞争对手，而孤独可能导致误判一个崭新的时代。

我们将从更宏观的视角感知华为，感知这个世界巨头面临的战略挑战，感知新时代对商业环境的塑造和推动，希望我们能建设性地和华为一起思考新理论、新战略、新梦想。

战略：华为如何领航人机智能？

从 Alphabet、亚马逊、苹果、脸书、IBM、微软等世界顶尖巨头，甚至 BAT 的最新战略来看，人机智能时代势不可挡，已经不需要讨论。但这个问题本来应该最先问互联网公司，此刻，任正非提出这个问题，这本身就意味着华为在做前瞻性战略思考，并在创新维度上对标谷歌。

回顾：华为 30 年的成功要素

大体上可以概括为五点：第一点是香农定理和摩尔定律支撑的清晰战略路径和可持续战略预期；第二点是过去十几年全球通信行业作为 IT 和互联网的底层基础设施出现爆发式增长，拥有需求驱动的时代红利；第三点是军事化思想支撑的全球化执行力；第四点是制度设计优势支撑的人才创造力；第五点是研发驱动的战略红利以及技术溢价。画龙点睛之笔也包括通信行业颠覆式模式 SingleRAN 和分布式基站等创新。

概括起来，我们可以客观地总结为：华为的成功具备时代性，且依附于时代。华为虽然超越了大部分中国企业的高度，但依然是商业轨道上可以预知的成功。华为的属性是商业领域中一家通过产品和服务成功的公司，但并不具备领先者的开创性基因。这个认知很重要，这可以让我们像任正非一样，打破对成功的盲目崇拜，进而理性地思考和推理，识别未来潜在的风险。

对于华为的成功要素，我们可以总结的是：华为的成就和中国的全球化红利高度捆绑，和时代趋势高度捆绑。华为目前的两大推动力，第一，依然应该是中国在全球化中的核心驱动甚至主导地位，由此推动全球大规模的通信基础设施投资；第二，应该是把握新时代新红利，抓住消费电子时代的全新需求。

但硬币的另一面也很清晰，基于战略成就可能出现的战略挑战是：

（1）国际市场环境有可能伴随着中国的复杂国际关系大环境的变化发生逆转，这一点已经从美国对华为的商业限制中展露端倪；

（2）信息时代周期性带来的发展动力下降，这里面包括香农定理和摩尔定律瓶颈的问题；

（3）智能时代对组织再造的重大挑战，工业化和信息化时期快速成长起来的华为可能面临着人员过剩的问题，目前这个挑战还不明显，但应该是存在于不远处的真实问题。

可见，华为在人机智能时代到来的时刻，本身已经走到了发展的十字路口。如图 1-7 所示，我们看到华为目前的战略是双支点排布的。

图 1-7　华为战略矩阵

如果华为战略性地弥补展现出了天花板和基础的瓶颈，其战略就不应该仅仅是补足的问题，而应该是全面过渡到智能时代的"智能金字塔生态"战略（图 1-8），这是一个不小的颠覆。

华为的战略目前依然在迭代中，并且具有明显的战略盲点，或者说是"战略弱点"。

如果华为不能有效地建立更加立体的战略模型，可预见的瓶颈应该会出现在两个时间窗口，第一个是全球销量超越苹果之后，华为将在维护整体生态竞争力上面临巨大挑战；第二个是总体信息时代计算能力进一步进入瓶颈（也就是任正非所言的摩尔定律、香农定理临界点）之后。华为目前的战略将进一步走上巅峰，但眼前的景象将从"战略无人区"变

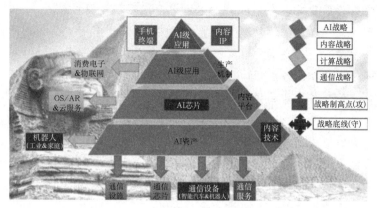

图 1-8　华为"智能金字塔生态"战略矩阵

为"战略悬崖"。

资料来源：《熵减：华为活力之源》，华为大学，中信出版社，2019 年 8 月

分析讨论：

1. 请分析华为企业战略成功的原因。
2. 结合当前华为所面临的形势对华为战略决策进行判断，你认为它是否存在战略盲点。
3. 请查看华为企业的官网，搜寻与华为企业战略相关的信息，并做一个华为战略的综合分析报告。

复习与讨论

1. 如何理解企业战略？它有什么特征？
2. 企业战略管理主要有哪几个层次？
3. 战略管理的本质是什么？
4. 战略管理的过程有哪几个阶段？
5. 基本的战略思维是什么？

线上课堂——训练与测试

思维训练 & 实践演练

在线自测

第 2 章　战略承诺

学习导语

企业进行战略管理的第一步是做出企业的战略承诺。战略承诺是企业存在的价值和意义。企业要通过战略承诺明确在社会经济活动中所扮演的角色、所履行的责任、所从事的业务性质。如果一个企业的愿景和使命不明了、目标不清晰，它就会像一艘没有方向的船，迷失在茫茫商海中。本章讲述了企业的愿景、使命和战略目标体系，使读者对企业的战略承诺有一个全面的了解，为之后战略分析与选择的学习奠定基础。

学习目标

➢ 领会愿景的内涵与作用
➢ 理解并掌握使命的重要性及内涵
➢ 掌握使命陈述的内容和构成要素
➢ 了解愿景与使命的关系
➢ 掌握企业战略目标体系的内容

名言

公司的愿景目标可以集中企业资源、统一企业意志、振奋企业精神，从而指引、激励企业取得出色的业绩。战略家的任务就在于认定和表现企业的愿景目标。

——约翰·基恩（John Keane）

战略家的任务不在于看清企业目前是什么样子，而在于看清企业将来会成为什么样子。

——彼得·德鲁克（Peter F. Drucker）

| 开篇案例 |

京东的价值驱动

京东于 2004 年正式涉足电商领域，2018 年，京东集团市场交易额接近 1.7 万亿元。2020 年 7 月，京东集团第五次入榜《财富》全球 500 强，位列第 102 位，是中国线上线下最大的零售集团。

京东集团定位于"以供应链为基础的技术与服务企业"，目前业务已涉及零售、数字科技、物流、技术服务、健康、保险、物流地产、云计算、AI和海外等领域，其中核心业务为零售、数字科技、物流、健康四大板块。

愿景、使命与价值观

京东的愿景：成为全球最值得信赖的企业

京东的使命：技术为本，致力于更高效和可持续的世界

京东的核心价值观：客户为先、诚信、协作、感恩、拼搏、担当

京东的使命在 2013 年是让生活变得简单快乐，现在定义为技术为本，致力于更高效和可持续的世界。从使命的变化中我们也可以看见京东战略布局调整，从一家电商零售企业转变为"以供应链为基础的技术与服务企业"。

在 2012 年之前，京东一直强调的是企业的目标，即"做中国最大、全球前五强电子商务公司"。这个目标看起来更像是针对其最强大的竞争对手阿里巴巴。而随后京东意识到以客户为导向的长期愿景能够更好地驱动企业的发展，唯有取得客户的信赖才能得以持续的发展。因此在京东的核心价值观中坚持了客户为先的经营理念，并在以下四个发展的大板块中去践行并获得成功。

京东零售

京东零售集团坚持"以信赖为基础、以客户为中心的价值创造"的经营理念，持续创新，不断为用户和合作伙伴创造价值。京东零售集团致力于在不同的消费场景和连接终端上，通过强大的供应链、数据、技术以及营销能力，在正确的时间、正确的地点为客户提供适合他们的产品和服务。

京东科技

京东科技是京东集团旗下专注于以技术为政、企客户服务的业务子集团，秉承科技引领、助力城市及产业数智化升级的使命，致力于为政府、企业、金融机构等各类客户提供全价值链的技术性产品与服务。基于人工智能、云计算、大数据、物联网等前沿科技，依托京东多年耕耘供应链的积累，京东科技是最懂产业的数智化解决方案提供商，面向不同行业提供以供应链为基础的数智化解决方案。

京东物流

京东物流是中国领先的技术驱动的供应链解决方案及物流服务商，以"技术驱动，引领全球高效流通和可持续发展"为使命，致力于成为全球最值得信赖的供应链基础设施服务商。

京东健康

2020 年 12 月，京东健康在香港联交所主板上市。基于"以供应链为核心、医疗服务为抓手、数字驱动的用户全生命周期全场景的健康管理平台"的战略定位，京东健康已经实现全面、完整的"互联网＋医疗健康"布局，产品及服务可覆盖医药健康实物全产业链、医疗全流程、健康全场景、用户全生命周期。

资料来源：京东官网，www.about.jd.com/culture

著名的管理学大师德鲁克曾说过：一个企业不是由它的名字、章程和公司条例来定义，而是由它的任务来定义，企业只有具备了明确的任务和目的，才可能制定明确和现实的企业目标。因此，企业在制定战略之前，首先，都要明确企业从事什么业务；其次，要思考清楚企业未来应该是什么样子，其对顾客、供应商、员工、投资者等相关利益者的承诺是什么；最后，再确定其战略目标让企业逐步成为未来的样子。这就是本章学习的重点内容。

微课视频 2-1
战略承诺的概述

微课视频 2-2
战略承诺的内容

2.1 愿景的内涵与作用

2.1.1 愿景的内涵

愿景(vision)是对公司期望成为什么所作出的描绘。因此，愿景描述了组织的理想状态，勾勒出组织的未来。换言之，愿景指明了公司未来几年的前进方向。同时，有效的愿景还可以指引和激励员工。卡迈恩·加洛(Carmine Gallo)所著的关于乔布斯传记的书中指出，苹果之所以能如此具有创新性，原因就在于乔布斯对公司愿景的描述。她认为，乔布斯比大多数人的想法更多、更新颖，将其形容为"在宇宙中留下足迹"。她解释说，想要具有创新性，就必须从不同的角度去看待顾客和产品——销售梦想而非产品，拥有与众不同的关于"创造伟大梦想"的想法。2011 年，乔布斯与世长辞，而苹果则要面对失去乔布斯后如何保持创新性这一挑战。令人吃惊的是，许多企业家在进行风险投资评估时对苹果仍旧保持较为乐观的态度。愿景还反映了一个公司的价值观和志向，公司希望以此来吸引每一位员工，甚至是其他利益相关者。那么，如何来构建企业的愿景呢？

知识链接 2-1
成功企业的愿景

一般一个构思良好的愿景规划应包括两个组成部分：核心经营理念和生动的未来前景。"核心经营理念"界定了我们的价值观是什么以及我们为什么存在；"生动的未来前景"是企业渴望变成、实现的未来样子。

▶ 1. 核心经营理念

核心经营理念包含了核心价值观与核心目的。核心经营理念界定了企业基本价值观与存在的理由。其中，核心价值观具有经久不衰的特征，这种特征是组织稳定的标志，对企业战略具有持久而重大的影响；核心目的是一种在企业成长、分权、全球扩展、实行多元化的过程中把组织聚合起来的黏合剂。用简短的文字把企业的主张和存在的理由清晰地表达出来，对企业的员工是一种极大的激励。优秀的领导者也不会浪费与员工交流企业愿景的机会，他们总试图在最大程度上调动员工的积极性。像松下的员工就唱着"把我们的商品源源不断永不停止地送到世界各地，就如水从源头喷涌而出"的公司歌曲，不管是歌唱的员工还是听歌的人都会不由自主地感受到那股强烈的愿望，也就是企业全体员工的共同愿望。

▶ 2. 生动的未来前景

愿景规划框架中的第二个部分，是生动的未来前景。它包括两个部分：一个是用 10～30 年实现的大胆目标；另一个是对实现目标后将会是什么样子的生动描述。"生动的未来前景"这种表达可以这样理解：一方面，它传递了具体有形的信息，即一些可见的、生动的、真实的东西；另一个方面，它又包含了还没有到来的时间，诸如梦想、希望和渴求。从"生动的未来前景"看，可以激发人们的热情和动力，促使人们为达成美好的前景而不断地促成战略变革，改变现状，开拓进取与创造未来。

企业愿景的哲学意义体现在"因为你想成为什么，所以你就能成为什么"，而不是"因为你能成为什么，所以你想成为什么"。

一般来说，有效的企业愿景通常具备以下特征。

（1）形象性。有效的企业愿景应形象地描述战略管理者力图创造的企业类型和公司力争占据的市场地位。

（2）指导性。愿景应描述战略管理者为企业所制定的战略方针以及产品、顾客、市场、技术等方面的变化。

（3）聚焦性。愿景应足够具体且有针对性，以便为战略管理者的决策制定和资源配置提供指导。

（4）灵活性。愿景也不能过度聚焦，否则企业对于市场、顾客偏好和技术的不断变化将会缺乏适应性。

（5）可行性。愿景应在企业通过持续努力能够实现的合理范围内。

（6）合意性。愿景所展示的企业发展路径能够体现出良好的商业意识。

（7）易于传达。能够在 5～10 分钟内阐述清楚，最理想的是浓缩成一句简单、易记的口号。

2.1.2 愿景的作用

愿景确定后，一般会面向企业内外部广泛发布。那么，企业向大众公布自己愿景的作用是什么呢？简单地说，主要有下面三个目的。

（1）促进沟通。企业的成功需要其利益相关者（包括股东、员工、顾客、社区、政府、媒体等各种利益集团）了解自己。

（2）赢得认同和支持。为了使那些了解本企业的利益相关者能够进一步对企业产生好感，甚至表现出合作或者支持的意愿，企业必须先表明自己的承诺。人们一般更相信做出这样承诺的企业更容易获得成功。

（3）寻求监督。企业公开宣布自己的愿景、就承诺做什么和不做什么而接受利益相关者的监督。通常来说，利益相关者不喜欢经常改变承诺的企业，这就要求企业战略管理者必须信守承诺。

2.2 使命的内涵与作用

2.2.1 使命的内涵

使命(mission)是对一个企业存在理由的阐述。它指明了一个公司从事的和想要从事的业务，以及所要服务的顾客，解释了企业形成和存在的根本目的、发展的基本任务，以及完成任务的基本行为规范和原则。企业使命还揭示了企业区别于其他类型而存在的原因或目的，即企业应满足何种需要。企业使命代表了企业存在的根本价值，没有使命，企业可能丧失存在的意义。世界管理大师德鲁克指出，建立一个明确的企业使命应成为战略家的首要责任。与愿景不同的是，公司的使命更加具体。与愿景相同的是，使命也需要塑造个性，鼓舞员工，照顾到所有的利益相关者。愿景和使命共同构成了公司选择和执行战略的基础。

企业使命的确定是战略管理的起点，是一种企业定位的抉择，它需要回答的问题是：谁是我们的顾客？他们需要什么？我们能为他们做什么？相对于竞争对手来说，为什么我们会让顾客更加满意？企业使命的含义体现在以下三个方面：

(1) 企业形成和存在的根本目的；
(2) 企业生存和发展的基本任务；
(3) 企业达到目的、完成任务的基本行为规范和原则。

为了使企业的内涵能够清楚明确地传达给组织内外的相关人士，企业使命往往会形成企业的使命陈述(mission statement)。具体而言，企业使命通常又包含两方面的内容：企业哲学与企业宗旨。

企业哲学(enterprise philosophy)是指企业全部生产经营活动(包括战略管理活动在内)的指导思想，即为企业生产经营活动所确定的价值观、信念和行为准则。它主要通过企业对利益相关者的态度，企业提倡的共同价值观、政策和目标以及管理风格等方面体现出来，制约着企业经营范围和经营效果。如，麦当劳用来界定公司的哲学是：一张有限的菜谱，质量一致的美味快餐食品，快速到位的服务，超值定价，卓越的顾客关怀，便利的定位和选址，全球的市场覆盖。任何企业在任何时候都会有企业哲学，并不是一定要在制定战略规划的时候才去制定。企业哲学一经确定就有相对的稳定性，但也不是永远不变的。

企业宗旨(enterprise purpose)，规定企业去执行或打算执行的活动，以及现在的或期望的组织类型。企业宗旨所要回答的问题是企业将从事何种事业、用户是谁以及如何为用户服务。决定企业经营范围的应该是顾客，因此，在确定企业业务范围时，应该说明要满足的顾客需求是什么，而不是说明企业生产什么产品。如何确定企业宗旨，主要有以下三个方面：

(1) 谁是企业的顾客？(目标顾客定位)
(2) 顾客的需求是什么？(顾客需求定位)
(3) 如何满足顾客需求？(经营活动与定位)

哈药集团的企业宗旨是这样表述的:"现身医药事业,造福人类千秋。"耐克公司(Nike)公司的企业宗旨明确地表述为:"为世界上的每一位运动员带来灵感和创新。"不仅如此,耐克还赋予"运动员"一词十分宽泛的含义:"只要你拥有身体,你就是一名运动员。"耐克公司在介绍其企业宗旨的时候,没有直接说生产的什么产品,而是说了为谁服务,如何服务。对耐克公司来讲,其宗旨就是激发灵感。

2.2.2 使命的作用

任何企业使命的形成都有一个历史过程。一个企业在新建之初,其使命大多比较模糊或简单,主要体现在对经营范围的陈述方面。随着企业的发展和对经营过程的体验,其使命会逐步成熟和完善。不同企业的使命陈述详略不一,其表达方式也各不相同。但企业使命陈述毕竟是企业战略中最引人注目、最易被公众了解的部分,也是最能够指导和激励各种利益相关者的部分。

使命的作用具体表现为以下几点。

(1) 导向作用。明确的企业使命能够指明企业未来发展方向,能为有效分配和使用企业资源提供一个基本的行为框架,避免向某些严重偏离企业发展方向的领域进行投资,从而做到方向明确、力量集中。

(2) 协调作用。明确的企业使命能使企业的相关利益主体都有机会了解企业的经营宗旨和方向,有利于协调他们之间的关系,使大家的思想行动都统一到企业的宗旨和方向上来,形成整体力量,取得整体大于部分的协调效应。

(3) 界定作用。第一,明确的企业使命有助于界定企业的经营领域,从而为企业开展战略环境分析确定了范围;第二,明确的企业使命是企业确定战略目标的前提和选择战略方案的依据;第三,明确的企业使命有利于界定自身的企业形象,加深顾客对企业的辨识。

精心开发、清楚表述的企业使命,对企业发展和战略管理至关重要。但在现实生活中,许多公司领导者整天忙于日常管理事务的细枝末节,而对公司使命的思考和确定却不太重视,甚至草率行事。往往到了公司出现严重问题甚至危机时,他们才开始"临时抱佛脚"地重新审视公司使命。也有一些公司在想要确定自己公司使命时手足无措,不知从何开始进行使命的陈述。由此,要清晰地表述企业使命,可以从使命陈述的九个要素着手去进行思考。

知识链接 2-2
知名企业的
使命陈述

2.3 使命陈述的构成要素

不同企业的使命陈述在篇幅、内容、表述形式以及具体程度上存在差异。大多数战略管理的实践工作者和理论家认为,有效的陈述应该包括九个构成要素,具体如下:

微课视频 2-3
企业的使命陈述

(1) 顾客——谁是企业的顾客？

我们坚信，我们要对其负重要责任的是医生、护士、患者、母亲和所有使用和享受我们产品和服务的人。(强生公司)

以公司使命丰富女性人生为荣。以玫琳凯的方式关心他人、努力工作、坚忍不拔、具大家庭感和乐施精神，在对待所接触的每一个人时，都应当觉得对方在提醒你：让我觉得自己是重要的。(玫琳凯公司)

(2) 产品或服务——企业主要产品或服务是什么？

寻找和开采石油、天然气、液体天然气，以这些原料为社会生产高质量的产品，并以合理的价格向消费大众销售这些产品和提供相应的可靠的服务。(美孚石油公司)

(3) 市场——企业服务于哪一区域的市场或顾客？

我们将竭尽全力使康宁玻璃公司取得全面成功，成为全球强有力的竞争者。(康宁玻璃公司)

我们关注的是北美市场，尽管我们也要开拓全球市场。(布洛克威公司)

(4) 技术——企业采用的基本技术是什么？紧跟时代步伐吗？

我们置身于微电子和计算机技术应用两个重要领域。(数据控制公司)

成为具有最先进材料科学、最强大设计能力和制造技术的世界领先的垂直整合公司。(比亚迪)

(5) 关注生存、发展与盈利能力——企业能够实现业务增长并获得合理的财务收益吗？

通过收集、评价、生产和经营有价值的信息而满足全球需求，同时使我们的用户、雇员、作者、投资人以及整个社会受益。(麦格劳—希尔出版公司)

我们的使命是制造像自来水一样丰富的价廉物美的产品。我们以此摆脱贫困，给人们的生活带来幸福，使世界变得更加美好。(松下公司)

(6) 经营哲学——企业的基本信念、价值观、伦理道德倾向是什么？

玫琳凯的全部哲学建立在这样的一条金科玉律之上：分享与关怀。基于这种理念，人们将愉快地贡献他们的时间、知识和经验。(玫琳凯公司)

华为的追求是在电子信息领域实现顾客的梦想，并依靠点点滴滴、锲而不舍的艰苦追求，使我们成为世界级领先企业。(华为公司)

(7) 自我认知——企业独特的竞争能力或主要竞争优势是什么？

我们的企业、市场和质量等一切企业实力要素以及每个环节都要精益求精，永创第一，永争第一。(格兰仕公司)

(8) 公众形象——企业是否对社会、社区和环境承担责任？

强乳兴农，愿每一个中国人身心健康。(蒙牛公司)

敬业报国，追求卓越。(海尔公司)

建筑无限生活，创造健康丰盛的人生。(万科公司)

(9) 对雇员的关心——企业是否视雇员为宝贵的资产？

创造发展空间，提升员工价值，提高工作生活质量。(联想公司)

这九个方面是绝大多数企业所关注和重视的，也是企业经营中首先要解决的基本问题，是构成企业使命的基本要素。对这些要素，各个企业由于自身的特点以及所处的发展阶段不同，在使命陈述时可以不全包括，但一般不会超出这个范围。企业的使命不一定是越长越好，只要能清晰地表述企业的"有所为，有所不为"便算是一个好的使命宣言。九大要素给出了企业对使命陈述的思考方向，同时也可成为评价一个企业使命陈述优劣的重要指标之一。

2.4 愿景与使命的关系

愿景和使命都是对一个企业未来发展方向的构想和设计，同为企业长期承诺和价值驱动型战略的表达和传播形式，但两者之间仍然存在一定的差别，总结如下。

（1）愿景更多地描述企业将要做成什么样子，强调的是企业在未来应该成为怎样的企业；而使命更多地描述企业是做什么的，强调的是企业在当前最想做的事情。

（2）愿景突出的是企业未来的发展方向，描述的时间更为长远；而使命强调的是企业现实的经营特点、存在的理由，描述的时间相对较近。

（3）愿景是一种较为简洁化、大众化的表达，而使命的表达方式更为正式、专业、全面和具体，实际上一个完整的使命陈述就应该包含愿景的内容。

（4）从制作流程和权威性方面来看，使命陈述也更为正式。一般来说，企业使命陈述通常需要经过企业战略管理者的认真研讨和反复斟酌，并经过董事会的批准从而具有高度权威性。对内，它将成为企业高层管理者制定其他战略的根本依据；对外，它将是企业与各个利益相关者进行沟通的最为基础和可靠的文本。为保证企业在战略上的持续性，企业使命陈述的时间跨度一般在十年至几十年之间，除非经过董事会的慎重考虑与决策，否则不要在短期内随意改动。在我国，使命陈述五花八门，有的把愿景视为使命，有的把使命当作愿景，有的采用经营宗旨的说法，还有的直接用价值观来表明概括。事实上，愿景可以视为企业使命的一部分。当需要简单表达时，它就独立出来成为愿景；当需要全面正式表达的时候，企业就会采用使命陈述进行详细描述。

2.5 企业战略目标体系

企业在确定了愿景和使命的基础上就可以开始建立企业战略目标体系。企业战略目标体系的建立是选择战略方案的基础。在制定战略之前，首先要明确组织的战略目标，在此基础上才能更大程度地实现其目标，最终履行企业的使命和最大程度地实现企业的愿景。

企业目标（corporate objective）就是在一定时期内综合内外部环境和资源，设定的一个预期要达到的成果，是愿景的具体化和明确化。企业通过对愿景和使命的解读，制定出相应的总体目标、中间战略目标以及具体的目标，形成企业的整个战略目标体系，如图2-1，这样就将模糊的、大概的愿景转变成可测量的目标，使企业在行动上更具有目的性、更加集中。

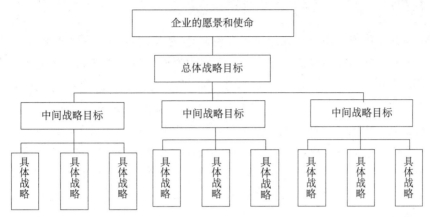

图 2-1　企业战略目标体系

企业目标是一个富有弹性的体系（表 2-1），它的基本构成不是固定不变的。总的来说有表 2-1 所示的几种划分方法。

表 2-1　企业战略目标体系

分　类	目标项目	目标项目构成
业绩目标	收益性	资本利润率、销售利润率、资本周转率
	成长性	销售额成长率、市场占有率、利润增长率
	稳定性	自有资本比率、附加价值增长率、盈亏平衡点
能力目标	综合	战略决策能力、集团组织能力、企业文化
	研究开发能力	新产品比率、技术创新能力、专利数量
	生产制造	生产能力、质量水平、合同执行率、成本降低率
	市场营销	推销能力、市场开发能力、服务水平
	人事组织	职工稳定率、职务安排的合理性、直接间接人员比率、员工满意度
	财务能力	资金筹集能力、资金运用效率
社会贡献目标	顾客	提高产品质量、降低产品价格、提高服务水平
	股东	分红率、股票价格、股票收益率
	职工	工资水平、职工福利、能力开发、士气
	社区	公害防制程度、利益返还率、就业机会

以上各种形式划分的目标各有优点，它们是同时存在于每个企业，只是为了不同目标而起的不同名称。简单地说，可以将企业的目标分为战略性目标和一般性目标。战略性目标一般以竞争者为核心，大多是以取得市场上的关键地位为目标。战略性目标的背后往往存在着强烈的战略意图。企业目标的制定以对环境的分析和企业使命的确定为基础，之后才可能制定出正确的目标。

典型案例 2-1
北汽集团的
战略经营目标

小结

彼得·德鲁克认为，制定明确的愿景和使命是"战略制定者的首要职责"，愿景和使命表明了一个企业独特的存在价值，它既是企业对内对外的战略承诺，也是企业战略实施的风向标。愿景回答了企业想要成为什么样子，而使命则答复了其存在的理由和追求的价值。好的使命陈述应该要展示出企业的顾客、产品或服务、市场和技术，关注企业生产、发展和盈利能力，体现经营哲学和自我认知，并注重公众形象和员工。这九大要素构成了评价和撰写使命陈述的重要框架。企业的战略目标体系是综合内外部环境和资源设定的一个预期要达到的成果，由不同的各级战略目标组成，是企业使命的具体体现，也是实现企业愿景的重要步骤。希望能通过本章的学习，读者可以掌握战略制定的重要工具，更好地了解企业的战略承诺，即愿景、使命、战略目标体系，为下一个章节的学习打好基础。

章末案例

阿里巴巴的"新六脉神剑"

2019年9月10日，阿里的"新六脉神剑"正式颁布。这项关于阿里发展的"新六脉神剑"于2018年8月开始进行修订、打磨，经过5轮合伙人专题会议、海内外9场沟通会、467名组织部成员激烈讨论，涵盖全球各事业群，不同司龄、岗位、层级、年龄的员工参与调研，给出近2 000条建议反馈，从上到下、从下而上，历经400多个小时的专题讨论，前后修改20余稿，历经一年多时间，最终定稿推出。

使命：让天下没有难做的生意

愿景：

活102年：我们不追求大，不追求强，我们追求成为一家活102年的好公司。

到2036年，服务20亿消费者，创造1亿就业机会，帮助1 000万家中小企业盈利。

价值观：

客户第一，员工第二，股东第三

因为信任，所以简单

唯一不变的是变化

今天最好的表现是明天最低的要求

此时此刻，非我莫属

认真生活，快乐工作

典型案例2-2
阿里巴巴"新六脉神剑"
（来源：阿里巴巴官网）

为什么阿里如何重视这个"六脉神剑"呢？让我们来找找这重要的缘由吧。

每年湖畔大学的开学第一课都是由马云亲自讲授，主题一直未变，即所谓的"上三路"——使命、愿景、价值观，与"下三路"——组织、人才、KPI。其中，"上三路"是虚，"下三路"是实。马云常说："一个了不起的企业，一定是把虚的东西做实了，把实的东西做虚。"

具体而言：

使命是要回答"我们这个组织到底要追求什么，我们这帮人在一起到底想干什么？"

使命不一定要非常宏大，但一定要是创始人真正相信的东西。比如，阿里巴巴从成立第一天起，其使命就是"让天下没有难做的生意"，至今未变。

愿景是组织的共同目标。这个目标不是半年、一年的战术目标，而是至少五年的战略目标，直至更长远的大愿景。

按照时间长短和不同维度，愿景是分层次的，最新发布的阿里巴巴愿景采用了"2+1"的表述方式。"活102年"是一直以来的表述，但这次在这个基础上特意加了一句话——"我们不追求大，不追求强，我们追求成为一家活102年的好公司。"

在这个大愿景之下，是阿里巴巴几年前制定的20年愿景，即"到2036年，服务20亿消费者，创造1亿就业机会，帮助1 000万家中小企业盈利"。

2019年9月10日在阿里巴巴20周年年会上，新任阿里巴巴董事局主席兼CEO张勇还宣布了最新的五年目标，即"服务全球超过10亿消费者，实现超过10万亿人民币以上的消费规模"。

此外，在这两个愿景之下，还特意加了一个新表述，即针对每个业务集团，愿景可以自主定制。

明确了使命、愿景之后，就是价值观了。

价值观是一个企业里的人共同做事的方法和原则。它体现了一个组织的价值取向，根植于企业的核心思想体系中，是企业员工长期认可并在行动中贯彻执行的准绳。

马云说："规章制度只能解决技战术问题，如果一家公司要创新发展，需要有担当和领导力的人才，就必须要有强大的价值观。"

一个组织内一起工作的人，如果没有共同的价值准则，就很容易遭遇冲突和困惑，在是非和对错面前迷失方向。

马云有个比喻："使命（vision），是做正确的事；价值观（value），是正确地去做事。如果把使命作为我们去的目的地，价值观就是高速公路上的红绿灯和黄线白线，按照这条路去开，永远有准则（guideline）。"

在阿里巴巴20周年晚会上，马云说："15年以前，阿里巴巴决定这家公司要做102年，横跨三个世纪。我那时候一直在思考一个问题：如何能做到？……那时我们开始考虑如何传承，用制度去思考。我们走访了很多公司，研究了很多公司，全世界基本上只有两条路：一般是交给下一代，或者把公司交给职业经理人。而第三条路很少有人去尝试。但我们觉得这是对的一条路，就是去发现、去培养、去支持新的领导团队，用文化、用制度、用人才来保证公司的传承。为了这一天，我认真准备了十年。"

这一天，马云正式交棒张勇。马云留下的不仅仅是一家市值4 500亿美金的公司，更有价值的是对使命、愿景和价值观的坚信，以及一套与之对应的制度体系。

张勇在随后的演讲中正式公布了"新六脉神剑"价值观。他说："我们希望价值观的升级，在所有的阿里人当中能够形成思想的共鸣和行动的共识。价值观的实际践行，能够为我们寻找到更多的同路人。只有这样我们才能面向未来，无论顺境还是逆境，我们都能够互相温暖、互相帮助,能够砥砺前行。"

此次"六脉神剑"价值观的更新,也是阿里巴巴围绕使命和愿景所设三大战略的一部分,是成为一家102年的好公司的基础。

三大战略是:全球化、内需、云计算/大数据的业务战略;大中台、小前台的组织战略;全新升级"新六脉神剑"价值观的文化战略。

张勇说:"面向未来的102年,我们要走好,必须要把业务战略、组织战略、文化战略高度融合。"

资料来源:百度百科. https://baike.baidu.com
https://baijiahao.baidu.com/s?id=1645539070399676025&wfr=spider&for=pc

思考与讨论:
1. 阿里巴巴的使命、愿景和价值观是什么?
2. 阿里巴巴的使命、愿景和价值观在阿里巴巴的发展中起到了什么作用?
3. 请登录阿里巴巴官方网站,再次阅读阿里巴巴的"新六脉神剑",用所学过的使命陈述九要素来分析阿里的使命陈述。

复习与讨论

1. 如何理解愿景?它有什么作用?
2. 如何理解使命?它有什么作用?
3. 愿景和使命有什么关系?
4. 如何构建企业的使命陈述?
5. 怎样进行企业战略目标体系的建立?
6. 中国企业的使命陈述有什么样的特点?

线上课堂——训练与测试

思维训练 & 实践演练

扫描封底刮刮卡　　在线自测　　获取答题权限

第 3 章　外部环境分析

学习导语

《孙子兵法》中曾提道:"夫未战而庙算胜者,得算多也,未战而庙算不胜者,得算少也。多算胜,少算不胜,而况于无算乎。"军事中战争的胜利需要多方面的战略分析,然后谋定而后动。商业中的战略也是一样的。企业的生存与其发展所处的环境息息相关,只有客观地、充分地、全面地分析和掌握了外部环境的变化,以此为基础来制定企业的战略和实施战略管理,企业才有可能在激烈的竞争中更好地抓住机遇,规避威胁,获得成功。本章将分别从宏观环境分析、行业环境分析、竞争对手分析等角度来帮助读者对外部环境分析有一个全面的了解,并通过外部环境分析工具来找到企业发展中的机遇和威胁。

学习目标

- 明晰外部环境分析的目的及分析思路
- 掌握宏观及行业环境分析的内容
- 理解企业宏观环境和行业环境的各项因素
- 知晓并掌握行业的五种竞争力量
- 熟练运用外部环境分析的基本方法
- 了解 EFE 矩阵分析法和 CPM 矩阵分析法

名言

如果你的速度没有竞争对手快,就会处于弱势;如果你的速度只有竞争对手的一半,那你已经出局了。

——乔治·索尔克(Georgs Salk)

能够存活的物种,不是最强大的,也不是最智慧的,而是最具有适应力的。

——查尔斯·达尔文(Chales Darwin)

知彼知己,胜乃不殆;知天知地,胜乃可全。

——《孙子兵法·地形篇》

▎开篇案例 ▎

新型冠状病毒肺炎给餐饮业带来了"黑天鹅"

2020年1月底,中国暴发了新型冠状病毒肺炎,本该在春节期间盈利的餐饮业,受疫情影响选择暂停或延缓营业,成为受此次新冠肺炎疫情影响最大的行业之一。恒大研究院在近日发布的一份疫情报告中估算,受此次疫情影响,餐饮零售业仅在春节7天内的损失就可能高达5 000亿元。

2月1日,西贝董事长贾国龙对投中网记者称疫情致2万多员工待业,贷款发工资也只能撑3个月。西贝餐饮副总裁楚学友则称公司真实情况确实如此,并无夸张成分。西贝全国367家门店中,只有45家正常营业门店(其中5家无外卖业务,主要为机场店,40家堂食外卖全开),195家只开外卖门店,127家闭店。餐饮业是个靠现金流支撑的行业,人员工资、房租、采购费这些都是固定支出,堂食是最大的现金流入,简单点说,不卖餐就没有收入且有一堆固定支出,很难长期维持。同时,餐饮业也很难贷到款,大多是用无限连带责任的信用担保。大餐饮公司都如此境地,小餐饮公司可怎么办呢?况且我国餐饮企业中,个体工商户占比超过95%。据调查,人们从除夕夜就很少出门在饭店吃饭,随着新型冠状病毒肺炎确诊人数的逐渐增加,之前有些订好的团圆餐也被消费者退餐。到大年初六,餐厅几乎没有堂食的消费者。这导致餐饮门店菜无处销售,一些餐厅老板甚至在门口搭了个长桌子卖菜,一开始卖做好的卤肉如烧鸡烧鸭等,后来也把蔬菜、生肉直接低价售卖以清理库存。

行业专家称,整个餐饮行业有两项大的支出,一个是人工费,占比在25%~33%之间;一个是铺租,占比8%~13%,这两块对餐饮行业来说是非常关键的。可以说,减税和减免房租,能在最大程度上帮扶整个餐饮行业。而中小餐饮店可能就比较困难,其餐饮店负责人都纷纷表示,有租金减免自然是好,但他们并非是商场店,而是不同类型的街边店,享受不到这种租金减免的扶持帮助。对他们来说,这种租金减免的谈判会更为艰难一些。

众多餐饮界人士均普遍判断,由于此次疫情发生突然,令多数餐饮从业者措手不及。显然,对那些现金流不够充足、品牌建设不够好的餐饮品牌来说,此次疫情是一场严峻的大考,恐怕,会有一批品牌餐饮过不了这次疫情寒冬。其中一名餐饮专家给出了面对疫情的建议:"首先肯定是要保障现金流安全,因为并没有一个明确的时间点,什么时候疫情结束,现金流的安全是生存之本。其次就是要趁着时间磨练内功,从菜品研发、服务流程等进行优化,还要做一些应急举措,比如加强外卖,尤其是整桌菜品服务型外卖,毕竟在当前形势下,外卖还是满足人民生活的主流手段。"

资料来源:餐饮发展分析报告:疫情之下的餐饮业 谁会是活下来的那一个?
环球网 https://go.huanqiu.com/article/3x2cQDu6Fno

由此可见,外部环境对企业的生存和发展有着重要的影响,而外部环境又存在着极大的不确定性。卡尔·冯·克劳塞维茨(Carl Von Clausewitz)在其名著《战争论》中写道:

"战争中充满不确定性,战争中 3/4 的行动都或多或少处在不确定的迷雾当中。"在他看来,审慎的战争策略就是要针对敌军状况,相应筹建一支军队,朝着一个特定的方向,不断因应变化而做出调整,从而提升成功的概率。在这一章我们将学习外部环境会给企业带来什么样的挑战和机遇。

微课视频 3-1
外部环境分析

当然,影响企业的因素很多,既有企业内部的资源和能力,即内部环境,又有外部宏观环境和产业环境等的综合作用。企业既要通过内部条件分析认清自身的优势和劣势,又要通过外部环境分析看到面临的机会和威胁,只有这样企业才能获得长远的发展。具体的内外部环境分析如图 3-1 所示:

图 3-1 企业内外部环境关系图

企业外部环境是指存在于企业外部、影响企业经营活动及其发展的各种客观因素与力量。企业作为社会的组成部分,必然处于不断变化的外部环境之中。外部环境对每个企业而言,是客观存在的,企业自身很难去改变,只能适应。但同时,企业也可以通过某些因素对外部环境产生影响。

既然企业存在于外部环境之中,收到外部环境的影响,那么我们在制定企业战略时,就必须分析企业的外部环境。企业外部环境分析的目的就是为了通过对外部环境的分析,了解企业会面临怎样的机会,又将遭遇怎样的威胁,以便制定相应的战略去捕捉机会和规避威胁,以达到预期的目标。

在分析企业外部环境时要注意以下三个显著的特征:

(1) 外部环境是不断变化、难以预测的,所以要用权变的眼光对待;

(2) 外部环境的变化是客观存在的,不受单个企业的控制;

(3) 外部环境对不同产业和不同企业的作用和影响是不同的。

本章我们将分别从宏观环境分析、产业与竞争环境分析以及外部环境分析方法三个方面来讨论,从而梳理外部环境体系,掌握外部环境分析方法,界定行业界线,识别企业面临的机遇和威胁。

3.1 宏观环境分析

宏观环境,是指那些给企业带来机会或者造成威胁的主要社会力量,它们直接或间接地影响着企业的战略管理。宏观环境,顾名思义,包括那些在广阔的社会环境中影响到一个产业或企业的各种因素,它是从大的范围着眼,处于企业面临的各种环境的最外围。宏观环境的分析可以帮助企业判明关键环境力量及其对企业的影响,预测其发展趋势,并且判明企业目前及将要面临的机会和威胁。

微课视频 3-2
宏观环境分析

当然,环境具有不确定性,既有简单的静态环境,如一些处于垄断地位的公共服务行业所处的环境,也有复杂的动态环境,表现为环境影响因素的多样性和相关联性,变化的程度高、频率快,如计算机、航空、电子企业等面临的环境。

分析宏观环境的一个重要工具就是 PEST-G 分析模型,如表 3-1 所示,即从政治法律的(Political-legal)、经济的(economic)、社会文化的(social)、技术的(technological)角度分析环境对企业的影响。但是随着经济的发展和社会的进步,全球化(globalization)也日益显示出对企业发展的巨大影响。

表 3-1 宏观环境影响因素

政治法律因素	经济因素
政治结构、稳定状况	社会经济结构
国家政策、方针	经济发展水平
政治形势	经济总量与经济增长率
各种法律法规	利率和汇率
政府行为	通货膨胀和通货紧缩
各种政治利益集团	经济基础设施
国际政治法律因素	
社会文化因素	科技因素
人口因素	新技术的发明/发展
受教育水平	技术创新激励与保护政策
生活观念	科技成果的转化速度
风俗习惯	信息与自动化技术的发展
文化传统	国家及企业研发资源的投入比例
社会阶层	信息技术的扩展速度
全球化因素	
经济全球化	
科技的应用	
智力资产	
文化价值观	

3.1.1 政治法律环境

由于政治环境和法律环境彼此关联性很大，因此通常放在一起进行分析。政治环境是指那些制约和影响企业发展的政治因素，涉及国家和社会制度、政治结构、政府颁布的各项方针与政策、政治团体、政治形势以及世界其他国家的对内对外政策等等。法律环境则包括国家各级行政机关制定的各项法律法规、法令条文等，正是这些法律法规的存在保护了企业和消费者的合法利益，促进了公平竞争，同时又对企业的日常行为进行了约束和限制，使企业的活动得到有效的监督。

政治法律环境经常扮演着游戏规则制定者的角色，对于企业或其他组织的运作具有很大的规范作用，但同时也是保障企业正常生产经营活动的基本条件，因为只有在一个稳定的政治法律环境中，企业才能获得长期稳定的发展。从我国来看，自1978年实施改革开放政策以来，二十几年来始终保持着稳步的发展速度，和平健康的投资环境赢得了众多发达国家和周边地区企业的投资信心。我们可以看到，世界500强企业中已经有越来越多的企业在中国扎根，带动了中国经济的国际化进程。由此可见，中国已经成为世界上最富有吸引力的地区之一。而与此形成鲜明对比的是伊拉克、巴勒斯坦、伊朗这些处于动荡不安环境中的国家，连最起码的安全稳定都没有保证，其经济又该何处发展？据联合国西亚经济社会理事会负责人迈克瓦特·特拉维说："美国发动伊拉克战争给中东地区带来4000亿美元的经济损失，并造成大批劳工失业。"特拉维还指出，由于战后中东各国经济将普遍不景气，预计中东地区会有200万人失业。

政治法律环境对企业来说是不可控的，并且带有强制性的约束力，企业通常无法改变，而只能无条件服从。在分析政治法律环境时，以下两个关键战略要素值得我们关注：

▶ 1. 政府的双重身份

任何事物的存在都具有两面性，政府自然也不能例外。有些政府行为对企业起到了限制约束的作用，甚至使企业的生存都面临危机；而有些政府行为则对企业发展起到了带动作用和积极影响。政府作为一个特殊的社会组织，其身份也是双重性的：既是资源供给者也是消费者。比如政府对森林、矿山、土地等自然资源的开采分配政策，以及对农产品实行的国家储备农业政策都体现了其作为资源供给者的立场，因而与之密切相关的产业，如林牧业、采矿业、房地产业及粮食产业等在制定自己的发展战略时必然要认真考虑政府的影响。另一方面，当政府以消费者的身份出现时，对某些产业来说，它将成为一个巨大的市场。例如，政府在修建铁路、建设医院及发展航空航天事业上的投资必定会推动钢铁产业、木材产业及军工产业、航空航天等国防工业的发展。

▶ 2. 法律法规日益完善

法律法规作为国家机器的重要组成部分，在保障正常的经营活动平稳有序发展的同时，也对一些不符合法律规定、干扰正常经营秩序以及对消费者的合法利益造成损害的市场行为进行约束和打击。在我国，与企业相关的法律法规主要有：《民法典》合同编、《消费者权益保护法》《产品质量法》《广告法》《企业破产法》《反不正当竞争法》《环境保护法》等等。当然，法律法规在不断地修正和完善中向前发展，成为了企业和消费者自我保护的工具。

3.1.2 经济环境

经济环境是指构成企业生存和发展的社会经济状况即国家的经济政策,包括社会经济结构、经济体制、宏观经济政策、生产力布局、人口因素、市场发育程度、区域经济发展水平等。衡量这些因素的经济指标有:国民生产总值、价格指数、消费模式、居民可支配收入、利率、汇率等国家货币和财政政策。

与政治法律相比,一个国家的经济状况影响到具体产业和企业的表现,所以经济环境对企业的生产经营活动有着更直接、更显著的影响。要想更深入地探究经济环境,必须着重注意以下几个方面的内容:

▶ 1. 经济增长率

一个国家的经济增长率是这个国家中企业整体运行状况的集中和直接反映。一般来说,在宏观经济大发展的情况下,市场扩大,需求增多,企业的发展机会多,从而企业的盈利情况好;反之,在宏观经济低速发展或停滞倒退的情况下,市场需求增长很小甚至不增加,在这种情况下,企业发展机会也就少,基本生存都无法得到保障。在我国10年浩劫期间,宏观经济基本属于倒退情况;类似地,20世纪90年代后期俄罗斯经济几乎接近"崩溃"的边缘。在这样的大背景下,企业自然也无从发展。与此形成鲜明对比的是,自改革开放以来,我国经济总体上保持着较高的发展速度,综合国力显著增强。近几年经济增长率一直保持在7%以上,这也是外国企业持续"青睐"中国,纷纷来华投资的重要原因。

知识链接 3-1
2019年我国 GDP
位居世界第二

▶ 2. 可支配收入的支出模式

可支配收入决定了社会和个人的购买能力,从而决定了潜在市场容量。而可支配收入的支出模式则是指消费者将其收入用于购买不同产品和服务的比例。例如:20世纪80年代初期,由于欧美劳动力成本上升,世界电视业面临着一次大的生产基地转型,主要把目光投向欠发达地区以获取廉价劳动力。在进行了一系列考察分析后,美国电视企业认为中国经济发展刚刚恢复,个人可支配收入很小,在短期内无法形成一个庞大的电视机消费市场,于是放弃了进军中国;而日本电视企业却认为尽管中国个体的可支配收入很小,但是家庭可支配收入大,特别是站在东方人的视角来看,中国人家庭观念浓厚,喜欢热闹的家庭氛围,于是判断中国在短期内会形成一个较大的电视机消费市场,于是,以日立、东芝、三洋为代表的电视机厂商纷纷涌入中国,直到今日,日本的家电品牌仍然在中国市场上占据着重要的席位。

随着个人可支配收入的增多,其支出模式也发生了巨大的变化:单位分配住房的政策变成了个人投资买房,公费医疗的优惠变成了全部纳入社会保障体系,同时,人们更加追求高品质的生活,更加懂得保养、健身,于是便出现了一系列的"房地产热""旅游热""保健品热""美容美体热"等,这些变化必然带动相关产业的发展,是企业不可忽视的商机。

▶ 3. 利率和汇率

利率决定了消费者对产品的需求量。如果顾客是通过周期性的贷款来购买企业的产品，这时，利率的影响就特别大。当利率较低时，消费者愿意通过借入资金来购买产品，此时，所需要缴付的利息相对较少；而当利率较高时，很多消费者就不愿意通过贷款来提前消费，因为此时他们要付出较高的利息，增加了购买成本。房地产、汽车产业是这方面的典型。消费者通常是通过按揭的方式来购买房产、地产和汽车，利率的高低直接影响了消费者的决定。人人都希望以较低的价格购买到心仪的产品，所以在低利率的情况下，更有利于这些产品的销售。此外，利率还对家电、资本设备的销售有重大的影响。对于这些产业中的产品，利率上升构成威胁，利率下降则会出现机会。

利率还影响公司的资本成本以及筹资和投资于新资产的能力。利率越低，资本成本降低，公司越有机会进行投资。汇率决定了不同国家货币的相对价值。对于全球性的大企业来说，汇率的变化直接影响着公司产品在国际市场上的竞争力，也进而影响了企业战略的制定。一般而言，如果本国货币购买力高，企业将乐意购买外国的产品与原材料，或到国外投资，开办独资企业或合营企业；反之，如果本国货币购买力较低，企业则会降低到海外投资、对外贸易或开发新市场的热情。例如，1985—1995年间，美元相对日元贬值，从1美元兑换240日元下降到85日元，急剧抬高了进口日本汽车的价格，为美国的汽车制造业提供了一些保护。

▶ 4. 通货膨胀与通货紧缩

通货膨胀是指所有社会商品的一般价格水平或平均价格水平的持续上升，它对社会经济有着巨大的负面影响。通货膨胀造成了社会秩序的混乱，影响了社会经济的正常运行，带来了利率的升高和汇率的波动，同时它会破坏本国出口公司的竞争能力，使本国资本流往国外。而对于企业来讲，企业可能完全无法估计近几年间投资的真实回报率，这种高度的不确定性使企业不敢"铤而走险"，这将引起经济活动收缩，并最终导致经济陷入低谷。

我国自改革开放以来，已经历了四次通货膨胀，分别为1978—1981年间，1984—1988年间，1993—1996年间，都是由于经济速度过快，货币供应量失控所引起，给企业的经济发展和人们的生活带来了极大的影响。2007年下半年至2008年间，由房地产经济所带动的需求拉动型通货膨胀爆发，通胀率CPI高达8.7%，创下1996年以来的历史新高，对人们的生活与投资都产生了巨大的影响，并产生了巨大的经济泡沫。

通货紧缩是我国自1997年宏观调控措施奏效，经济成功"软着陆"以来，面临的一个全新课题。一般而言，通货紧缩表现为大多数商品和劳务的价格普遍下降。狭义的通货紧缩是指由于货币供应量的减少或货币供应量的增幅滞后于生产增长的幅度，引起对商品和劳务的总需求小于总供给，从而导致物价总水平的下降。通货紧缩作为通货膨胀的相反现象，其后果是严重的，它往往与经济衰退相伴。这时，通货紧缩表现为商品供给超过需求，总需求持续不足，物价持续下降。通货紧缩一旦形成，又会不断加重，形成恶性循环。市场萎缩，投资风险加大，投资需求全面下降；消费疲软，产品相对过剩；居民收入下降，失业增加，并将进一步导致经济衰退。

由此可见，通货膨胀与通货紧缩都会给经济带来不利的影响，都应该引起企业的高度重视。

▶ 5. 经济基础设施分析

经济基础设施在一定程度上决定着企业运营的成本与效率。基础设施条件主要指一国或一地区的运输条件、能源供应、通信设施以及各种商业基础设施(如各种金融机构、广告代理、分销渠道、营销中介组织)的可靠性及其效率。这在策划跨国、跨地区的经营战略时，尤为重要。2018年年底的中央经济工作会议提出"加快5G商用步伐，加强人工智能、工业互联网、物联网等新型基础设施建设"。该"新基建"建设在很大程度上带动了我国经济的新一轮发展。

3.1.3 社会文化环境

社会文化环境是指一个国家和地区的社会结构、人口分布、文化传统、生活方式、风俗习惯、教育水平、宗教信仰、民族特征、价值观等因素的形成与变动，这些因素和一个社会的态度和价值有关，而态度和价值是构建社会的基石，它们通常是其他外部环境变化发展的动力。

▶ 1. 人口因素

人口因素是指人口特征变化对产业和企业的影响，包括人口的数量、年龄结构、地理分布、民族构成、收入分布等。

人口是形成市场的最大的基本因素，所以一个国家总人口的数量决定着该国许多产业的市场潜力。人口数量居于世界前两位的中国和印度一直是外国企业想要占有一席之地的重要市场，特别是中国14亿的市场规模具有相当程度的吸引力。相应地，由于我国儿童数量占有很大比例，随着独生子女的增多，家长对于子女的投资数额也越来越大，如婴儿奶粉、智力玩具、儿童食品、儿童衣服、学习用品等市场，呈现出空前活跃的景象，一些国际知名儿童品牌，如梦特娇、史努比、贝蒂等逐渐把儿童用品引向高档化的道路。

人口中年龄分布的变化也是值得关注的问题。当前，随着医疗技术的进步和社会保障体系的不断完善，人口老龄化的问题在很多国家已经出现。以德国为例，人口中超过65岁的人数比例将从1990年的15.4%上升至2010年的20.7%；对于加拿大，这一比例从11.4%上升至14.4%；日本从11.7%上升至19.5%；而美国的相应数字则是从12.6%上升到13.5%。而我国人口老龄化也日益严重起来。目前超过60岁的老人已达到了18%，而这一趋势还会继续加大。老年人市场逐渐活跃起来；以"脑白金"为代表的保健品市场、老年公寓市场、药品市场、老年基金银行等相继兴起。

知识链接3-2
中国养老市场

▶ 2. 受教育水平

我国把科教兴国作为一项基本国策以来，教育事业得到了切实的发展。从大力普及九年义务教育到当今高等院校的大规模扩招，从全日制的中专、技校到各种门类的函授、夜校、远程教育，多种多样的教育形式可以满足不同层次受教育者的需要。这样一来，教育层次的提升也对消费者的购买行为产生了影响：他们的鉴赏能力、生活品位都将随之发生改变，迫切需要一些张扬个性、突出内涵又质量上乘的商品来满足他们的需求，同时，整体国民/社会成员素质的提高也将保证企业的人力资源需求，提升企业的竞争能力。在互联网的影响下，微课、慕课等线上教育方式的流行在某种程度上也促进了我国民众受教育的基本水平。

▶ 3. 生活观念

经济的发展和社会的进步使人们的生活方式、思维观念也发生了改变，人们对于饮食和穿着的要求日益多样化。近几十年来一个主要的社会倾向是健康意识的觉醒，对此，市场也作出积极反应，如百事可乐是第一家向市场投放减肥可乐和果汁饮料的企业。消费者日益高涨的"禁烟运动"也使烟草产业不敢放松警惕，还有人们对纯天然无污染的绿色食品的青睐令企业看到新的商机。

而当今的服装市场上，从既健康又美观的角度出发，消费者更加偏爱纯棉、羊毛、丝麻制品，而像以前的腈纶材料则逐渐淡出。休闲服饰成为近几年越来越受欢迎的款式，它十分注重消费者的个性和文化，能体现他们的品位甚至当时的心情，这就是当今消费者对服装最真实的心理；同时对于高档消费品的需求也在持续上升，"到中国去"这样的口号在全球奢侈品牌中流行。

▶ 4. 风俗习惯

风俗习惯是各个国家、地区或者民族所特有的，尊重不同群体的风俗习惯是我们每一个企业必须注意的细节。譬如，中国烤鸭的屠宰方式与伊斯兰教国家大不相同，因此，出口到中东地区的烤鸭就要使用特殊的屠宰方式，否则就会遭到消费者的抵制甚至带来不必要的麻烦。又如中国传统的节日风俗：元宵节吃元宵，中秋节吃月饼，端午节吃粽子，以及一年一度的春节要大力置办年货等，这些风俗习惯都是多少年流传下来的，也为企业带来了无限的商机；而西方国家的风俗则不尽相同，在他们看来，最隆重的节日就是每年12月25日的圣诞节，他们也会为此购买圣诞树、圣诞卡等节日礼物。所以企业的管理者在制定战略时必须要注意社会文化环境的影响。

▶ 5. 文化传统

社会文化传统是一个国家和民族经过长期历史积淀而逐渐形成的，是包括思想认识、行为方式、价值取向、思维方式等的综合体，通常情况下，它具有持续性和稳定性。例如，我们国家是拥有五千年灿烂文化的文明古国，自古以来形成了勤劳、勇敢、吃苦耐劳的品格，尤其是在儒家思想的影响之下，尊奉"中庸之道"，崇尚礼尚往来，重视亲情、友情，家庭观念强烈，这些因素都会潜移默化地影响到员工。因在企业计

典型案例3-1
不可忽视的
文化差异

划，晋升制度以及职位的选择和安排上，都必须认真考察员工的内在特质。例如，海尔公司提出："敬业报国，追求卓越""人人是人才、赛马不相马""明天的目标比今天更高"，使海尔的发展与海尔员工的价值追求完美地结合在一起，每一位海尔员工将在实现海尔世界名牌大目标的过程中，充分实现个人的价值与追求。

3.1.4 科技环境

企业的科技环境是指企业处于社会环境中的技术要素以及与该要素直接相关的各种社会现象的集合。它包括新产品的开发情况、知识产权与专利保护、技术转移与技术换代的周期、信息与自动化技术的发展情况、整个国家及企业研发资源的投入比例，等等。

科学技术是第一生产力，它往往对经济和企业的发展带来根本的、彻底的、全面性的变革，是推动社会发展的强大动力。企业领导者必须高度重视技术环境的变革给企业的影响，对于新技术、新工艺、新能源、新材料的开发必须给予高度的重视，争取在最短时间内转化为企业的生产力，从而给企业带来经济效益，给国家带来可观的社会效益。举例来说，曾任通用电气公司 CEO 的杰克·韦尔奇认为互联网作为一种重要的新技术会给企业带来巨大的变化，包括与顾客、供应商以及企业员工的关系，对于供应商，韦尔奇只给他们 18 个月的时间学习进行网上供应所必须的技术，那些满足不了的将被排除在外。

当然，先进的技术给企业带来的影响也具有两面性。技术的变革可能降低许多产业的进入壁垒，降低顾客的转换成本，这将导致竞争的加剧。因此，高层管理者在制定自身战略时必须同时考虑到它所带来的机会和威胁。

▶ 1. 技术革新为企业提供了机会

（1）新技术的出现可以使企业实现差异化，创造出与众不同的、可以给消费者带来具有特殊价值的产品和服务。这些新技术有：生物工程、纳米技术、激光、克隆、卫星系统、超导、智能机器人、光导纤维等。例如电视机，从最初的黑白电视机到现在的液晶、等离子电视机，从以前的普通模式到现在的家庭影院模式，都让消费者享受到了科技进步给生活带来的巨大改变；还有手机的发展日新月异，从最初的蓝屏到现在的彩屏，从最初的基本通信功能到现在的通信、娱乐、学习为一体的综合功能，让人们的生活变得多姿多彩。然而，不仅产品需要创新，企业的经营模式也需要创新。如戴尔公司独辟蹊径选择了直销模式，这样可以撇开中间商和开发商，直接把电脑卖给顾客，大大地降低了成本，同时戴尔还可以按照每一个顾客的要求来定制产品，使其能维持极低的零件库存。

（2）新技术的应用不仅可以降低企业的生产成本，而且极大地提高了员工的工作效率。新技术在企业的日常管理中正发挥着越来越重要的作用，如电脑、传真机、打印机这些办公设备的广泛应用极大地提高了效率。尤其是近几年，ERP（企业资源计划，Enterprise Resource Planning，ERP）技术逐渐兴起，这是一套具有强大功能的软件系统，它将引起企业的流程再造，ERP 技术的实施使企业更进一步迈入科学高效管理的阶段。

（3）新技术的变革可以降低或消除某些产业的进入壁垒，缩短产品的生命周期。尤其是互联网的兴起，全世界的信息资源都可以共享，产业间的距离逐渐拉近，进入门槛也相应地降低。

▶ 2. 新技术的出现也使企业面临着威胁

有人曾说过："新技术是一种创造性的毁灭力量"，它在给某些产业或企业带来新的市场机会的同时，自然也会把一些相关的产业或企业淘汰出局。比如：手机的问世使 BP 机以相当快的速度退出了市场；CD 光盘技术的出现使磁带及单放机的日子不再好过，而

MP3、智能手机等发明又使 CD 光盘市场急剧萎缩；还有数码相机对胶卷业的致命打击，等等。

由此可见，当今世界没有任何产业和企业可以不依赖新技术的巨大能量。与此同时，我们也应该看到，我国企业在开发和应用新技术方面存在的不足，主要包括以下几方面：

（1）研发费用比例小，研发队伍不够强大，未能得到企业高层足够的重视，支持不够；

（2）技术或新产品的研发成果转换成企业或商业价值的时间长，新技术转化为生产力的效率低；

（3）自主创新能力差，在对核心技术的发明及创新方面与西方国家存在着很大的差距。

在新一轮的技术进步与应用中，以互联网技术、新能源技术、新材料技术等为主要代表的技术进步，将与数字化、智能化、绿色化的时代要求相结合，对企业产品设计、产品生产以及交付给消费者的过程等多个环节产生重要的影响。

尤其是互联网技术的发展与普及，使得整个社会经济发生了巨变。互联网改变了产品生命周期，提高了物流速度，创新了产品、服务和商业模式，减少了传统市场中国地理位置带来的限制，减少了信息不对称，改变了以往的产品质量和灵活性之间的对立关系。互联网还改变了规模经济和进入壁垒，重新构建了政府、行业、供应商、消费者和竞争者之间的关系，这都是进行战略分析时应重点考虑的技术因素。近年来，随着我国的阿里巴巴、小米、京东等企业的成功，互联网对行业的颠覆和对企业经营方面的影响得到了企业管理者的广泛认同和高度重视，管理者需要培养和应用互联网思维来重新思考和建立企业战略。

近年来，我国政府在促进技术进步方面开展了大量卓有成效的工作，在重视科学研究的同时，针对技术进步及其应用出台了一系列激励性的制度，尤其对以互联网技术为主要特征的信息技术给予了高度的重视。在推进实施工业化与信息化融合等相关政策的基础上，近期我国政府又提出了"中国智造""互联网＋"的发展政策。随着这些政策的进一步落实，新技术的变革及其应用将成为我国企业确定发展方向的重要影响因素。

总之，一波又一波的技术革新在不断淘汰技术落后者的同时，又为新技术的开拓者提供了广阔的发展空间。所有企业都必须时刻关注全球技术进步的最新动态，想方设法跟上时代的步伐，并在条件允许的情况下尽可能谋求技术引领地位，以确保不会在技术大变革的背景下被淘汰出局。

3.1.5　全球化环境

全球化是当今时代的重要特征。科技的进步使通信不断得到完善，越来越多的国家已经门户大开，跨国贸易、对外投资已经成为许多大型企业对外扩张、实现全球经营的重要手段。在这种情况下，我国企业面临着前所未有的挑战，同时也获得了极大的发展机会。那么，我们怎样才能有效地把握机会及规避威胁呢？企业能清醒准确地认识到全球化的一些新态势是重要的第一步。

1. 经济方面

随着经济全球化的迅猛发展,世界经济相互依赖、相互制约的程度加深,许多企业不愿意只局限于本国市场,把目光投向周边国家乃至全世界。例如:波音公司的商用机型波音777在制造过程中要用到132 500个机械配件。它们来自全球545家供应商,可以说,这是全球制造人员共同努力的结果。从中国来看,自2001年12月11日加入WTO以后,意味着必须按照WTO的规定与其他成员国进行交往、交流和合作。中国为兑现加入WTO的承诺,正在逐步开放金融等市场。除此之外,中国在加入WTO后,承诺于三年后和五年后分别放开成品油零售和批发市场,这时跨国石油巨头们也纷纷在华寻找有实力的成品油销售企业作为合作伙伴:在IP支持下中国石油成功上市。此后,埃克森美孚和壳牌也一起入股中石化,先后得到了进入中国成品油零售市场的商机。中石油于2006年3月公布了2005年度业绩,由于油、气价格上升和油、气销量增长,公司以1 333.6亿元净利润成为了亚洲最赚钱的公司。目前中石油依然是中国最赚钱的公司之一。

2. 科技应用方面

当前,全球新一轮科技革命和产业变革方兴未艾,并广泛渗透到人类社会的各个方面。新技术的价值将不断在新的应用中得以体现,并催生产业重大变革,成为企业新飞跃的突破口。例如,网络技术的发展颠覆了许多传统的思维和经营模式。小米的生态链模式、拼多多C2B拼团模式、字节跳动公司的算法模式等层出不穷,在某种程度上都反映出科技的应用带来了商业的巨大变革,并推动企业的全球化布局。

3. 智力资产方面

全球化使"有土有财"的时代已经一去不复返了,在当今社会,无形的智力资产才是最宝贵的资产。智力资产包括知识本身、使用知识的能力、创造知识的能力。科技创新、技术进步的关键在人才,人才已经成为21世纪最重要的资源。现代企业的竞争可以说就是人才的竞争。因为人力资源的独特性、价值性、不可复制性使企业获得持续竞争优势。全球化更使得人才成为企业最重要的战略资源,对人才的渴求已跨出国门,尤其是跨国公司在全球范围招募英才。

4. 文化价值观方面

全球化使中国企业面临着前所未有的挑战,这种挑战不仅来自于经济领域,更为重要的是,随着我国加入WTO,对外开放的步伐加快,越来越多的外资企业进入中国,而东西方在文化上的差异对企业的经营和发展造成了很大的影响。为了避免文化差异给企业带来的管理和经营上的不便,许多跨国公司在进驻其他国家时,通常会聘用当地的管理者来管理企业,便于处理文化差异方面的问题。例如,在韩国经营的企业必须了解,他们的价值基于等级次序、形式、自我约束以及责任而不是权力,其经营方式强调和谐。而日本强调集体、和谐以及团队的协作。

5. 竞争面貌的改变

全球化使得传统的产业界线变得越来越模糊。每一个企业应该说都是为了满足顾客的需要,为顾客创造价值,获得最大的利益。在现代企业中,速度、便利、创新和特色已经成为新的竞争利器。更快更好地满足顾客的需要显然可以赢得更多的购买群。此外，企业不仅要与行业内的，还要与行业外的以及国外的竞争对手竞争，竞争的环境更为激烈，竞争的范围更加广泛。这使竞争面貌发生了巨大改变。

综上可见，中国所面临的将是更为激烈的竞争环境；经济全球化、技术信息化以及知识经济时代的来临，都要求企业形成全球化思维与行动，跟上互联网时代，密切关注消费者需求的变化并且成为学习型组织。如何在全球化的大环境中求得生存与发展，将是每一个企业认真思考的问题。

同时，我们必须清醒地认识到，每个企业面临的外部环境是等同的，企业无法改变它，只能积极主动地去适应。总体环境对企业的影响往往是潜在的，间接的，要在较长的时间内才显现出来，但它对企业的影响要比行业变量和企业内部变量更为广泛和深刻。所以我们必须抓住宏观环境的两个关键点：一是，哪些环境因素正在影响组织和产业规模、结构与竞争状况？二是，在当前哪个因素的影响更重要？未来几年呢？只有这样，企业才能真正了解自身所处的形势，从而有利于其长远的发展。

典型案例 3-2
3D 打印材料行业
PEST 宏观环境分析

3.2 产业环境分析

微课视频 3-3
产业环境分析

迈克尔·波特曾说过，企业获得超额利润的条件是：进入一个有发展潜力的行业，并且在这个行业中占据有利的竞争地位。行业是企业生存和发展的空间，行业的兴衰存亡对企业的影响至关重要。

产业分析的首要任务是探索企业所在行业的长期盈利能力、发现影响产业吸引力的因素。产业分析集中讨论以下几个方面的问题：企业所在产业具有怎样的特征？所在产业的竞争环境如何？五种竞争力量是怎样综合起作用的？引起产业变化的驱动力是什么？哪些经济因素对企业具有决定性的作用？准确地回答这些问题，可以帮助企业战略管理者明确哪些因素会影响产业的变化，并对产业未来的发展方向做出客观的预测，从而获得如何增加产业吸引力和利润前景的重要结论。

3.2.1 产业主要特征分析

通常我们会给产业下这样一个定义：产业由一群生产相近替代品的公司组成，它们的产品有着许多相同的属性，以至它们为争夺相同的顾客群而展开激烈的竞争。俗话说："隔行如隔山"，正因为每一个产业在结构、侧重点、顾客群体、优势劣势等方面都存在着很大的差距，对于身处产业之中的企业在制定战略的时候必然要受到产业特征的影响，所以我们在进行产业环境分析时，首先要从整体上把握产业的主要经济特征。概括某一产业的特征时应考虑以下因素。

（1）市场规模（市场的量、值、比重和结构）。

(2) 市场竞争的范围：是当地性、区域性、全国性还是全球性。

(3) 市场结构：可以划分为完全竞争市场、垄断竞争市场、寡头垄断市场或完全垄断市场四种类型。

(4) 产业在生命周期中所处的阶段：处于初创期、成长期、成熟期、还是衰退期。

(5) 前向整合及后向整合的普遍程度。

(6) 产业的竞争态势：产业中主要竞争对手的状态（业务范围、市场占有率、优势劣势、产品的差别化或标准化程度等）；产业的进入壁垒和退出保障；潜在竞争者的情况等。

(7) 产业中产品的工艺、质量、成本控制以及技术的革新速度，分销渠道的种类，广告与营销效应。

(8) 产业中的企业在生产、采购、销售等方面能否实现规模经济，以及是否具有学习及经验效应的优势。

(9) 产业的资金需求状况、边际利润率和设备利用率的高低。

(10) 产业的盈利水平。

3.2.2 五种竞争力量分析

五种竞争力量模型是哈佛大学商学院迈克尔·波特教授提出的。他认为产业中的竞争远不止在现有企业间进行，而是存在着五种竞争力量，即潜在进入者的威胁、现有企业之间的竞争、购买者的讨价还价能力、供应商的讨价还价能力、替代品的威胁，如图3-2所示。这五种力量的状况及其综合强度，决定着产业的竞争激烈程度及盈利水平，从而决定着企业在产业中的竞争优势和最终盈利能力。竞争激烈，意味着产业的总体盈利能力较低，导致许多企业纷纷退出该产业；相反，当竞争不激烈时，产业的总体盈利水平较高，这时，吸引了大量的企业纷纷进入。当然，对于不同的企业来说，所面临的五种竞争力量的相对强弱情况会有所差异，因而对于企业经营及盈利的相应影响也有所不同，每一个企业都应认真仔细地评价这些力量，有重点地分析其对于企业经营的不同作用。下面我们将对五种竞争力量逐项进行分析。

▶ 1. 潜在进入者的威胁

潜在进入者是指不在本产业但是有能力进入该产业的公司，是现有企业潜在的竞争对手。潜在进入者能给产业带来新的生产能力、新的资源，同时它们也希望在已被现有企业瓜分完的市场中占有一席之地。一般来说，企业进入一个产业是因为该产业中的某些企业正在赚取高额利润。但这并不说明只要存在高额利润任何企业都能进入，产业内的现有企业通常会试图阻止潜在竞争者进入本产业。因为竞争者越多，现有企业越难保住市场份额、越难盈利。对于一个产业来讲，进入威胁的大小取决于两个因素，即进入壁垒和对现有企业的报复的预期。

(1) 进入壁垒

进入壁垒是结构性的进入障碍，由产业结构特征所决定。它包括六个主要壁垒源。

1) 规模经济。

规模经济是指当企业一定时期内生产的产品增加时，单位产品的制造成本降低的现

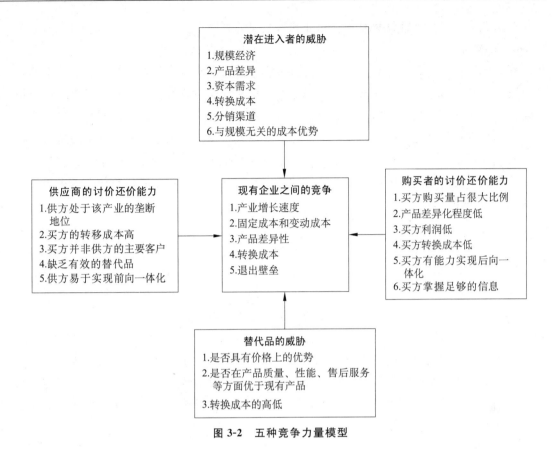

图 3-2 五种竞争力量模型

象。规模经济的存在阻碍了潜在者的进入，它使新进入者处于两难的境地。如果进入的规模较大，则需要大量的资金，它将承担与大规模投资相对应的高风险，此外，产品供应的增加会压低产品价格，因此引来现有企业的报复；如果规模较小，它们又会处于缺乏成本优势的地位。这两种情况都不是进入者希望看到的。规模经济可以通过各种商业活动达到：①大规模地制造标准化产品带来成本的削减；②大规模采购带来的折扣以降低成本；③研究和开发费用均摊到大量产品单位上所产生的成本优势；④广告和营销费用均摊到大量产品单位上所产生的成本优势。

2）产品差异优势。

产品差异化是通过现有企业因以往的广告、服务、产品特色、信誉和顾客忠诚度而获得的优势。随着时间的推移，顾客会渐渐相信一个企业的产品是独特的。差异化产品通常体现为特定的品牌，顾客往往对现有品牌有一定的忠诚度，这样就形成了进入壁垒。新进入者想要占有一定的市场份额，就必须同现有企业竞争顾客。这就迫使进入者要花费大量的资金来消除现有的顾客忠诚度，然后建立自己的客户群。这往往是一个缓慢的、代价高昂的过程。在这段时期，新进入者不得不承受缓慢的收入增长、较高的成本和较低的利润甚至是亏损，这无形中给企业带来了特殊的风险，如果进入失败的话，就会血本无归。例如，在国内，一说到国产品牌电脑，首先想到的就是联想，因为联想在技术方面是国内最好的。高品质的产品为联想带来了差异化，进而吸引了大量忠实的顾客，因此给企业带来了持久的竞争优势，这种优势有利于企业获得丰厚的利润。

3) 资本需求。

在新的产业中，竞争就意味着大量的资本投入。如果成功地进入一个产业对资本的要求越高，潜在的进入者就越有限。生产所需的工厂和设备、原材料采购和产品库存、营销等都需要大量的资本投入。特别是高风险项目和不可回收的前期广告、研究与开发等所需要的资本更多。除此之外，在新产业中缺乏足够的人力资源、客户资源也会给新进入者带来困难。所以，即使新的产业很有吸引力，企业也可能无法获得足够的资本来支撑各种活动。比如，房地产行业，随着国家多个文件的出台，其进入门槛提高到数亿元人民币，如此大的投资规模让业外人士望而却步。

4) 转换成本。

转换成本是指顾客从现有企业的产品转向新企业产品时所付出的时间、精力和金钱。如果转换成本太高，消费者往往就会被锁定在现有企业所提供的产品。新进入者为使消费者接受这种转换，必须在成本或运营方式上有重大的改进，如提供相对较低的价格或是提供性能更好的产品。一般情况下，各方的关系越稳固，转换成本就越高。例如，对于计算机使用者来说，从一种操作系统转向另一种操作系统通常会付出更多的金钱和时间成本。如果现在某人使用的是微软的 Windows 操作系统以及配套的应用软件，他要转换为其他操作系统的成本就会很高。他不得不花较长的时间和精力来熟悉新系统，重新购买与新系统兼容的应用软件。在这种情况下绝大多数人是不愿意进行转换的，除非有特殊需要或是新的操作系统有更出色的功能。

5) 分销渠道。

潜在进入者进入一个新的产业，需要确保其产品的分销渠道。分销渠道的获得通常会成为潜在进入者的进入障碍。分销商往往不愿经销消费者尚未认知和接受的新产品。在原有企业已经把理想的分销渠道占有的基础上，新的公司要想获得有利的分销渠道，可以通过压低价格、协同分担广告费用等方法促使分销渠道接受其产品，而这些方法的使用必然会降低利润。

6) 与规模无关的成本优势。

现有企业可能拥有新进入者难以复制的成本优势。新进入者可以通过一定的手段来克服现有企业的这些成本优势，这些优势大多与企业的规模没有直接的关系，但这样又会增加企业的成本、减少利润。下面列举了几种常见的与成本优势无关的因素。

➢ 专利和专有技术

在很多产业中，企业自主研发新技术，获得专利并受《专利法》保护，企业由此获得竞争优势。例如，微软开发 Windows 操作系统并获得专利，使其拥有了持续的竞争优势，基本上垄断了计算机操作系统市场，为其带来了丰厚的利润。缺乏关键技术和专利往往会形成进入阻碍，新进入者无论是开发潜在技术还是模仿专利技术都将付出昂贵的代价。

➢ 原材料来源优势

原材料是制造企业生产的起点，因此原材料的来源在一定程度上影响了企业的获利能力。购买到优质、价格低廉的原材料可以有效地建立企业的成本优势。但对于新进入者来说，要取得原材料来源优势并不是在短时间内就能完成的，因为现有企业已经占据了优质的原材料，而且也与供应商建立了良好的关系。

➢ 有利的地理位置

地理位置的选择对于企业来说是至关重要的。有利的地理位置可以大大降低企业的运输成本。排名世界500强第一位的零售巨头沃尔玛在创建初期，选择在偏远的中小城镇开店，既避开了大城市激烈的竞争，同时又获得了廉价的土地和人工成本，可以说早期的选址策略在很大程度上为沃尔玛的成功奠定了基础。

➢ 学习或经验曲线

所谓学习或经验曲线是指企业的单位生产成本随着企业经验的增加而降低。现有企业在经营中积累的经验有利于形成成本优势，新进入者可能需要花费大量的时间和资金以改变不利的竞争地位。

➢ 政府政策

政府往往对关系到国计民生的重要产业（如金融、水利、能源、交通、石化等）及对财政收入有重要贡献的产业实行严格的控制。另外一些公共事业，如教育、工业、出版、广播，等政府也会限制进入。

(2) 对现有企业的报复的预期

潜在进入者会对现有企业的竞争地位和盈利水平造成威胁，现有企业势必会采取必要的措施和手段来保护自己的优势地位。如果进入者认为现有企业会采取强有力的手段反击而使本企业陷入被动地位，那么进入可能会被扼制。一般来说，现有企业总是会对进入者发出报复威胁以阻挠其进入。但这种威胁并不是总能实现的，只有当现有企业拥有足够的阻挠投资，这种威胁才有可能实现。

▶ 2. 现有企业之间的竞争

一般来说，同一产业内的企业都是相互制约的，一个企业的行为必然会引起产业内各企业间的竞争。现有企业间的竞争往往是五种竞争力量中最强大的竞争力量，为了赢得市场地位和顾客的青睐，它们通常会不惜代价，甚至拼得你死我活。现有企业间的竞争常常表现在价格、广告、产品介绍、售后服务等方面，其竞争强度取决于以下因素。一般来说，出现这些情况则意味着产业中现有企业间的竞争加剧。

(1) 现有竞争者数目众多且规模相当，并拥有大致相同的资源和能力时，竞争会相当激烈。从一定意义上来讲，竞争者的数目越多，市场上就越容易出现破坏性的战略行动，从而加剧竞争的激烈程度。尤其是当大多数企业在规模和生产能力上大致相同时，往往会为了争当市场领导者而展开激战。

(2) 产业增长缓慢。在产业快速增长时，市场上的业务量往往很大，企业只需要跟上产业发展的速度，发挥各自的优势，即使市场份额不变，自身也可以发展。这时，企业间的竞争相对就比较缓和。但如果该产业已经处于成熟阶段，市场需求增长缓慢，各企业为了争取有限的市场份额，就必然会产生激烈的竞争。从产业生命周期理论来看，在不同的阶段可能会遇到不同的情况，如表3-2所示。

表 3-2 产业生命周期模型

	初 创 期	成 长 期	成 熟 期	衰 退 期
购买者	很少；先锋用户开始尝试	越来越多的人开始尝试产品和服务	用户已经饱和依靠重复购买	用户使用率下降
竞争状态	为数不多的竞争对手	竞争对手试图吸引更多的尝试用户；争夺市场份额；无差异的产品服务市场	为保住市场份额而竞争；获得或增加市场份额越来越困难；强调效率和低成本	一些竞争者退出市场；认真选择分销渠道

(3) 高固定成本或高存货成本。较高的固定成本迫使企业尽量利用其生产能力，以更大的产出来分摊成本，由此，市场上出现供大于求的情况，企业出现剩余产能，这时，企业不得不通过降低价格来减少存货，保证销售。这样容易使产业内形成激烈的价格大战，导致产业的整体利润下降。

(4) 产品缺乏差异性或较低的转换成本。当消费者找到一个差异化的产品满足其需要时，会一直忠诚地购买此种产品。产业中如果各企业的产品差异化较大，各自保持自己的特点和优势，保持各自的市场份额，则企业间的竞争就比较缓和。但如果产业中产品的差异化较小或趋于标准化，则企业就会将重点放在产品价格和售后服务等方面，由此形成的竞争将异常激烈。以家电行业为例，现阶段，市场上的家用电器品牌众多，但各个品牌的产品在功能上并没有太大的区别，所以消费者在购买时往往会"货比三家"，进而导致了激烈的价格战。较低的转换成本所产生的影响和产品缺乏差异性基本相同。消费者的转换成本越低，竞争对手就越容易通过提供特别的价格和服务来吸引顾客。较高的转化成本，至少能在一定程度上保证企业抵消竞争对手吸引顾客的努力。

(5) 高额的利润。如果在一个产业中，企业取得成功所获得的战略利益较高，那么企业就可能积极采取某种战略来抓住这个机会，抢占市场，获得高额利润。这时，产业中的其他企业就有可能加入竞争，加剧产业中的竞争强度。

(6) 较高的退出壁垒。退出壁垒是指企业退出某一产业时会遇到的障碍或承受的压力（表 3-3）。如果产业的退出壁垒较高，企业难以退出，就算失败也要苦苦支撑，进而使竞争异常激烈；反之，如果企业可以在必要时较容易地退出，这样企业之间竞争就比较缓和。

表 3-3 常见的退出壁垒

退出壁垒	具体内容
专用性资产	这类资产由于其专有性，一般来说清算价值低，或者转移和转换成本较高，比如特定用途的机器、设备和营运措施等
退出的固定资本	是指退出产业要支付很高的固定成本，如雇员安置成本、医疗福利等
战略相关性	是指公司一种事业与其他事业之间的相互依存关系
情感障碍	由于对某种业务的特殊情感，对员工的忠诚、对自己前途的担心等原因
政府和社会的约束	包括政府对产业和对区域经济影响的关注而对企业退出的否决和劝阻

前面讲到了进入壁垒和退出壁垒，它们都会影响产业中的竞争力量，最终影响整个产业的获利能力。那么，进入壁垒和退出壁垒之间具有什么样的关系，它们又将对产业利润产生怎样的影响呢？从表3-4可以看出：产业利润的角度来看，最好的情况是进入壁垒高而退出壁垒低，在这种情况下，新进入者将受到抵制，而在本产业经营不成功的企业将会离开本产业。反之，进入壁垒低而退出壁垒高是最不利的情况，在这种情况下，当某产业的吸引力较大时，众多企业纷纷进入；当该产业不景气时，过剩的生产能力仍然留在该产业内，企业间的竞争加剧，相当多的企业会因竞争不利而陷入困境。

表 3-4　进入壁垒和退出壁垒的关系矩阵

进 入 壁 垒	退 出 壁 垒	
	低	高
低	稳定的低利润	低利润高风险
高	稳定的高利润	高利润高风险

▶ 3. 购买者的讨价还价能力

为了降低购买成本，购买者通常会讨价还价。他们总是希望以低廉的价格购买高质量的或提供更多、更优质的服务的产品。购买者的议价能力必然会影响产业内现有企业的盈利能力。一般来说，满足以下条件的买主可能具有较强的议价能力。

（1）买方的数量较少，而每个买方的购买量较大，占供方销售量的很大一部分。

（2）买方所购买产品标准化程度高，可以同时向多个供方购买。

（3）买方所购产品占买方成本的很大部分，在这种情况下，买方通常会为了获得较低的价格而不惜耗费精力并且有选择地购买。

（4）买方所取得的利润很低。当购买者的利润很低甚至亏损时，他们对成本的控制会很敏感，常常要求供应商提供价格更低、质量更高、服务更全面的产品，以期望从供应方手中获取一部分利润。

（5）买方有能力实现后向一体化，而供方不可能实现前向一体化。这时，供方可能会以后向一体化相威胁从而获得讨价还价的优势。

（6）买方掌握充分的信息。当买方充分了解市场需求、实际市场价格、甚至是供方成本等方面的信息时，就具备了议价的能力。

（7）买方转换成本低。如果买方转换其供货单位比较容易即转换成本低，其议价能力就大，反之，则小。

大型零售公司是产业内买方议价能力比较强的，例如：如全球500强企业排名第一的零售巨头沃尔玛，对于供应商来说具有很强的讨价还价能力。因为对于大多数供应商来说，沃尔玛是其最大的客户，其购买产品的数量占供应商产出很大的比例，所以，供应商往往会以更低廉的价格和更优质的服务保留住这样的大客户。因此对于沃尔玛来说，它对供应商有很强的议价能力。

▶ 4. 供应商的讨价还价能力

供应商是产业内企业生产经营所需投入品的提供者。狭义的供应商包括原材料、零部件等商品的供应企业；广义的供应商还包括资金、劳动力等商品的提供者。供应商和生产商之间的关系从根本上来讲就是一种买卖关系。买方总是想从供应商那里得到低价格、高质量、快捷方便的产品；而供方正好相反，供方主要是通过提高产品价格、降低质量或服务来影响产业内的竞争企业。如果产业内的企业无法使价格跟上成本的增加，则它们的利润会因为供方的行为而降低。供方与买方议价能力的强弱是此消彼长的。在满足以下条件的情况下，供方具有较强的议价能力。

（1）供方处于该产业的垄断地位，这类企业凭借自己的垄断地位向客户提供高价格、低质量的产品，从中获取卖方的利润。

（2）供方产品具有高度的差异化。如果供应商的产品具有一定的特色，会使卖方很难找到其他供应商，或者转换成本很高。这时，买方对供方的依赖性越大，从而供方的威胁就越大。

（3）供方的产品给买方制造了很高的转换成本。

（4）对于供方来说，买方并不是该企业的主要顾客。当供应商在众多产业中销售其产品而某一产业在其销售中所占的比例不大的情况下，供方往往具有较强的议价能力。

（5）供方能够方便地实行前向一体化，而买方难以进行后向一体化或联合。

（6）在现有情况下，供应商销售的产品缺乏有效的替代品，对于产业内的企业至关重要。

个人计算机产业是企业依赖供应商的典型例子。如计算机芯片产业一直被英特尔公司垄断，虽然出现了诸如 AMD 等竞争对手，但是实力相差很远，并且竞争对手同样要生产与英特尔标准兼容的芯片。在这种情况下，英特尔具有较强的讨价还价能力，因此可以收取较高的价格。在我国，通信产业也存在同样的情况。对于手机用户来说只有移动、联通、电信三家运营商，可供选择的机会太少，使得这三家运营商有很强的议价能力。

▶ 5. 替代品的威胁

一般来讲，一个产业内的所有公司都与生产替代产品的产业存在竞争关系。替代品是指那些来自不同产业的产品或服务，它们具有的功能大致与现有产品相同。替代品的进入必然会对现有企业的销售和收益造成威胁，如框架眼镜生产商面临隐形眼镜生产商的竞争，报纸同电视媒体在提供新闻方面开展竞争。对那些来自于替代品的竞争压力，其强度取决于三个方面的因素：

（1）是否获得价格上具有吸引力的替代品；

（2）购买者在质量、性能、服务等重要方面是否具有更高的满意度；

（3）购买者转换成本的高低。

价格上有吸引力的替代品往往会给现有企业带来很大的竞争压力，替代品会迫使现有企业为保持一定的销售额和留住现有顾客而降低产品价格。如果替代品的价格比现有产品的价格低，那么现有企业就会受到降价的压力，从而不得不降低成本来吸收降低价格的压力。

决定替代品竞争强度的另一个因素是本产业中的顾客转向替代品的难度和成本。常见的转换成本有：可能的设备成本、员工培训、建立新供应关系的成本等。如果转换成本较高，那么替代品就必须提供某种特殊的性能或是更低成本来诱惑顾客脱离原有的供应商；

如果转换成本较低,那么替代品厂商说服购买者转向他们的产品就要容易得多。

总之,替代品的价格越低、质量和性能越好,购买者的转换成本越低,其产生的竞争压力就越大;反之,就越小。

除了以上五种竞争力量外,还有第六种力量——互补者。

第六种力量由格罗夫提出。波特的五种力量模型为产业中各种竞争力量的系统分析提供了强大的工具。但是,我们也不能忽略了第六种力量,即互补者的能量、活力和能力。互补者指的是销售能够增加产品价值的产品的企业,只有这两种产品结合在一起才可以更好地满足顾客的需求。以汽车生产者为例,顾客是否购买汽车,显然受到道路、停车位、汽油等影响,如果这些要素紧缺,则必然导致养车费用过高,从而限制顾客对汽车的购买。通常互补品生产者与本企业属于"同路人",在产品上互相支持。然而一些新技术、新方法、新工艺会影响互补品生产者的相对地位,会导致这一"同路人"与企业分道扬镳,成为竞争对手。所以,第六种力量——互补者的力量也是影响竞争结构的重要因素,不可忽视。

波特的五种竞争力量模型和格罗夫提出的第六种力量深入透彻地阐述了某一特定产业内的竞争结构和竞争的激烈程度。一般来说,产业内竞争力量的影响越强,整个产业的利润水平就越低。最无情的情况是:某一产业内的竞争力量所塑造的市场环境异常紧张,导致所有厂商的利润率长期低于平均水平甚至亏损,并且在该产业中,进入壁垒很低,供应商和消费者的议价能力都很强,这样的产业结构显然是"没有吸引力的"。相反,如果产业内的竞争力量不是那么强大,并且进入该产业的壁垒较高,供应商和消费者都处于议价的

典型案例 3-3
"波特五力"模型
2020 年中国智能
硬件行业现状分析

劣势,也不存在很好的替代品,那么这是最理想的竞争情景。我们可以说,这样的产业是有"吸引力的"。

同时,需要注意的是,这几种竞争力量是相互影响的。因此,在进行产业分析时必须同时考虑所有的因素,引导战略制定者系统地思考,从而尽可能地摆脱这六种力量的影响,使竞争压力朝着有利于企业的方向发展,帮助企业建立强大的安全优势来规避竞争力量带来的威胁。

3.2.3 行业的关键成功因素分析

行业的关键成功因素(KSF)指的是那些最能影响行业内的企业能否在市场上竞争成功的因素,例如某些特殊的资源,或者某些特殊的能力。这些因素是取得行业成功的重要前提条件,它们对于企业未来的竞争非常重要,以至于行业内的所有企业必须紧密关注,否则很可能失败。如在啤酒行业,关键的成功因素包括充分利用酿酒能力(以使制造成本保持在较低的水平)、强大的批发分销商网络(以进入尽可能多的零售渠道)、上乘的广告(以吸引饮啤酒的人购买某一特定品牌的啤酒)。

行业关键成功因素通常从前面所说的行业和竞争环境分析中归纳而来。到底哪个因素会在未来竞争成功中扮演最重要的角色,是依据行业主要特征、竞争情况、行业中其他企业的市场定位以及关键对手可能采取的下一步战略举动而变化的。甚至在相同的行业中,

其也会因为行业驱动因素和竞争环境的变化而随时间变化。另外，以下三个问题的答案也能帮助企业界定行业的关键成功因素：

（1）购买者是根据什么来选择产品品牌的？即哪些产品特性是最重要的？

（2）假定已知竞争对手的特点和战略，企业需要具备什么资源和竞争能力才能在竞争中获得成功？

（3）哪些缺点最能造成明显的竞争劣势？

对于某个特定的行业来说，在某一特定阶段，至少有三种以上的关键成功因素；甚至在这三种关键的成功因素之中，往往有一两种因素占据较重要的地位。因此，公司管理者在分析关键成功因素的时候，必须排除那些不怎么重要的因素——确定关键成功因素的目的是判断哪些因素更为重要，哪些因素不怎么重要。如果把那些只起到一点作用的因素看作是关键成功因素，就会违背这一工作的初衷——使管理者的精力集中到对公司获取长期竞争成功真正至关重要的因素方面。

3.2.4 竞争对手分析

微课视频 3-4
竞争环境分析

《孙子兵法》中说道："知彼知己，百战不殆。"可见，对竞争对手的了解是多么重要。主要竞争对手是指那些对企业现有市场地位构成直接威胁或对企业目标市场地位构成主要挑战的竞争者。如果一个企业不去监测其主要竞争对手的各种行动，不去理解它们的战略，不去预测它们下一步最可能采取的行动，该企业就不可能战胜竞争对手。例如，在家电产业，长虹的降价行为曾导致整个彩电产业的全面降价。分析竞争对手的目的是为了了解企业当前的经营状况、可能采取的战略行动，以及对产业环境的变化可能采取的应对措施等。由此可见，对竞争对手的分析是企业制定良好战略的先决条件。一个行之有效的战略必须建立在充分了解竞争对手战略的基础之上。

对竞争对手的分析主要包括四个方面的要素：未来目标、假设、现行战略和能力。对这四个方面的理解可预先对竞争对手的反应有个大概了解，如图 3-3 所示。

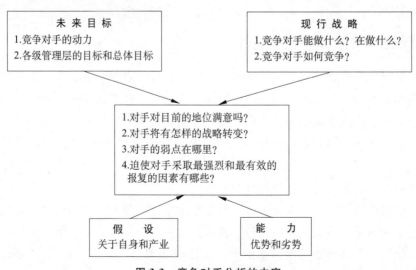

图 3-3　竞争对手分析的内容

在对竞争对手进行分析之前，首先应该明确谁是产业内的竞争对手，必须对产业内所有重要的竞争对手进行分析，其中包括现有竞争对手和潜在竞争对手。预测潜在竞争对手并不容易，但它们可能是具有以下特征的企业：

(1) 不在本产业但可以很容易地克服进入障碍的公司；

(2) 进入本产业可产生明显协同效应的公司；

(3) 其战略的延伸将导致其加入本产业竞争的公司；

(4) 可能前向整合或后向整合的客户或供应商。

与此同时，还需要预测可能发生的兼并或收购，这也是可行的方法，无论这些兼并或收购是发生在现有竞争者中还是产业外公司中。

▶ **1. 未来目标**

每个企业都有自己的发展目标，对竞争对手未来目标的考察可以预测对手是否对其现有的市场地位满意，从而推断竞争对手的战略发展方向以及对环境变化可能采取的行动。竞争对手未来目标的分析可以分为两种情况。

(1) 竞争对手是一个独立的企业。

如果竞争对手是一个独立的企业，可以从以下几个方面来分析其目标。

1) 竞争对手的理想和目标。竞争对手是想成为市场的领导者，还是想成为追随者；是想成为价格方面的领导者，还是技术服务方面的领导者。只有了解了竞争者的目标就可以推断竞争者的战略方向和可能采取的行动。

2) 竞争对手的财务目标及其权衡的标准。这一目标可能反映企业未来的发展速度与进攻强度，以及企业业务构成的改变。

3) 竞争对手对风险的态度以及风险与发展的权衡标准。对风险的态度不同，所采取的战略也随之改变。喜欢冒险的领导者，往往采取进攻型战略；不喜欢冒险的领导者，则会采取保守型或紧缩型的战略。了解竞争对手对风险的态度，更有利于企业制定合适的战略对策。

4) 竞争对手企业的组织结构和关键决策结构。不同的组织结构一般对应不同的业务组合，反映不同的领导方式和资源分配方式。不同的关键决策结构对企业战略的影响不同。

5) 竞争对手的企业文化及其影响。企业文化反映了企业的宗旨和目标，从中可以体现对手的战略类型和实现方式。

6) 竞争对手企业的控制和激励机制。这可以间接反映对手认为哪些资源更为重要，企业战略所受到的约束和激励以及战略实施成功的可能性。

7) 竞争对手企业的高层领导对企业未来发展方向的一致性程度。如果领导层在公司战略制定的过程中存在较大的歧异，那么在发生权变时公司的战略会发生重大改变。

以上对竞争对手未来目标的分析，可以预测对手竞争的动力来源，企业的发展方向和长期的综合目标。

(2) 竞争对手是某个较大公司的子公司。

如果竞争对手是某个较大公司的子公司，则对竞争对手未来目标的分析除了以上几个方面内容外，还要注意以下几点：

1) 母公司的总体目标，以及该目标会对子公司产生怎样的影响。

2) 母公司当前的经营状况，如市场占有率、销售增长等，这些方面的情况反映了公司的目标，进而转化成子公司的销售目标、市场份额目标等，对竞争企业战略的制定产生影响。

3) 母公司对子公司的态度。母公司将该子公司的业务视为基础业务还是边缘业务，这在很大程度上决定了子公司的战略制定。

4) 母公司激励子公司部分经理的方法。例如，如何进行绩效考察、晋升机会如何等。母公司对下属公司的激励方法，决定了下属公司工作的积极性，从而也决定了既定目标的实现程度。

▶ 2. 假设

对竞争对手进行分析的第二个要素是辨别每个竞争对手的假设。主要包括两类假设：竞争对手对自己的假设、竞争对手对所在产业及产业中其他公司的假设。

(1) 竞争对手对自己的假设。

包括对自己的力量、发展前景、市场地位等方面的假设。自我假设是竞争对手进行内部分析的结果。在实践中，每个企业都是在对自己所处环境进行一系列假设的情况下进行经营管理的。例如企业可能把自己看成是市场领导者、低成本生产者、知名企业或者有很强责任感的企业等。这些对本企业的假设将指导企业的行为方式或对事件做出反应的方式。比如，某企业认为自己的社会责任感很强，它就会尽力为社会公益事业慷慨解囊。竞争对手对自己的假设可能是正确的，也可能是不正确的。不正确的假设可能给其他企业带来发展契机。例如，如果一个企业认为自己是市场领导者，顾客对其的忠诚度高，而事实并非如此时，当其他企业实行降价策略时会对企业造成巨大的影响。在这种情况下，企业往往只有在失去了大部分顾客后才会意识到自我假设的错误。

(2) 竞争对手对所在产业及产业中其他公司的假设。

同竞争对手对自己的假设一样，每个公司对产业及其竞争对手也持有一定假设。同样，这些假设可能正确也可能不正确。竞争对手对所在产业及产业中其他企业的假设包括对产业构成、产业竞争强度和主要产业威胁、产业获利能力和产业前景等方面的认识和判断。对产业的假设是竞争者对外部环境分析的结果。了解竞争对手对产业的假设，可以掌握对手对产业的认识情况，进而了解它们可能采取的战略类型，并针对竞争对手的战略选择具体的竞争方式。

▶ 3. 现行战略

对竞争对手分析的第三个要素是对竞争对手现行战略的分析。对竞争对手现行战略进行分析的重点在于：预计当前战略的实施效果，战略的成功实施会给竞争对手的地位带来的变化，竞争对手改变其战略的可能性，以及由此引起的对本企业造成的影响。通过对竞争对手现行战略的分析，可以了解竞争对手正在做什么，能够做什么和想要做什么，了解竞争对手具体的竞争方式。

▶ 4. 能力

对竞争对手的能力进行客观正确的评估,是竞争对手分析的一项重要的内容,因为竞争对手的能力决定了它拥有的资源、"能做什么"的潜力、对产业环境变化所引起的突发事件进行处理以及及时采取战略行动的能力。对竞争对手能力的分析主要包括以下内容。

(1) 竞争对手的核心潜力。核心潜力可以表现为竞争者在某项职能活动方面独特的长处,如技术开发能力、研究与创新的能力、品牌优势等。在一般情况下,核心潜力由产品或服务竞争力所反映。

(2) 竞争对手的成长能力。成长能力可以表现为企业发展壮大的潜力。例如,企业在技术开发上的快速发展和创新都可以使企业在产业中迅速成长。

(3) 竞争对手快速反应的能力。快速反应能力表现为企业对外部环境变化的敏感程度和立即采取对应措施的能力。快速反应能力可以使竞争对手尽早察觉环境的变化,较早采取相应的行动。但同时也要注意,只有正确的快速反应能力才能转化为竞争力。

(4) 竞争对手适应变化的能力。适应变化的能力是竞争对手对外部环境的变地准确的反应并采取符合环境变化趋势的行动,尽可能减少由于环境变化给企业带来的损失。

(5) 竞争对手的持久耐力。对手的持久耐力主要表现在企业在面临恶劣环境时能坚持时间的长短,主要由企业的现有资源,如现金储备、管理人员的协调统一程度、长远目标等因素决定的。

通过分析竞争对手的未来目标、假设、现行战略和能力,可以预测竞争对手对现有位置是否满意,下一步可能采取的行动以及行动的实力和严重性,从而确定本企业的市场定位和具体竞争战略。但是,要想成功地获取这些信息并不容易,除了战略制定者对竞争对手的战略选择有敏锐的洞察力外,还需要收集竞争对手的相关情况,从而准确预测出竞争对手的下一轮行动。获取竞争对手信息的主要途径包括:

(1) 企业的年度报告;
(2) 企业经营者的最新言论和活动;
(3) 企业公开发布的信息和文件;
(4) 企业的财务报表等相关信息;
(5) 竞争者的官方网站;
(6) 与竞争相关的客户、供应商及前雇员的访谈;
(7) 媒体中刊载的相关文章;
(8) 竞争对手参加的贸易展览。

通过成功地预测竞争对手下一步的行动,企业可以制定有效的防范措施,使企业在与竞争对手的对抗中处于势均力敌的地位甚至超越竞争对手。当然,企业要想超越竞争对手,除了分析所收集的关于竞争对手的信息外,还应该勇于改变"规则",不断创新。这样,企业才能在竞争中取得胜利,获得持续竞争优势。

3.2.5 战略群组分析

战略群组是由同一产业中采用相似战略,具有相似竞争特征的公司组成的集团,或者更为正式的定义是,战略群组是产业内同一战略要素上采取相同或相似战略的一组企业。通过战略群组的划分,可以确定产业内所有战略集团诸方面的特征,揭示产业中各竞争者所占据的竞争位置,并且便于发现与本企业最相近(在竞争方式、策略、市场位置等方面相似)的竞争者,加深企业战略管理者对整个产业总体状况的了解和把握。通过战略群组分析这个基本框架,企业可以很好地分析并判断竞争对手的状况、定位以及产业内企业的盈利状况,从而更好地把握整个产业的竞争结构。

▶ 1. 战略群组的特征

虽然企业在许多方面都会有差异,但并不是所有差异都可以成为划分战略群组的标准。在竞争战略中,波特指出,为了识别战略群组的特征,可以考虑以下一些变量:产品或服务差异化(或多样化)的程度,各地区交叉的程度,细分市场的数目,所使用的分销渠道,品牌的数量,营销的力度(如广告覆盖面,销售人员的数目等),纵向一体化的程度,产品的服务质量,技术领先程度(是技术领先者还是技术追随者),研究开发能力(生产过程或产品的革新程度),成本定位(如为降低成本而做的投资大小等),能力的利用率,价格水平,装备水平,所有者结构(独立公司或者母公司的关系),与政府、金融界等外部利益相关者的关系,组织的规模等。

根据以上特征对各个企业进行考量,如果产业内各个企业基本上实施一致的战略,市场地位也比较接近,则该产业内就只存在一个战略群组;从另一个极端考虑,如果产业内每一个企业都有自身独特的经营战略,占据的市场份额、市场地位差异很大,那么每一个企业都是一个战略群组,即战略群组的数目和企业的数目是相同的。

构造战略群组的过程并不复杂,如下所述:

(1) 确认行业内部各企业具有的竞争特点,确定相应的变量,如价位或档次(高、中、低),覆盖区域(本地、区域、国内、全球),产品线的宽度(宽、窄)等;

(2) 找到关键变量,根据变量的特征,绘制二元变量图;

(3) 将位于相同战略空间的企业安排在相同的战略群组中;

(4) 每个战略组以圆表示,圆的大小代表其在整个行业销售额中所占的份额。

例如,图 3-4 所示为搜索引擎行业的战略群。根据企业的产品线和品牌影响力,可以将行业内的企业分成三大战略群。开心网、微信属于一个战略群,新浪微博、从网、腾讯微博属于一个战略群,豆瓣、知乎属于一个战略群。

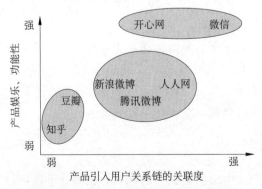

图 3-4 搜索引擎行业的战略群示意图

需要注意的是，在对所有企业进行战略群组划分的时候，以哪些特征作为划分依据是十分关键的，如果选择不当，则最终产生的后果可能对企业产生负面影响，误导企业战略的制定，因此企业战略管理人员最好选择符合产业本身的特征的关键因素，以及产业在竞争上所采取的较独特且具有决定性的关键成功因素作为划分群组的依据。比如在白酒酿造业，主要应该考虑其酿造工艺水平、企业促销能力、更多的分销渠道等；而在计算机产业，更多需要考虑的是产品的研发能力、技术领先程度、产品的品牌价值以及价格定位。

▶ 2. 战略群组分析的意义

(1) 战略群组是产业与个别企业之间的一个连接点。

产业是由一群生产类似产品的企业组成的。但是从市场细分的角度考虑，每个企业还有自己的目标市场，并非每种产品都具有替代性，如果只把一个企业作为整体来研究，便会忽略了各个企业自身的风格特色；而如果把每一个企业都作为离散的点来研究，又会使战略制定者很难准确把握企业的定位。战略群组的观念，正是用来弥补产业整体面与企业个体面分析的不足，在产业与企业之间架起了一道桥梁。

(2) 可以帮助企业了解所在群组内各个竞争对手的优势、劣势和战略方向。

由于同一战略群组内的企业向相似的顾客销售相似的产品，它们之间的竞争会十分激烈，所以各个企业受到的威胁就非常大。

(3) 有助于了解战略群组间的竞争情况。

战略群组之间采取的战略和强调的战略因素越接近，它们之间产生竞争的可能性就越大，但是我们还应该看到，战略群组之间存在着某种"移动障碍"，即一个群组转向另一个群组的障碍。这是因为企业对外部环境的假设和认识不同，企业内部的资源、能力、核心竞争力也存在差异，因此采用的战略战术必定具有某些配合要素，这些战略的必要配合要素便是该战略群组的移动障碍。当其他企业缺乏这种战略的配合要素时，便会阻碍其从某一战略群组转移到另一个战略群组。

(4) 有利于更好地观察整个产业的态势，预测市场的变化或者发现新的战略机会。

因为产业的状况不是一成不变的，各个企业的集中和分散情况也会发生变化，及时发现产业中的空缺领域，便能为新的战略群组提供机会。

一般而言，战略群组之间的距离越近，成员之间的竞争越激烈，而行业驱动力及竞争压力的影响也是不同的，对其中一些群组有利，而对另一些企业则可能产生不利影响。各战略群组的利润潜力也不是一成不变的，它会随该群组所处市场位置的竞争优势而发生变化。

知识链接 3-3
2019 中国 5G 产业发展现状及趋势报告

3.3 外部环境分析的方法

外部环境总是处于不断变化和发展之中，进入 21 世纪，随着社会进步和科技发展，环境变化的频率越来越快，影响企业的各种因素不仅更加复杂多变，而且数量也在不断增加,这更加剧了竞争的激烈程度。可见,在全球市场和产业发展的波动性日益增大的情况下,外部环境分析已成为战略管理过程中的一个显著和重要的部分。因此,企业应对外部环境有一个充分的了解,对环境进行全面而准确的预测和分析。这种分析应当是一个连续的过程,包括四个方面:搜索、监测、预测、评估。如表3-5所示。

表 3-5 外部环境分析的步骤

步骤	内容
搜索	找出环境变化和趋势的早期信号
监测	持续观察环境变化的趋势,探索其中的含义
预测	根据所跟踪的变化和趋势,预测结果
评估	依环境变化或趋势的时间点和重要程度,决定企业的战略和管理

搜索:搜索包含了对外部环境各个方面的调查研究。通过搜索,企业能够辨认出总体环境潜在变化的早期信号,了解正在发生的变化。搜索是一项比较烦琐的工作,通常企业会面临许多意义不明确、不完整或是毫不相关的资料,需要花费大量的时间来整理。环境搜索对于那些处在剧烈变化环境中的企业尤为重要。

监测:监测是指在观察环境变化的过程中,对搜索的资料进行进一步的分析,看其是否出现重要的趋势。成功的监测关键在于对不同环境事件的洞察力。

预测:预测是指对将来做出预测、分析,得出合理的结论,进而说明搜索和监测到的变化和趋势将会发生的变化和发生的时间。这里举一个典型的反例,IBM公司当初就是因为没有预测到个人计算机(PC)的需求变化,才使得其遭到了经营的低谷。

评估:评估的目的是要判断环境的变化和趋势对企业战略管理的影响程度。通过搜索、监测、预测,战略制定者可以大致了解总体环境,而评估就是要明确这些信息对企业的意义。

3.3.1 外部因素评价矩阵(EFE 矩阵)

外部因素评价矩阵(External Factor Evaluation Matrix,EFE 矩阵)可以帮助战略制定者归纳和评价经济、社会、文化、环境、政治、政府、法律和技术及竞争等方面的信息,建立 EFE 矩阵的步骤如下。

微课视频 3-5
外部因素评价矩阵

(1)列出影响外部环境的因素。因素总数在 10~20 之间,包括企业所面临的机会和威胁。首先列举机会,然后列举威胁,要尽量写具体。

(2)赋予每个因素一定的权重,以表明该因素对于企业经营成败的相对重要性。权重的数值由 0.0(不重要)到 1.0(非常重要),并使各因素权重值之和为 1。机会往往比威胁得到更高的权重。确定权重的方法包括对成功的竞争者和不成功的竞争者进行比较,以及通过集体讨论而达成共识。

(3)按照企业现行的战略对各因素的有效反应程度为各因素进行评分,范围为 1~4。

"1"表示有效反映程度很差,"2"表示有效反应程度为平均水平,"3"表示超过平均水平,"4"表示很好。

(4) 将每个因素的权重与相应的评分相乘,得到各要素的加权得分。

(5) 将所有因素的加权分数相加,以得到企业外部机会与风险的综合加权评分值。

显然,根据上述评价过程可知,对于任一企业来说,其可能的综合加权分数最高为4.0,最低分为1.0,平均综合加权值为2.5。无论因素有多少,总加权分数位于1.0~4.0之间。当综合加权评价值为4.0时,反映企业在整个产业中对现有机会与威胁做出了最好的反应;当综合加权评价值为1.0时,表明企业的战略不能利用外部机会或规避威胁;当综合加权评价值为2.5时,表明企业处于平均水平。

表3-6提供了一个外部要素评价矩阵的示例。以我国家电产业为例,由表可得到如下信息:总加权分为2.98,说明我国家电企业在利用外部机会和规避外部威胁方面高于平均水平。

表 3-6 外部因素评价矩阵

	关键外部因素	权重	评分	加权分数
机会	中国加入WTO,经营国际化使成本大大减低	0.08	4	0.32
	中国经济持续发展,人均收入提高,高收入人群增加	0.15	3	0.45
	数字家电技术的发展	0.10	2	0.20
	家电业的规模效应明显	0.10	3	0.30
	家电企业走向差异化道路	0.12	4	0.48
	消费者的喜好偏向多元化	0.05	2	0.10
威胁	中国加入WTO,国内企业直接面临国外企业的竞争	0.09	4	0.36
	家电企业库存压力大,可能会爆发价格战	0.05	1	0.05
	消费者的议价能力不断加强	0.06	2	0.12
	消费者的品牌忠诚度在下降	0.10	3	0.30
	国内家电业的整体技术较弱	0.10	3	0.30
	总　　计	1.00		2.98

3.3.2 竞争态势矩阵(CPM矩阵)

竞争态势矩阵(Competitive Profile Matrix,CPM矩阵)用于确认企业的主要竞争者及其相对于该企业的战略地位、主要竞争者的特定优势和劣势。建立竞争态势矩阵的步骤如下。

(1) 由企业战略决策者识别外部环境中的关键战略因素。这些因素都是与企业成功密切相关的。一般应有5—15关键战略要素。包括市场份额、产品质量、价格、广告与促销效益、顾客忠诚度、财务状况、研究开发能力、企业总体形象等。

(2) 赋予每个因素一定的权重,以表明该因素对于企业经营成败的相对重要性。权重的数值由 0.0(不重要)到 1.0(非常重要),并使各因素权重值之和为 1。

(3)对产业中各竞争者在每个战略要素上所表现的力量对强弱进行评价,范围为 1～4。其中:1 表示最弱;2 表示较弱;3 表示较强;4 表示最强。

(4)将各种要素的评价值与权重股相乘,得出各竞争者在相应因素上相对力量强弱的加权评价值。

以家电产业中的空调为例,表 3-7 提供了一个竞争态势矩阵分析的示例。由表可以得到如下信息:因产品质量、广告和市场份额是最为重要的影响因素,故给予较大的权重。海尔空调在管理和全球扩张方面是最强的,其评分为 4;美的空调在广告、产品质量、财务状况、用户忠诚度、市场份额方面表现突出,其评分分别为 4 和 3;格力空调在产品质量、价格竞争力、市场份额方面表现上乘,其评分为 4。将相应加权值求和,可以看出,格力空调在整体实力上最强,这点从其加权总分 3.3 可以说明。

表 3-7 竞争态势矩阵

关键因素	权重	海尔		美的		格力	
		评分	加权分数	评分	加权分数	评分	加权分数
广告	0.15	2	0.30	4	0.60	3	0.45
产品质量	0.30	2	0.60	3	0.90	4	1.20
价格竞争力	0.05	3	0.15	2	0.10	4	0.20
管理	0.10	4	0.40	2	0.20	2	0.20
财务状况	0.10	3	0.30	3	0.30	3	0.30
用户忠诚度	0.10	2	0.20	3	0.30	3	0.40
全球扩张	0.05	4	0.20	2	0.10	2	0.10
市场份额	0.15	2	0.30	3	0.45	4	0.45
总计	1.00	—	2.45	—	2.95	—	3.30

需要说明的是,在竞争态势矩阵中得到高分的企业不一定就强于分数较低的企业。尽管上述分析方法是定量分析,但仍然包含了定性的成分,比如变量的选择、权重的确定、企业的评分都是战略制定者主观的看法,数字只反映公司的相对优势。应该通过数字对信息进行有实际意义的吸收和评价,才能帮助我们进行决策。

小结

由于全球市场和产业发展的波动日益增大,外部环境对企业业绩的影响越来越明显,企业为了在日益激烈的竞争中获得更多的机会、规避威胁,对外部环境进行全面分析成为至关重要的一环。本章提供一个了解和评价外部环境的基本框架——宏观环境分析、产业环境分析以及外部环境分析的方法。

宏观环境分析主要从政治法律环境、经济环境、社会文化环境、科技环境和全球化环境五个方面来分析影响企业生存和发展的关键性因素;产业环境分析主要对企业的特征、产业内的竞争情况、驱动产业变化的因素等进行了详细全面的分析;竞争分析主要是从竞争者、战略群组分析等方面进行了详细的阐述。对外部环境进行分析,有利于企业对产业未来的发展方向做出客观的预测,从而帮助企业制定出适合企业发展的战略。

外部环境分析方法主要有定性和定量两种。战略制定者利用相关分析方法对外部环境进行有效预测,可以更好地确认外部的机会和威胁,从而进行决策并取得更好的效果。一般来说,外部分析方法可以被有效地应用于各种类型和各种规模的企业。EFE 矩阵和 CPM 矩阵可以帮助战略制定者评价市场和产业,但这些方法必须靠良好的直觉判断来发挥作用。所以,在实际使用时,战略制定者应对这些信息进行吸收和评价。

| 章末案例 |

华为的机遇和挑战

华为技术有限公司成立于 1987 年,总部位于中国广东省深圳市龙岗区。华为是全球领先的信息与通信技术(information and communication technology,ICT)解决方案供应商,专注于 ICT 领域,坚持稳健经营、持续创新、开放合作,在电信运营商、企业、终端和云计算等领域构筑了端到端的解决方案优势,为运营商客户、企业客户和消费者提供有竞争力的 ICT 解决方案、产品和服务,并致力于实现未来信息社会、构建更美好的全联接世界。2013 年,华为首超全球第一大电信设备商爱立信,排名《财富》世界 500 强第 315 位。截至 2016 年底,华为有 17 多万名员工,华为的产品和解决方案已经应用于全球 170 多个国家,服务全球运营商 50 强中的 45 家及全球 1/3 的人口。

2016 年 8 月,全国工商联发布"2016 中国民营企业 500 强"榜单,华为以 3 950.09 亿元的年营业收入成为 500 强榜首;同年 8 月,华为在"2016 中国企业 500 强"中排名第 27 位;2017 年 6 月 6 日,"2017 年 BrandZ 最具价值全球品牌 100 强"公布,华为名列第 49 位;2018 年"中国 500 最具价值品牌"华为居第 6 位;同年 12 月 18 日,世界品牌实验室编制的"2018 世界品牌 500 强"揭晓,华为排名第 58 位;2019 年 7 月 22 日美国《财富》杂志发布的世界 500 强名单,华为排名第 61 位;2020 年最新一期排名中,华为则上升至 49 名。

2018 年 2 月,沃达丰和华为完成首次 5G 通话测试;2019 年 8 月 9 日,华为正式发布鸿蒙系统;2019 年 8 月 22 日,"2019 中国民营企业 500 强"发布,华为投资控股有限公司以 7 212 亿元营收排名第一;2019 年 12 月 15 日,华为获得了首批"2019 中国品牌强国盛典年度荣耀品牌"的殊荣。

自 2018 年华为高管孟晚舟被加拿大扣留后,美国就以"威胁国家安全"为由,对华为发起了全球性的"制裁",具体如图 3-5 所示:

动荡的 2020 年过去之后,来自权威调查机构的最新数据显示,2020 年全年华为智能手机出货量跌幅超过 20%。在经历了近 10 年的快速增长后,华为发货量出现下滑,原因是欧洲和其他海外市场的销售预期疲弱,以及美国的制裁和打压。

图1：美国对华为的制裁路径

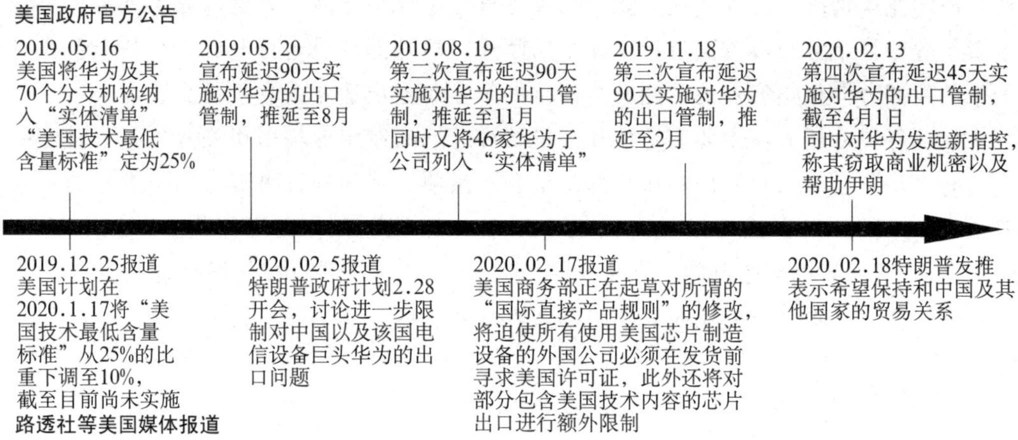

美国政府官方公告

- **2019.05.16** 美国将华为及其70个分支机构纳入"实体清单"，"美国技术最低含量标准"定为25%
- **2019.05.20** 宣布延迟90天实施对华为的出口管制，推延至8月
- **2019.08.19** 第二次宣布延迟90天实施对华为的出口管制，推延至11月 同时又将46家华为子公司列入"实体清单"
- **2019.11.18** 第三次宣布延迟90天实施对华为的出口管制，推延至2月
- **2020.02.13** 第四次宣布延迟45天实施对华为的出口管制，截至4月1日 同时对华为发起新指控，称其窃取商业机密以及帮助伊朗

- **2019.12.25报道** 美国计划在2020.1.17将"美国技术最低含量标准"从25%的比重下调至10%，截至目前尚未实施
- **2020.02.5报道** 特朗普政府计划2.28开会，讨论进一步限制对中国以及该电信设备巨头华为的出口问题
- **2020.02.17报道** 美国商务部正在起草对所谓的"国际直接产品规则"的修改，将迫使所有使用美国芯片制造设备的外国公司必须在发货前寻求美国许可证，此外还将对部分包含美国技术内容的芯片出口进行额外限制
- **2020.02.18** 特朗普发推表示希望保持和中国及其他国家的贸易关系

路透社等美国媒体报道

资料来源：美国BIS官方公告，路透社，中信证券研究部

图 3-5　美国对华为发起全球性的"制裁"

由于新型冠状病毒肺炎（简称新冠肺炎）的暴发，华为的前景可能会变得更加艰难。新冠肺炎的暴发打乱了中国的硬件供应链，迫使电子产品零售商暂停或限制其业务，其中包括中国各地拥有 4 985 家华为品牌的连锁店。华为在受到美国政府攻击的同时，也在努力应对疫情的影响，对华为而言，"这是双重打击"。

资料来源：2019—2020，华为面对的挑战与机遇 凤凰网 http://feng.ifeng.com/

华为目前面临着什么样的竞争环境？又将做出怎样的战略行动来面对这些机遇和挑战呢？

假设你身为华为战略智囊团的一员，首先必须要了解企业的外部战略环境。请通过信息搜集和分析，为华为制定有效的战略提供有用的分析结果。

步骤1：登录华为官方网站及相关行业网站，浏览公司最近几年的年报，了解该公司的愿景和使命，列出公司的主要事业部门和所经营的产品。

步骤2：通过中国统计网、行业分析网站等搜集信息，了解华为当前发展所面临的主要宏观环境影响因素和行业环境因素，列出重要的外部机遇和威胁，并按照重要程度进行排序，做出华为发展的 EFE 外部环境因素分析矩阵。

步骤3：找到华为的主要竞争对手，找出影响信息与通信行业发展的关键因素，并通过对比分析，了解华为目前的竞争地位，并用 CPM 竞争态势矩阵分析出来。

步骤4：进行外部战略环境总结，并给出你的战略建议。

复习与讨论

1. 为什么说企业研究和了解外部环境很重要？
2. 宏观环境和行业环境的区别是什么？它们各自的内涵包括哪些内容？
3. 五种竞争力量是怎样对企业施加影响的？

4. 在同一条件下,一个企业把它看作是机会,而另一个企业却认为是威胁,请举例说明。

5. 比较外部因素评价矩阵和竞争态势矩阵中评分的含义和定义。

线上课堂——训练与测试

战略实践演练

在线自测

第 4 章　内部环境分析

学习导语

《孙子兵法》中曾提道："昔之善战者，先为不可胜，以待敌之可胜。不可胜在己，可胜在敌。"兵战中重视创造敌人不易战胜的有利条件，以等待可以战胜敌人的时机。商战中也是如此。企业内部环境就是企业要创造的"有利条件"，它是企业制定战略的基础，也是企业竞争取胜的根本。本章将对资源、能力、核心竞争力以及竞争优势等方面加以阐述，让读者对企业的内部环境有一个全面的了解，并通过内部环境分析工具明确企业发展中的优势和劣势，结合外部环境分析的机会和威胁，为企业做出全面的环境评价。

学习目标

- 了解内部环境分析的重要性和挑战
- 理解资源、能力的概念与内涵
- 有效区分有形资源与无形资源
- 掌握企业核心竞争力的内涵和评判标准
- 掌握并熟练运用企业的价值链分析
- 了解内部环境分析的 IFE 矩阵分析法

名言

如同产品或服务那样，规划若被高层管理者用作战略决策工具，则必须对规划自身进行管理和塑造。

——罗伯特·伦茨（Robert Lenz）

昔之善战者，先为不可胜，以待敌之可胜。

——《孙子兵法·形篇》

夫将者，国之辅也，辅周则国必强，辅隙则国必弱。

——《孙子兵法·谋攻篇》

开篇案例

华为的核心竞争力在哪里？

《2019 年中国软件业务收入前百家企业发展报告》中显示，华为力压海尔与阿里云，成为中国最大的软件收入公司!2019年是坎坷的一年,华为在美国政府打压下迎难而上,杀出重围,实现了销售收入超过8 500亿元人民币,同比增长18%左右的骄人业绩。与来自美国的商业大佬展开竞争,在强劲对手的攻击下勇敢接受挑战,华为到底靠的是什么?看看大家能否在华为轮值董事长徐直军的2020年新年致辞中找到答案。

"目前,华为运营商业务引领全球5G商用进程。企业业务助力客户打造数字化转型底座,全球已有700多个城市、世界500强企业中的228家,选择华为作为其数字化转型的伙伴。我们首次发布了计算产业战略,推出全球最快昇腾910 AI处理器及AI集群训练服务。智能手机业务保持稳健增长,发货量超过2.4亿台;PC、平板、智能穿戴、智慧屏等以消费者为中心的全场景智慧生态布局进一步完善。"

"我们坚信,未来的三十年,人类社会必然会走进智能社会。数字技术正在重塑世界,我们要让所有人从中受益,确保全面的数字包容。随着5G、云计算、AI、区块链等新技术的成熟商用,行业数字化正进入快速发展期,潜力巨大。但外部环境更趋复杂,世界经济下行压力加大,我们将长期在美国对领先技术持续打压的逆境中求生存、谋发展。华为还是聚焦将ICT的能力不断延伸到各行各业的数字化中来,把数字世界带入到每个人、每辆车、每个家庭、每个组织中,构建万物互联的智能世界。我们要抓住长期发展大势,聚焦战略,化危为机。

"2020年将是华为艰难的一年,我们继续处于'实体清单'下,没有了2019年上半年的快速增长与下半年的市场惯性,除了自身的奋斗,我们唯一可依赖的是客户和伙伴的信任与支持。生存下来是我们的第一优先,我们要继续坚持以客户为中心,以奋斗者为本,持续为客户创造价值,重点做好保增长、提能力、优组织、控风险。"

"困难从来都是更大胜利的前奏,挑战更是坚强队伍的磨刀石。美国政府对华为的遏制是战略性的、长期的。对华为来讲,却是一次很好的自我激发、强身健体的机会,使我们更团结、更有战斗力,能够更好地应对未来的挑战。狭路相逢勇者胜,只要华为全体员工团结一致,在全球客户、伙伴和消费者的支持下,扎扎实实为客户、为社会创造价值,任何艰难困苦都阻挡不了我们前进的步伐。

"千磨万击还坚劲,任尔东西南北风。"

资料来源:华为官网资料整理

华为的成功并非偶然,在全球化环境形势恶劣的情况下,努力打造自身,等待机会求得胜利。如同《孙子兵法》中所言,"昔之善战者,先为不可胜,以待敌之可胜"。如何不可胜,正如华为的轮值董事长所说:"我们要继续坚持以客户为中心,以奋斗者为本,持续为客户创造价值。"由此可见,公司为了获得竞争的胜利,就必须获取、捆绑和利用各种资源,抓住外部环境中的机会为顾客创造价值。

我们在第3章中研究了宏观环境、行业环境和竞争环境,在掌握了外部环境的现状和条件后,对市场机会和威胁以及所处的竞争环境的特征有了更加清楚的认识。这一章我们将聚焦企业本身,通过内部环境分析,企业可以决定它能做什么?将企业能做什么(取决于内部环境中的资源、能力和核心竞争力)与企业应该做什么(取决于外部环境中的机会和威胁)相匹配，就可以更好地帮助企业进行战略选择。在本章开始之前，我们要清晰地了解价值创造这个概念，只有基于对这个概念的充分认知，才能更好地抓住内部环境分析的本质。

4.1 价值创造

企业以资源为基础生产产品或提供服务，为顾客创造价值。价值（Value）是以顾客愿意购买的产品功能特征和属性来衡量的。企业通常创新性地组合和利用资源，从而形成能力和核心竞争力来创造价值。例如，与竞争对手相比，沃尔玛利用"天天低价"的方法（一种以公司的核心竞争力即信息技术和分销渠道为基础的方法），为那些想要以更低的价格购买商品的顾客创造价值。公司的核心竞争力越强，为顾客创造的价值就越大。

归根结底，为顾客创造价值是企业获得超额利润的源泉。企业为创造价值所采取的措施会影响其业务层战略和组织结构的选择。企业的价值是由比竞争对手的产品更低的成本和更大的差异，或者两者结合所创造的。只有以企业的核心竞争力为基础，企业的业务层战略才是有效的。因此，成功的企业会不断地检查当前的能力和核心竞争力的有效性，并不断思考未来所需要的能力和核心竞争力是什么。

过去，企业创造价值的努力一直以对参与竞争的行业特征的了解为导向，并根据这些特征确定自己相对于竞争对手的地位。这种强调行业特征和竞争战略的做法，低估了企业的资源和能力在发展核心竞争力和竞争优势中的作用。事实上，核心竞争力与外部环境分析的结果相结合，决定了战略的选择。

企业内部环境分析的主要任务就是通过对企业内部要素的分析，归纳出若干能够影响企业未来发展的关键战略要素，即企业内部优势与劣势。分析内部环境是战略分析的一项重要内容。研究和经验表明，一个企业的优势和劣势以及它的组织能力，比外部环境更能决定自身的绩效。建立目标和战略的出发点都是要利用内部优势和克服内部弱点。

本章将从内部环境分析的重要性和挑战着手，围绕资源与能力、价值链与核心竞争力展开，并在最后介绍内部环境分析的方法。如图4-1所示：

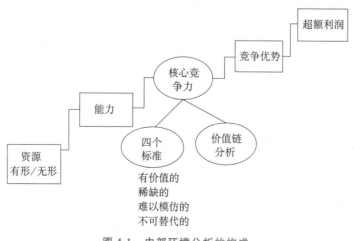

图4-1　内部环境分析的构成

4.2 内部环境分析的重要性和挑战

4.2.1 内部环境分析的重要性

长期以来，研究者们围绕企业如何获取竞争优势这一问题进行了大量的研究，产生了许多理论和流派。以迈克尔·波特(1980)为代表的强调竞争优势来源于产业结构的产业分析理论是其中具代表性的理论之一。而鲁梅尔特(R. P. Rumelt，1991)的研究发现：产业内中长期利润率的分散程度比产业间利润率的分散程度要大得多。他认为，表现为超额利润率的企业竞争优势并非来源于外部市场力量和产业间的相互关系，而应当是市场力量以外的、存在于企业自身的某种特殊因素在起作用。研究者们认为，在信息技术与全球化的带动下，企业竞争环境的变化较过去更为快速和激烈，因此企业对于外在的动态竞争环境的分析与掌握将比过去更为困难。相比之下，企业内部资源与能力更容易管理与控制，更适合作为企业战略方向拟定时的参考依据。因此，研究者们将探索企业竞争优势的着眼点和对战略管理"不同投入"重要性的认知，逐渐从外部转移到企业内部，"资源基础理论"便在对主流战略理论的反叛中应运而生，并且越来越受到学术界的重视。所谓"资源基础理论"即是以"资源"为企业战略决策的思考逻辑中心和出发点，以"资源"连接企业的竞争优势与成长决策。

资源基础理论基于两个假设作为分析的前提：第一，企业所拥有的资源具有"异质性"；第二，这些资源在企业之间的"非完全流动性"。因而企业拥有稀有、独特、难以模仿的资源和能力，使得不同的企业之间可能会长期存在差异，那些长期占有独特资源的企业更容易获得持久的超额利润和竞争优势。资源基础理论实质就是以企业为分析单位，着眼于分析企业拥有的各种资源，以企业内部资源为分析的基础和出发点，通过探讨独特的资源与特异能力，达到提升企业竞争优势和获取超额利润的目的。

从本质上来说，21世纪的竞争格局要求决策者们拥有这样一种思路，即根据企业特定的资源与能力来确定企业的战略，而不是严格地按照企业运行的效率来确定战略。例如，迈克尔·波特认为，在多种管理技术(如全面质量管理、标准设定、跨时间的竞争、重组)中，追求生产率、质量及速度可以产生运行效率，但不能产生有竞争力的持久战略。当企业满足外部环境对运行效率的要求时，战略竞争优势随之而生。但同时，也必须运用它自己独特的能力来获得一种实际的竞争地位。因为21世纪的外部环境要素越来越多元化，也越来越难以准确预测，企业战略要随外部环境改变而及时改变的行为也更难上加难。企业唯有利用其特有的能力来形成竞争优势，并超越竞争对手，或者以其核心竞争力来形成竞争对手无法模仿或超越的障碍，这样企业才能在激烈的竞争中立足。

4.2.2 内部环境分析中的挑战

管理者对企业内部环境所做的战略决策都是非例行性的决策，具有道德蕴含，而且深刻地影响着公司获取超额利润的能力。这些决策涉及选择企业需要获取的资源以及如何以最佳方式管理这些资源。

对企业资产做决策，即识别、发展、部署并保护资源、能力和核心竞争力，看起来似乎很容易，其实，这项工作与管理者的其他工作一样，充满了挑战和困难，而且这项工作的国际化程度在不断加深。据有关数据显示，近一半组织的决策是失败的，进一步证明了制定有效决策的挑战性和难度。有时，错误源于对组织内部条件的错误分析。例如，有时管理者可能会错误地认为某一项能力是核心竞争力，宝丽来公司就犯过这样的错误。其管理者一致认为公司生产一次性相机的能力是非常适当的，卓越的制造能力是公司的核心竞争力，而当时的竞争者正大力发展和利用科技生产数码照相机，并最终取得了较好的成绩。由此，管理者分析内部环境以及对资源制定决策时，有三个因素会对他们产生影响，即不确定性、复杂性和组织内部的冲突。如表4-1所示。

表 4-1　影响有关资源、能力和核心竞争力的管理决策的情形

影响管理决策的因素	情　形
不确定性	公司的总体环境、行业环境和顾客需求特征中存在的不确定性
复杂性	公司面临的诸多条件间的相互关系导致的复杂性
组织内部的冲突	制定决策的管理者与受这些决策影响的人们之间存在的组织冲突

4.3　企业的资源、能力与核心竞争力

4.3.1　企业的资源

企业的资源是指企业经营活动所需要的各种各样的有形和无形输入。其形式多种多样，从唾手可得的普通投入要素，到高度差别化的资源。后者如品牌商标等，需经过长年积累，而且难以复制。我们一般把前者称为有形资源，后者称为无形资源（表4-2）。

微课视频 4-1
企业的资源、能力与核心竞争力

表 4-2　企业资源的分类：有形资源与无形资源

企业资源		分　类
有形资源	财务资源	现金以及有价证券
	实物资源	先进的厂房和设备、优越的地址、配送设施、商品库存
无形资源	技术资源	专利、版权
	人力资源	信任、技能、合作、知识
	创新资源	创意、科技、企业组织文化
	声誉资源	品牌的名誉度、顾客的忠诚度、与供应商的联盟关系

▶ 1. 有形资源

有形资源是指具有固定生产能力特征的实体资产，以及可自由流通的金融性资产。有

形资源最容易加以辨认和评估，实体资产和金融资产都能够被识别，并且可在企业的财务报告中予以估价。但是这些报表并不能完全反映企业的所有资产价值，因为它忽略了一些无形资源。因此，每一种企业竞争优势的来源并不能完全反映在财务报表当中。有形资源的价值是有限的，很难再更深地挖掘它们的价值，也就是说，很难从有形资源中获取额外的业务和价值。

▶ 2. 无形资源

无形资源是指那些根植于企业的历史、长期积累下来的资产。因为它们是以一种独特的方式存在，所以竞争对手非常不容易了解和模仿。随着企业经营的知识化，无形资源逐渐受到重视。在激烈的竞争中，企业在有形资源上的差异对竞争力的影响变小，企业经营管理越来越复杂，需要更多的专业知识，此时无形资源变得非常重要。但是，就公司的财务报告而言，无形资源大部分还是不可见的。对于美国公司来说，一般的核算原则排斥那些在公司的资产负债表上包括无形资源的做法。在 2019 年，亚马逊公司的品牌价值高达 3 155 亿美元，苹果公司的品牌价值大约是 3 095 亿美元。无形资源被排除在资产负债表之外，或被过低地估价，这是导致公司的资产负债表价值与股票市场价值之间出现日益明显的巨大差异的主要原因。

无形资产在使用中不会被消耗掉，事实上，如果运用得当，无形资产在使用中不仅不会萎缩，相反还可以获得增长。例如，日本本田公司拥有多汽缸科技专利，它将这项技术应用于摩托车、汽车、剪草机及发电机设备。又如，佳能拥有光学及镜片研磨等核心科技，这些技术可应用于平版制版照相、照相机及影印机等产品。除此之外，佳能又将它们应用于平版制版照相设备的微型电动机，装在照相机里，如今更是用于影印机内。这些技术都可以说是公司最重要的无形资产。

知识链接 4-1
2019 最有价值的中国品牌

4.3.2 企业的能力

企业的能力是指企业运用、转换与整合资源的能耐，是资产、人员和组织投入产出过程的复杂结合，表现为整合一组资源以完成任务或者从事经营活动的有效性和效率。因此，这一观念重在资源间的整合，通过此种整合，可以更有效地发挥资源的作用。所以，能力往往包含着各种无形资源和有形资源彼此之间的复杂互动。对于企业资源与能力的概念存在着很多不同的说法，这里的关键是需要弄清楚资源与能力之间的联系和区别。通常，人们在谈论资源时，指的总是那些由管理者所完全掌控的"客观条件"，是外显的、静态的、有形的；而谈到能力时，指的总是最终会体现在具体个人或群体身上的可以胜任某项工作或活动的"主观条件"，是潜在的、动态的、无形的、能动的。所以，相对来说，资源在投入使用前比较容易衡量其价值，而能力在投入使用并发挥作用前往往不容易事先估量其价值；资源需要通过能力去实现增值，能力只有通过使用资源为顾客提供了价值才得以表现。

资源不等于能力。虽然资源有重要价值，但仍然不是能力。能力理论管理学家克里斯蒂森指出，就本身而言，资源几乎没有生产能力，能力是生产活动要求资源进行组合和协调而产生的。现实中不少企业资金、人才充足，技术设备一流，但是经营业绩不佳，其原因不在于资源而在于企业缺乏运作资源的能力。但需要注意的是，虽然资源本身不是能力，但优势资源的拥有的确能够给企业带来较强的市场竞争优势，如企业独占制造产品的专利或拥有从事某项业务的特许权，运输企业拥有一条好的线路等。

企业将单一的有形资源与无形资源相结合来创造能力，而能力又被用来完成组织的任务，如生产、分销以及售后服务，从而为顾客创造价值。作为核心竞争力和竞争优势的基础，能力一般以公司的人力资本对信息和知识的开发、传播和交流为基础来进行塑造。如今，我们已不能忽视人力资本在能力的开发和使用过程中以及建立核心竞争力过程中的作用。例如，IBM 在诸如长期顾客关系的保持、研发能力的提高，硬件、软件和服务方面的技术和技能的拓展等能力的形成和使用过程中，人力资本都起着关键的作用。

知识链接 4-2
华为全球招
"天才少年"

所以，能力通常在某个具体的职能领域（如制造、研发和市场营销）或职能领域的某一部分（如广告）得到发展。表 4-3 中列举了企业想要全部或部分拥有的一系列组织职能和能力。

表 4-3 企业职能能力的列举

职能领域	能 力	公司举例
分销	有效利用物流管理技术	沃尔玛
人力资源	激励、授权以及留住人	微软
管理信息系统	通过购买点数据收集法有效地和高效地控制存货	沃尔玛
营销	有效地推行品牌产品、有效的顾客服务、创新性采购	宝洁、麦肯锡
管理	预见未来潮流的能力	Zara
生产	可靠的产品设计和生产能力、产品和设计的质量、产品和原件的微型化	小松集团、索尼、西门子
研发	技术创新、把技术快速转化为新产品和新流程、数字技术	奥的斯电梯

4.3.3 企业的核心竞争力

4.3.3.1 核心竞争力的含义

1990 年，普拉哈拉德(C. K. Prahalad)和哈默尔(G. Hamel)两位学者在《哈佛商业评论》上撰文提出了"核心竞争力"(core competence)的概念，他们认为核心竞争力"是组织中的积累性学识，特别是关于如何协调不同的生产技能和有机整合多种技术流的学识"。1998 年嘉维丹(Javidan)认为核心竞争力的概念可以依对公司价值的高低以及运作的困难程度等层次再加以细分为：资源(resources)、能力(capabilities)、竞争力(competencies)、核心竞争力(core competencies)。他还提出核心竞争力层次与企业战略阶层(strategic hierarchy)的概念,使核心竞争力与企业战略架构之间的相对应关系清楚地显现出来。这个概念也使企业依据核心竞争力制定战略时,或是企业进行建构核心竞争力时,能清楚地掌握彼此的关系。

第一层次——企业资源。企业的基础是资源,资源是能力的载体,要强化企业的能力,首先必须获得优质资源。资源数量不足或质量不合要求,将直接影响高一层次的能力形成。

第二层次——企业能力。企业的能力主要是指企业的职能性的能力,如研发能力、制造能力、营销能力等,它是由企业拥有的资源整合而成的,这些职能性的能力又是竞争能力形成的基础。

第三层次——企业竞争力。企业的竞争力是企业职能性能力的有机协调和整合,是覆盖多个职能性能力的界面能力,它是以产品或战略业务单元(Strategic Business Units, SBU)为单位来衡量。

第四层次——企业核心竞争力。这是竞争能力的最高层次。核心竞争力是企业竞争能力的进一步整合,它是跨越全部 SBU 边界的能力,是全部 SBU 共享的技能和知识,是组织中的集体学习,是不同 SBU 竞争能力的整合与协调。

典型案例 4-1
宝马:核心竞争力在于强大的系统整合能力

由此可见,资源是企业能力的源泉,能力是企业核心竞争力的源泉,核心竞争力是开发持续的竞争优势的基础。由第一个层次的资源到第四个层次的核心竞争力,呈现出价值上升的趋势,同时也伴随着实施难度的增加。

4.3.3.2 核心竞争力的评价标准

如表 4-4 所示,那些有价值的、稀缺的、难以模仿的和不可替代的能力就是核心竞争力。核心竞争力又可以进一步成为能战胜竞争对手的竞争优势。不能满足这四个标准的能力就不能成为核心竞争力,这意味着,虽然每一种核心竞争力都是能力,但并非每种能力都是核心竞争力。换句话说,一种能力要想成为核心竞争力,那么在顾客眼里,它一定是具有价值的、独一无二的;而一种核心竞争力要成为竞争优势的潜在来源,那么对竞争对手来说,它一定是难以模仿的和不可替代的。

表 4-4 核心竞争力的四个标准

核心竞争力	标 准
有价值的	帮助公司抵御威胁或利用机会
稀缺的	不被他人拥有
难以模仿的	历史性:独特而有价值的组织文化或品牌名称
	模糊性:竞争力的起因和应用是模糊的
	社会复杂性:管理者、供应商以及顾客间的人际关系、信任和友谊
不可替代的	不具有战略的对等性

当竞争对手无法复制公司战略带来的收益，或者缺乏足够的资源进行模仿时，企业才能获得可持续的竞争优势。在某一段时间内，企业可以利用有价值的、稀缺的但是易模仿的能力来获得核心竞争力。例如，有些公司试图通过比竞争对手"更绿色"来发展核心竞争力和潜在竞争优势（有趣的是，发展"绿色"核心竞争力也可以帮助公司获得超额利润，并且让整个社会都受益）。从2005年开始，沃尔玛利用自身资源减少各个商店10%以上的碳足迹，而货车运输的碳足迹减少程度是这一比例的几倍。另外，沃尔玛针对经营过程中"零废弃物"的目标制定了一系列程序。在加利福尼亚州，其废弃物减少了80%，证明了该公司这一目标是有可能达到的。沃尔玛的竞争对手塔吉特百货公司也在利用资源和能力形成"绿色"核心竞争力。

企业利用核心竞争力创造的价值能维持多长时间，取决于竞争对手成功地模仿产品、服务或生产流程的速度。只有接下来要讨论的这四项标准都满足，创造价值的核心竞争力才能持续比较长的时间。因此，沃尔玛和塔吉特需要知道，只有利用资源完成绿色实践活动并满足这四个标准时，企业才会具有核心竞争力和潜在的竞争优势。

▶ 1. 有价值的能力

有价值的能力（valuable capabilities）能让公司抓住外部环境中的机遇，消除环境中的威胁。有效地利用能力来把握机遇或消除威胁，企业就可以为顾客创造价值。

▶ 2. 稀缺的能力

稀缺的能力（rare capabilities）是指只有极少数竞争对手拥有的能力。评估这一标准时，企业需要回答的一个关键问题是：有多少竞争对手拥有这些有价值的能力？对任何一个企业来说，许多竞争对手都具有的能力是不可能成为核心竞争力的；相反，有价值但又普遍存在的能力会导致对等的竞争。只有当公司创造并开发的有价值的能力成为核心竞争力，并与竞争对手不同时，公司才能获得竞争优势。

▶ 3. 难以模仿的能力

难以模仿的能力（costly-to-imitate capabilities）是指其他公司不能轻易拥有的能力。之所以能够创造出难以模仿的能力，有时是基于以下一个原因，有时则是基于以下三个原因的结合。

（1）有时企业可以基于特定的历史条件建立起来的某种能力

随着企业的发展，它们会不断获取和开发独一无二的能力。在企业发展的早期阶段形成的独特的、有价值的组织文化，会让该企业具有那些在其他历史时期成立的企业所不能完全模仿的优势，而那些缺乏价值和竞争实用性的价值观和信念也会对组织文化的发展产生强烈的影响。组织文化是组织成员共同拥有的一系列价值观的集合。当所有员工通过共同的信念紧紧凝聚在一起时，组织文化就会形成优势的来源。例如，强调整洁、一致和服务，并通过不断地训练来巩固这些特征的价值，麦当劳的这种文化被视为一种核心竞争力和竞争优势。

（2）企业的核心竞争力和竞争优势之间的界限有时比较模糊

在这种情况下，竞争对手很难清楚地了解企业是如何利用核心竞争力来获取竞争优势的。这样一来，竞争对手也很难确定到底要发展何种能力才能复制企业的价值创造战略来获得收益。多年来，许多企业都设法模仿美国西南航空公司的低成本战略，但大多数都没能成功，主要原因在于它们无法完全复制美国西南航空公司的独特文化。

（3）社会复杂性

社会复杂性意味着，至少有一些或者经常有很多企业的能力是错综复杂的社会现象的产物。管理者之间以及管理者与员工之间的人际关系、信任、友谊，以及企业在供应商和顾客中的声誉，都是社会复杂性的例子。美国西南航空公司在招聘时仔细地甄别认可该公司文化的员工，以及协调公司文化与人力资本之间的关系，都为该公司增添了其他公司无法模仿的价值，比如飞机乘务员之间的玩笑，或者机场员工与飞行员之间的合作等。

▶ 4. 不可替代的能力

不可替代的能力(nonsubstitutable capabilities)是指那些不具有战略对等性的能力。如果两种有价值的企业资源分别被用来执行相同的战略，那么这两种资源就是战略对等的。总体来说，一种能力越难以替代，就越具有战略价值。一种能力越是无形的，不可见的，其他企业就越难找到它的替代能力，在模仿价值创造战略时就会面临更大的挑战。企业特有的知识以及管理者与非管理者之间建立的相互信任的工作关系，就像美国西南航空公司的员工关系一样，都是一些很难被识别和替代的能力。然而，有时模棱两可也可能使其难以学习并阻碍进步，因为企业不知道如何提高这些难以标准化的、模棱两可的能力。

综上所述，只有利用有价值的、稀缺的、难以模仿的和不可替代的能力，企业才有可能获得可持续竞争优势。表 4-5 列举了这四个标准相互结合后，对企业的竞争结果和业绩表现的影响。这些分析可以很好地帮助管理者决定企业各种能力的战略价值。需要注意的是，企业绝对不能只选择满足表 4-5 中第一行所列举的几项标准的能力（即资源和能力既不是有价值的，也不是稀缺的，并且还可以模仿和替代），那些能产生竞争对等性的能力，以及暂时的或可持续的竞争优势的能力，则应当得到企业的支持。如可口可乐和百事可乐、波音公司和空客公司等，竞争对手的能力就导致了竞争的对等性。在这种情况下，企业应该继续培育这些能力，同时设法开发能产生暂时的或可持续竞争优势的能力。

表 4-5 可持续竞争优势的标准相互结合的结果

能力是有价值的吗	能力是稀缺的吗	能力是难以模仿的吗	能力是不可替代的吗	竞 争 结 果	业 绩 影 响
否	否	否	否	竞争劣势	低于平均利润
是	否	否	是/否	竞争对等	平均利润
是	是	否	是/否	暂时的竞争优势	平均利润至超额利润
是	是	是	是	可持续的竞争优势	超额利润

4.3.3.3 核心竞争力的构建——价值链

迈克尔·波特(1985)在其《竞争优势》一书中提出了"价值链"的概念并对其进行了深入的研究。波特认为，企业的每项生产经营活动都是其创造价值的活动，这样，企业所有的互不相同且相互关联的生产经营活动便构成了创造价值的动态过程,即价值链(图4-2)。企业的价值链构成了企业的成本结构,也包含了企业的利润空间。价值链是一个模板,企业可以用它来分析成本定位,并且识别能促进战略实施的各种方式。价值链分析可以让企业了解运营过程中,哪些环节可以创造价值,哪些环节不能创造价值。了解这些是非常重要的,因为只有创造的价值大于价值创造过程中消耗的成本,企业才能获得超额利润。

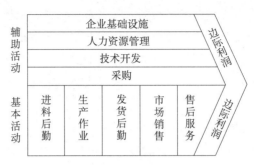

图4-2 波特价值链

由图4-1可知,价值链列示了总价值,并且包括价值活动和利润。价值活动是企业所从事的物质上和技术上的界限分明的各项活动;利润是总价值与从事各种价值活动的总成本之差,这一差额可以用很多方法来度量。价值活动可分为两大类:基本活动(primary activities)和辅助活动(support activities)。基本活动,如图4-1底部所示,是涉及产品的物质创造及其销售、转移给买方和售后服务的各种活动。任何企业的基本活动都可以划分为图4-2所示的五种基本类别。辅助活动是辅助基本活动的活动,并通过提供外购投入、技术、人力资源以及各种公司范围的职能以相互支持。企业可以在任何一个价值链活动或辅助功能中发展自己的能力或者核心竞争力。如此,企业也就可以获得为顾客创造价值的能力。当企业能用独特的核心竞争力为顾客创造出竞争对手无法复制的价值时,就获得了一个或多个竞争优势。

▶ 1. 基本活动

企业在进行基本活动的分析时,往往需要考虑那些能够获得价值潜力的主要业务,以此来获取或创造更有价值的能力。

(1)进货物流:进货物流的主要活动是指与接收、存储和分配产品投入有关的活动,包括原材料处理、仓储、库存管理、车辆调度和向供应商退货等。

(2)生产作业:生产作业包括所有将投入变成最终产品形式的活动,如机械加工、包装、组装、设备维修、测试、印刷和厂房设施管理等。

(3)发货物流:发货物流是指有关集中、存储和把产品或服务分销给客户的活动,包括最终产品、仓储、原材料搬运、送货车辆管理、订单处理和进度安排等。

(4)市场和销售:市场和销售是指有关提供最终客户可以依此购买产品和服务,以及吸引他们购买的手段的活动,包括广告、促销、推销队伍、报价、销售渠道选择、销售渠道关系和定价等。提供好的产品是远远不够的,事实证明,仅仅拥有杰出的产品并不总能在竞争中获取优势。关键在于让你的渠道伙伴相信,仅仅销售你的产品是不够的,按照与你的战略一致的方式经营销售产品才最符合他们的利益。

（5）售后服务：其基本活动包括所有与提供服务以提高或保持产品价值相关的活动，包括安装、维修、培训、零部件供应和产品调适等。

根据产业情况，每种类型的基本活动对于竞争优势都可能是至关重要的。对批发商而言，进货和发货的后勤管理最为重要；对于像饭店或零售店这样提供服务的企业而言，外部后勤可能在很大程度上根本不存在，而经营则是关键；对于一个致力于向企业贷款的银行而言，市场和销售通过其收款人员的工作效率和贷款的包装与定价的方式对竞争优势起到至关重要的作用；对于像联想这种生产PC的企业而言，服务则成为竞争优势的核心来源。然而，在任何企业中，所有类型的基本活动都在一定程度上存在并对竞争优势发挥作用。

▶ 2. 辅助活动

除了基本活动的分析外，企业的辅助活动也不容忽视，它们往往也具有创造价值的潜力。在任何产业内，竞争所涉及的各种辅助价值活动可分为四种基本类型。

（1）采购：采购是指购买用于企业价值链投入的职能，而不是指外购投入本身。外购投入包括原材料、零配件和其他消耗品，以及机器、实验室设备、办公设备和房屋建筑等资产。

（2）技术开发：每项有价值的活动都是有技术含量的。大多数企业采用的技术范围极为广泛，从用于准备文件和运输物资的技术，一直到生产过程和生产设备的技术以及产品本身所包含的技术等。与产品和功能部件相关的技术开发支持整个价值链，而其他技术开发与某一种基础活动和辅助活动相关。

（3）人力资源管理：人力资源管理由对各类人员的招聘、雇用、培训、开发和报酬所包含的活动组成。人力资源管理既支持单项的基础活动和辅助活动，又支持整个价值链。

（4）企业基础设施：企业基础由包括一般管理、计划、财务、会计、法律、政府事务、质量管理和信息系统的一系列活动组成。基础设施通常支持的是整个价值链，而不是单项活动。

价值链有三种含义：

（1）企业各项活动之间都有着密切的联系，如原料供应的计划性、及时性和协调一致性与企业的生产制造有密切联系；

（2）每项活动都能够给企业带来有形或无形的价值，如服务这条价值链，如果密切注意顾客所需或做好售后服务，就可以提高企业信誉，从而带来无形价值；

（3）不仅包括企业内部各链式活动，更重要的是，还包括企业外部活动，如与供应商之间的关系、与顾客之间联系。

价值链在经济活动中是无处不在的，上下游关联的企业与企业之间存在行业价值链，企业内部各业务单元的联系构成了企业的价值链，企业内部各业务单元之间也存在着价值链联结。价值链上的每一项价值活动都会对企业最终能够实现多大的价值造成影响。

迈克尔·波特提出的价值链分析模型，可用来分析企业的竞争态势，有助于企业认清在运作活动链上的优劣环节，调整价值链结构，补强薄弱环节，保持原有的强项，创造新的竞争优势。企业的竞争优势有许多，如技术优势、人才优势、管理优势、创新优势等，但归根到底，只有两种：一种是成本领先；另一种是标新立异。如果把企业作为一个整体来考察，又无法识别这些竞争优势，就必须把企业活动进行分解，通过考察这些活动本身及其相互之间的关系来确定企业的竞争优势，这就是价值链分析模型的内涵。

总体来说，一种能力要成为核心竞争力和竞争优势的来源，必须满足以下两点：

(1) 让企业在执行一个活动时能创造出比竞争对手更高的价值；

(2) 让企业能够执行竞争对手无法执行的价值创造活动。

只有满足这两个条件，企业才能不断为顾客创造价值，并有机会收获这一价值。

▶ 3. 价值链分析的步骤

任何一个企业或事业组织，都有属于自己的内部活动价值链。每一类产品，也都有自己的价值链。大多数组织一般都可以提供几类不同的产品和服务，因此在组织内部的价值链也会有多条。仔细分析每一条价值链，有利于更好地认识企业的优势与劣势。

价值链分析的一般步骤如下：

(1) 研究生产产品或服务的所有活动，辨别每种产品的价值链，确定优势和劣势活动；

(2) 分析各产品价值链的内在联系，即一项价值活动(比如采购)的执行方式与另一项价值活动(比如生产作业)成本之间的关系；

(3) 分析不同产品或事业部之间价值链的相互融合的可能性。大多数情况下，一项活动通常都存在规模经济问题，如果某个产品的产量达不到一定的规模，就可以和其他产品一起承担能够达到规模经济的产量，以此来达到生产成本最低的效果。

价值链分析是一种很实用的分析工具，但是在实际中，战略分析人员不应该仅仅局限于图 4-2 所涵盖的较狭窄的范围。事实上，价值链的分析可以拓展到微观面和宏观面两个层次。其中，微观面是指战略分析人员可以将价值链做进一步的细化分析。例如可以将整个营销活动拆解成更进一步的细分活动，包括产品、价格、渠道、促销、包装、人员、流程以及与合作者的关系等，以此可以更加清楚地了解活动创造价值的来源。此外，宏观面则是指战略分析人员可以将价值链拓展成整个价值链系统来做分析。即价值活动的创造，并不一定只局限于单一企业，还可以通过战略联盟、垂直整合、并购等战略手段来扩大经营范围，以形成整个价值创造系统，如图 4-3 所示。

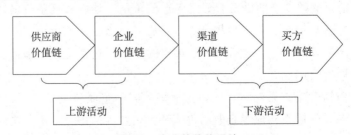

图 4-3　产业的价值系统

供应商拥有创造和交付企业价值链所使用的外购输入的价值链(上游价值)。供应商不仅是交付一种产品，而且还影响到企业的很多其他方面。此外，很多产品通过一些渠道的价值链(渠道价值)到达买方手中。渠道的附加活动影响着买方，也影响着企业自身的活动。企业的产品最终成为买方价值链的一部分。标新立异的基础归根结底是企业和其产品在买方价值链中的作用，这决定了买方的需要。获取和保持竞争优势不仅取决于对企业价值链的理解，还取决于对企业适合于某个价值系统的理解。

企业与企业的竞争，不只是某个环节的竞争，而是整个价值链的竞争，整个价值链的综合竞争力决定企业的竞争力。用波特自己的话来说："消费者心目中的价值由一连串企业内部物质与技术上的具体活动与利润所构成，当你和其他企业竞争时，其实是内部多项活动在进行竞争，而不是某一项活动的竞争。"

站在价值链的角度，企业可以明白自己在哪些活动上占有优势，哪些处于弱势。价值链管理的核心就是企业要与供应商、分销商、服务商等通过价值增值形成利益共同体，不仅优化自身的业务流程，而且还要优化与价值链上其他企业间的业务流程，降低交易成本，提升市场竞争力。因此，价值链分析中，务必要明确以下几点：

(1) 单个企业价值的体现需要经过其他价值链环节的合力才能实现，因此企业必须善于整合上下游资源；

(2) 一个企业要想在价值链上处于有利的位置，必须掌握和培养自己的核心竞争优势；

(3) 企业既要让消费者满意，也要让价值链上的合作伙伴满意；

(4) 企业要善于根据周围环境的变化和企业不同发展时期的特征和状态，不断转移价值创造的重心，将企业价值的创造集中在最能产生超额价值的活动上，从而获得超额价值。

知识链接 4-3
未来汽车行业
价值链报告
(来源：德勤中国网)

4.4 内部环境分析的方法

内部因素评价矩阵(internal factor evaluation matrix，简称 IFE 矩阵)是对内部战略管理的分析进行总结。这一战略制定工具总结和评价了企业各职能领域的优势与劣势，并为确定和评价这些领域间的关系提供基础。在建立 IFE 矩阵时通常需要依靠战略分析者直觉性的判断，因此往往具有局限性。企业可以按照下面五个步骤建立IFE 矩阵。

微课视频 4-2
内部因素评价矩阵、
SWOT 分析法

(1) 列出通过内部分析确定的关键因素。选择 10~20 个内部因素，包括优势和劣势两个方面的因素，先列优势因素，后列劣势因素，尽可能具体，并使用百分比、比率和可比较的数字。

(2) 给出每个因素的权数。权数从 0.0(不重要)到 1.0(非常重要)。权数表明企业在某一产业取得成功的过程中各种因素的相对重要性。无论一项关键因素是内部优势还是劣势，只要对企业绩效有较大的影响，就应当给出较高的权数。所有权数之和等于 1.0。

(3) 对各因素给出 1~4 分的评分。1 分表示重要劣势，2 分表示次要劣势，3 分表示次要优势，4分表示重要优势。优势给4分或者3分，劣势给2分或者1分；评分基于公司，而第(2)步中的权数则基于产业。

(4) 以每个因素的权数乘以其评分，得到每个因素的加权分数。

(5) 将所有因素的加权分数加总，得到企业的总加权分数。

无论 IFE 矩阵包含多少因素，总加权分数的范围都是从最低的1.0到最高的4.0，平均分为2.5。总加权分数大大低于2.5的企业，其内部状况处于劣势；而分数大大高于2.5的企业，其内部状况则处于优势。因素的数量不影响总加权分数的范围，因为权重总和永远等于1。

下面我们来看一个企业内部要素评价矩阵的例子，表4-6为H集团内部要素评价矩阵的分析情况。

表4-6 H集团的内部因素评价矩阵

	关键的内部因素	权重	评分	加权分数
优势	西部地区最大的家电生产企业	0.156	3	0.468
	新技术推广、应用反映良好	0.139	4	0.556
	上个月利润增加10%	0.024	4	0.096
	财务状况有所好转	0.039	3	0.117
	改善公司原有管理流程，提高了效率	0.081	4	0.324
	强有力的管理团队	0.061	3	0.183
	小计：优势加权分数			1.744
劣势	地理位置导致的企业声誉的局限性	0.232	2	0.464
	现代企业机制尚不完善	0.058	2	0.116
	售后服务不够完善，影响销售	0.105	2	0.210
	价格战给企业产品质量带来压力	0.105	1	0.105
	小计：劣势加权分数			0.895
	合　　计	1.0		2.639

注：评分的含义如下：1＝重要劣势；2＝次要劣势；3＝次要优势；4＝重要优势。

从表4-6中可以得出，H集团的总加权分数为2.639，大于平均值2.5，表明该企业内部整体水平高于行业平均水平。从其优势和劣势分值来看，其优势分值大于劣势，说明该公司可以通过发挥优势、克服劣势的做法，谋求不断发展。这是被简化了的 IFE 矩阵，一般来说 IFE 矩阵应包含10～20个关键因素。

当某种因素既构成优势又构成劣势时，该因素将在 IFE 矩阵中出现两次，而且被分别给予权重和评分。例如，花花公子的标语既帮助了该公司，又损害了该公司。标识语使《花花公子》杂志吸引了读者，但同时又使"花花公子"有线电视频道被排除在很多地区的市场之外。

受战略决策本身的性质与特点所决定，在战略管理文献中，对评价优势与劣势的系统化的研究还不够充分,因此,企业管理者必须发挥其主观能动性,对内部环境的优势、劣势加以确认和评价,以便有效制定和选择战略方案。外部因素评价矩阵、竞争态势矩阵、内部因素评价矩阵以及明确陈述愿景和使命,共同为成功制定竞争战略提供了必要的基础信息。对企业内、外部环境关键战略要素进行分析,其根本任务在于弄清行业的发展前景及其关键的影响要素、行业中各企业相对竞争地位的决定要素、企业所面临的竞争情形以及所处的竞争地位,从而为企业结合自身特点,找出战略焦点与问题,进而提出适当的战略奠定良好的基础。

4.5 SWOT分析法

SWOT分析法是将企业内部环境的优势(Strengths)与劣势(Weaknesses)、外部环境的机会(Opportunities)与威胁(Threats),同列在一张"十"字形图表中加以对照,既可一目了然,又可从内外部环境条件的相互联系中做出更深入的分析评论。SWOT分析法是一种最常用的企业内外部环境战略因素综合分析方法。表4-7为某洗衣机厂内外部环境战略因素综合分析情况。

表4-7 某洗衣机厂内外部环境条件SWOT分析

	机会(O)	威胁(T)
外部环境	城市郊区和农村购买者日益增多; 政府将限制洗衣机进口; 有两种型号洗衣机有出口的可能	城市市场中洗衣机滞销; 原材料价格涨幅达40%以上; 新进入洗衣机行业者多
	优势(S)	劣势(W)
内部环境	技术开发能力强; 产品质量稳步提高; 管理基础工作较好; 营销能力较强	设备老化,资产周转率低; 技术人才断层; 资金严重不足; 无国际化经营经验

在战略管理中,仅有上述分析内容是不够的,还必须对企业做更深层次的综合情况分析,从产业发展、市场竞争的角度研究潜在的优势与劣势、机会与威胁,如表4-8所示。在对企业进行SWOT分析的基础上,可以进行战略的匹配,从而形成多个战略方案。有关战略匹配的内容将在第7章做具体介绍。

表4-8 SWOT分析检验

	机会(O)	威胁(T)
外部环境	纵向一体化? 市场增长快? 可以增加互补产品? 能争取到新的用户群?	市场增长缓慢? 竞争压力增大? 有关政策限制? 有新的竞争者进入?

续表

	机会(O)	威胁(T)
外部环境	进入新的市场或市场面？ 多元化进入相关产品领域？ 有能力进入的战略联盟？ 具有成本优势？ 在同行业中业绩优良？ 扩展产品线以满足需求？ 其他	替代品销售额正在上升？ 用户议价能力增强？ 用户消费偏好改变？ 受经济衰退的影响？ 通货膨胀带来的压力？ 突发事件？ 其他
	优势(S)	劣势(W)
内部环境	产权技术优势？ 成本优势？ 竞争优势？ 经验曲线优势？ 规模经济性？ 特殊能力？ 产品创新能力？ 财务资源良好？ 人力资源充沛？ 企业形象好？ 其他	产权不清？ 成本过高？ 竞争劣势？ 缺乏核心技术？ 产品范围太窄？ 竞争地位恶化？ 研究开发能力不强？ 缺乏资金？ 人才出现断层？ 营销水平低？ 其他

小结

内部环境分析的关键在于回答"企业能做什么"的问题，这意味着要考察企业的资源和企业利用资源形成能力的方式。资源分为有形资源和无形资源，能力表现为对资源的整合而达成的有效性与效率。企业的核心竞争力是企业获得持续竞争优势的基础与源泉，培育和打造企业核心竞争力对企业至关重要。虽然很多企业仍然喜欢单靠盈利来判断企业的经营状况，然而为获取对竞争企业的竞争优势，越来越多的企业正使用更加全面的内部分析方法。战略制定者为了有效制定和选择战略，必须对内部优势和劣势进行研判。外部因素评价矩阵、竞争态势矩阵、内部因素评价矩阵以及明确的愿景和使命陈述，共同提供了制定竞争战略所必需的基本信息。内部分析的过程为企业所有人员提供了参与决定企业未来的机会。这种参与过程就是对全体管理者和雇员的激励和动员。

章末案例

海底捞成功的密码

2018年9月26日，海底捞董事长张勇敲响了港交所的铜锣，宣布海底捞上市，开盘18.8港元，大涨10%，市值突破1000亿港元大关。作为传统型企业，海底捞其实并不传统，市面上也有诸多书本来研究海底捞成功的密码。

我们可以先通过几个数字来了解海底捞公司成功的独特优势。在2016年和2017年，海底捞同店销售同比增长率分别为14%和16%。在2018年上市后海底捞进入发展的快车道，2018年的增长率高达40.89%，2019年甚至达到56.49%。所以，海底捞本身的效率和经营的成果是非常领先的。我们也看到，海底捞的门店数量在快速扩张，但是随着门店数量的增加，其盈利能力并没有下降，基本上1~3个月新店实现盈利，6~13个月能收回投入的现金，翻台率遥遥领先。同时，其业务也在逐步向多元化发展，从原来单纯做火锅，追求翻台率，到现在推出早餐和下午茶，在北京还推出一家智能化的餐厅，店里推出自动售货机，推出会员的赊账服务，可以通过会员账户进行支付和挂账，此外还有海底捞啤酒以及其他产品的研发。我们会发现，这家公司不只是一个经营火锅店的公司，而是有其非常独特的能力和优势。当然，海底捞最核心的优势还是在于不能够被复制，它的企业文化、企业管理体制以及优质的服务体验难以被超越。以上这些优势使其得到了资本市场的认可。

张勇认为，想要在竞争激烈的餐饮业中胜出，必须要考虑清楚自己的核心竞争力是什么。对于一家火锅店而言，环境、味道、菜品、价格都可以为顾客提供满意的用餐体验，而海底捞则通过"超预期"的极致服务来制造惊喜，为顾客提供深入人心的情感体验。

张勇曾在新闻发布会上说，海底捞的日常工作只有两点，一手抓员工，一手抓顾客。

餐饮业属于劳动密集型行业，管理的员工是人，来就餐的顾客也是人。张勇认为，只有对企业产生认同感和归属感，员工才可以真正快乐地工作，用心做事，把企业倡导的理念传递给每一位顾客。

海底捞为员工提供的福利政策能够有效地激发员工的团队精神，使之获得幸福感。比如说在居住条件方面，海底捞为员工租住正规住宅小区的两、三居室，且都会配备空调。而且为了充分照顾到员工的休息，规定从小区步行到工作地点不能超过20分钟。光是员工的住宿成本，一个门店一年就要花费50万元。

而对于店长的考核只有两项指标：一是顾客的满意度；二是员工的工作积极性。海底捞的战略目标十分清晰，即通过保障顾客满意度来达到品牌建设的目的，这给员工传达的思想就是"用双手改变命运"，只有员工肯努力，学历、背景都不是问题，良好的上升通道，让员工得以快乐工作，并把这种情绪传达给顾客。

张勇充分意识到人的价值。他觉得自己管理的不是事，更不是钱，而是人，"人"才是海底捞的核心。

碎片化、低客单价、劳动密集等特征，让餐饮业很难建立起现代化的管理体系，从而难以将品牌推向更高的高度。为了解决这些问题，海底捞经历了多次的组织架构变革，抛弃了层层管控的方式，也改变了硬性关键绩效指标(key performance indicator，KPI)的管理逻辑，而是采用"连住利益，锁住管理"的方式，即高度统一员工与公司的利益，将员工的薪酬与公司绑定，同时也赋予店长较大的门店经营自主权，从而使得在高速扩张中，仍然得以维持品牌的文化，把海底捞的理念贯穿在各大门店中。

规模化的高速扩店，给市场以想象空间。

在海底捞成立的前20年中，平均每年开新店不到4家，总共只开了76家店。但在上市的前3年，海底捞突然加速了开店步伐，在2015年，海底捞新增门店36家；2016年新开32家；2017年，其新门店猛增到98家；2018年净开店193家；2019年净开店302家。即使在餐饮业集体低迷的2020年，截至上半年，仍然新开了173家门店，其全球门店总数增长至935家。平均算下来，每1.05天就有1家新店开业。

这种高速扩店的底气，源自于长期以来海底捞店长的储备数量以及培养的速度。对于海底捞这种重视服务、强调"传、帮、带"的企业而言，店长自然是最核心的资产以及中流砥柱。

在日常管理中，海底捞有意识地挖掘和培养高潜力的员工，在企业内部建立了"海底捞大学计划"，即领导层培训计划，为快速扩张提供人才的支持。海底捞还任命了13名曾担任店长或拥有丰富餐厅工作经验的资深人士担任"教练"，为新门店提供指导和支持。

许多企业在扩张中很难避免的"大公司病"，却被海底捞轻松化解，这种人才培养体系或许值得更多的管理者学习和借鉴。

资料来源：海底捞上市，背后蕴含着怎样的管理智慧？http://www.sohu.com/a/256884786_231216

讨论：

海底捞的核心竞争力是什么？海底捞的核心竞争力与使命有什么关系？海底捞是怎样构建企业的核心竞争力的？在当今的竞争环境下，它可持续吗？

▎复习与讨论 ▎

1. 对于企业来说，为什么研究和了解其内部环境非常重要？
2. 为什么创造价值对于企业来说非常重要？企业应当如何创造价值？
3. 有形资源和无形资源有什么区别？
4. 能力与资源有什么关系？
5. 能力必须具备哪四个标准才能成为核心竞争力？为什么说这四个标准非常重要？
6. 什么是价值链分析？价值链分析可以给企业带来什么？

▎线上课堂——训练与测试 ▎

战略实践演练

在线自测

第 5 章　公司层战略

学习导语

前面几章我们介绍了战略及战略管理的基本概念，分析了外部环境因素和行业结构的特点，企业自身的资源、能力以及核心竞争力对战略的制定和实施会有怎样的影响和制约。以上这些基本上属于分析的内容，同时也是战略选择和战略实施的前提。从本章开始将进入企业战略的选择和匹配阶段。在战略的选择中，《孙子兵法》对商战有很多启示，例如《谋攻篇》中提到："故百战百胜，非善之善者也；不战而屈人之兵，善之善者也。"百战百胜都算不上真正厉害的高手，那些还未战就降服所有敌人的才是高手。企业在发展经营的过程中也是一样，在竞争中赢得胜利固然重要，但在当今社会还需要思考除了竞争之外的胜利，也就是如何才能"不战而屈人之兵"。这就需要企业有顶层的谋略和全盘的思考，即所谓的公司层战略。公司层战略会涉及在所分析的战略环境下企业经营发展的总体方向，决定企业干什么和不干什么，确定企业的成长路径，并适当地分配和协调资源来保障企业的成长。本章将详细阐述企业成长可供选择的各种战略以及战略的实现方式。

学习目标

➢ 了解战略的层级、类型和企业成长发展的规律
➢ 掌握企业密集型发展战略的使用要点和其应用利弊
➢ 掌握一体化战略的使用要点和其应用利弊
➢ 掌握多元化战略的使用要点和其应用利弊
➢ 理解国际化战略的使用要点和其应用利弊
➢ 掌握企业战略实现途径的三种方式和其应用利弊

名言

明天总会到来，但总会与今天不同。如果不着眼于未来，最强有力的公司也会遇到麻烦。对所发生的事感到吃惊是危险的，即使是最大、最富有的企业，也难以承受这种危险。最小的企业也应警惕这种危险。

——彼得·德鲁克

战胜不复，而应形于无穷。

——《孙子兵法·虚实篇》

故善战者，求之于势，不责于人，故能择人而任势。

——《孙子兵法·势篇》

开篇案例

海尔集团的战略选择

从 1984 年创业至今，海尔集团经历了名牌战略发展阶段、多元化战略发展阶段、国际化战略发展阶段、全球化品牌战略发展阶段、网络化战略发展阶段五个阶段，2019 年 12 月，海尔集团进入第六个战略发展阶段，目标是"创全球引领的物联网生态品牌"。

1984—1991 年名牌战略发展阶段

名牌战略发展阶段，海尔抓住改革开放的机遇，改变员工的质量观念，提高员工的质管素质，以过硬的质量创出了冰箱名牌。

1985 年，中国经济还处在短缺时代，电冰箱市场"爆炸式增长"，但仍然供不应求，很多厂家没有动力提高品质，大上产量但不注重质量。别的企业年产量都已经百万台了，海尔才不到 10 万台。海尔的观念是如果员工素质不能支持，盲目扩大规模只能丢掉用户。海尔大胆提出"要么不干要干就要争第一"的理念，以为用户提供高质量产品为目标。这时，海尔发生了"砸冰箱"事件，连海尔的上级主管部门都点名批评海尔，但正因为这一事件，唤醒了海尔人"零缺陷"的质量意识。1990 年，海尔获得国家质量管理奖和中国企业管理金马奖，1991 年被评为全国十大驰名商标。

1991—1998 年多元化战略发展阶段

1991 年开始，海尔进入多元化战略发展阶段。借着邓小平同志南方谈话的机遇，海尔兼并了 18 家亏损企业，从只有冰箱一种产品向多元化发展，包括洗衣机、空调、热水器等。

那时，舆论称"海尔走上了不规则之路"，行业也认为企业要做专业化，而不是"百货商场"。而海尔则认为"东方亮了再亮西方"，海尔冰箱已做到第一，在管理、企业文化方面有了可移植的模式；另外，不管是专业化还是多元化，本质在于有没有高质量的产品和服务体系。事实证明，开始坚持做专业化的企业后来也开始多元化了，海尔起步比它们早了至少十年。海尔的兼并与众不同，并不去投入资金和技术，而是输入管理理念和企业文化，用无形资产盘活有形资产，以海尔文化激活"休克鱼"。海尔文化激活"休克鱼"这个案例在 1998 年被写入哈佛案例库，张瑞敏也成为第一个登上哈佛讲坛的中国企业家。这样，海尔在中国家电行业奠定了领导地位。

1998—2005 年国际化战略发展阶段

20 世纪 90 年代末，海尔进入国际化战略发展阶段，此时正值中国加入 WTO，很多企业响应中央号召走出国门，但出去之后非常困难，又退回来继续做定牌。海尔认为"国门之内无名牌""不是出口创汇，而是出口创牌"，并且提出"下棋找高手""先难后易"，首先进入发达国家创名牌，再以高屋建瓴之势进入发展中国家。

1999 年，海尔在美国建立第一个海外工业园时，受到很多质疑，当时很多媒体说，美国的工厂都到中国来设厂，海尔反其道而行地跑到美国去设厂，最后肯定以失败告终。媒体有一篇文章题目就是5个字"提醒张瑞敏"，还有媒体说："别的企业到美国投资都不成功，海尔也很难成功""海尔等于是不在国内吃肉，却到国外啃骨头、喝汤。"

海尔打造国际化品牌就是按照"走出去、走进去、走上去"的"三步走"思路。"走出去"阶段，海尔以缝隙产品进入国外主流市场；"走进去"阶段，海尔以主流产品进入当地主流渠道；"走上去"阶段，海尔以高端产品成为当地主流品牌。

2005—2012年全球化品牌战略发展阶段

从2005年开始，海尔进入全球化品牌战略发展阶段，全球化和国际化的不同在于其核心是本土化，这和国内企业OEM（代工生产）不同，也和日韩企业派驻本国员工到全球各地不同，海尔是创立自主品牌，在海外建立本土化设计、本土化制造、本土化营销的"三位一体"中心，员工都是当地人，更了解当地用户的个性化需求。

现在海尔已经在全球建立5大研发中心，21个工业园，66个营销中心，全球员工总数超过6万人。其实，海外创牌之路很难，一般在国外培育一个品牌的赔付期是8~9年，所以，作为一个创自主品牌的企业，需要付出，需要有耐力。从目前中国品牌海外市场的占比来看，虽然中国家电产量占到全球的49.1%，但中国品牌的品牌份额只有2.89%，而这2.89%里面有86.5%是海尔品牌，也就是说，每10台中国品牌的家电，就有8台是海尔品牌。

在这个阶段的标志事件是：2012年，海尔收购三洋电机在日本、东南亚的洗衣机、冰箱等多项业务，成功实现了跨文化融合；之后，海尔还成功并购新西兰高端家电品牌斐雪派克（Fisher&Paykel）；2016年1月15日，海尔全球化进程又开启了历史性的一页——海尔与GE通用电气签署战略合作备忘录，整合通用电气家电业务。海尔在国际市场真正实现"走上去"，成为全球化家电品牌。

2012—2019年网络化战略发展阶段

网络化战略发展阶段，海尔从传统制造家电产品的企业转型为面向全社会孵化创客的平台，致力于成为互联网企业，颠覆传统企业自成体系的封闭系统，而是变成网络互联中的节点，互联互通各种资源，打造共创共赢新平台，实现攸关各方的共赢增值。为此，海尔在战略、组织、员工、用户、薪酬和管理六个方面进行了颠覆性探索，打造出一个动态循环体系，加速推进互联网转型。

2019年——生态品牌战略发展阶段

2019年12月26日，海尔集团创业35周年暨第六个发展阶段主题和企业文化发布会上，随着新战略主题与新海尔文化的发布，海尔也将展开新画卷，进入物联网生态品牌新时代。

资料来源：海尔官网

由以上案例可以看到，海尔在不同的时期、不同的业务和产品上运用了不同的发展战略，有积极扩张的增长战略，有保守妥当的稳定战略。也正是如此，面对不断改变的环境，海尔不断地调整自我，才能成为世界知名的中国品牌。在这一章里，我们将探讨学习企业的管理层如何掌舵、如何选择企业发展的方向。

如第 1 章里所提到的,企业战略实际上有三个层面:公司层战略、业务层战略、职能层战略。其中,职能层战略属于战术层面,本书不作讨论。而公司层战略和业务层战略是真正意义上的战略,本章和下一章将分别进行详细阐述。

微课视频 5-1
公司层战略概述

5.1 公司层战略及其类型

▶ 1. 公司层战略

公司层战略(Corporate-level strategy)也被称为总体战略,是企业总体的、最高层次的战略。其关心的问题是:公司的事业(业务)是什么?公司应拥有什么样的事业(业务)组合?其战略行为一般涉及拓展新的业务,如事业单元、产品系列的增加(或剥离),以及在新的领域与其他企业组建合资企业,等等。公司层战略应当决定每一种事业在组织中的地位。

▶ 2. 公司层战略的类型

企业会根据业务的发展来对其战略力度、战略方向以及战略方式等进行决策。依据企业发展的规律,我们可以从战略力度上将企业战略分为稳定型战略、增长型战略以及紧缩型战略;从战略发展方向上,可分为密集型战略、一体化战略、多元化战略以及国际化战略;从战略的实现途径上,可分为内部开发战略、并购战略、战略联盟;从竞争的基础和范围上,可分为成本领先战略、差异化战略、聚焦战略。具体如图 5-1 所示。

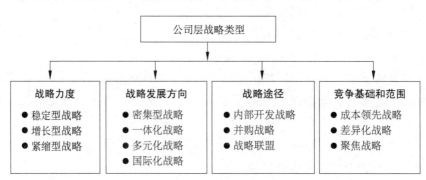

图 5-1 公司层战略类型结构图

▶ 3. 企业成长的规律与战略的选择

企业的成长就是从市场份额、盈利、机制、资本以及组织整合等方面的小规模低水平向大规模高水平不断扩大的过程。在此过程中,企业可以在现有企业、现有产品、现有业务领域内,通过不断做大做深来挖掘机会;也可以通过开发新技术、新产品来扩大企业现有产品线,占领更多细分的市场;更可以新建或并购与目前经营相关的业务,以谋求更大的市场。

决定和影响企业未来成长与发展的因素很多，但其中最具决定意义和关键作用的是企业成长战略的选择。企业成长战略决定了企业未来成长与发展的路径和方式，决定了企业未来资源配置和使用的方式。绝大多数企业的发展过程及战略选择基本上遵循了一定的规律性，表现为以下几点。

（1）在企业创建初期和之后的一段时间内，通常采取一业为主的密集式成长战略，即将企业的资源高度集中于一项业务中，增加其主要业务的销售量，提高市场占有率，培育用户对企业的感情，建立企业的市场地位和竞争优势。这时企业经营活动的战略中心是生存和发展、积聚实力，建立起超过主要竞争对手的优势，为今后的成长与发展打下基础。在执行密集型成长战略时，企业不断地强化产品线以满足不同细分市场的需要，同时企业还不断扩大经营的地域范围，从当地市场逐步扩大到全国市场乃至国际市场。

（2）当企业认为其最初业务的扩展已达到一定规模，积聚了相当的资源，或是在满足现有业务的竞争发展需要之外还有剩余的资源，或者企业已不满足于单业务的结构时，它们首先会选择的战略就是一体化成长战略——延长企业的价值链，或扩大企业的规模。一体化成长战略是企业发展和扩大过程中的一个自然阶段，大部分世界知名跨国企业以及我国改革开放后的一些企业集团都是通过一体化来实现其规模经济和垄断地位的。

（3）为了避免企业资本和经营活动全部集中在一个行业所可能产生的风险，以及产业进入成熟阶段后对企业发展速度的约束，有实力的大型企业一般在一项业务发展到一定规模后会采取多元化战略。这时企业需要解决的首要问题就是决定向哪一个新的行业发展，如何确定企业的业务组合及发展顺序，也有可能需要解决同时退出哪一个行业的问题。

（4）最后，当企业经营遇到困难，而在短期内造成经营困难的因素无法消除时，企业不可避免地面临紧缩或是退出战略的选择。

当然，以上只是抽象的一般性总结，具体到每一个企业，并非都会在其寿命周期内全部经历这一战略的演变和成长的过程。例如有些企业还未明确其战略就已死亡，有些企业在发展多元战略失败后又重新回到聚焦一个业务战略上来。

5.2　增长型战略（密集型战略、一体化战略、多元化战略、国际化战略）

发展是企业经营永恒的主题，在激烈的竞争环境中谋求生存和发展，需要结合企业自身的情况和外部的环境来做出自己的发展选择。合适的增长型战略可使企业在较长的时间里获得健康成长；反之，则可能使企业陷入"发展陷阱"中，非但不能发展，还有可能陷入危机。

增长型战略又被称为扩张型战略，是企业经营实践中最为广泛采用的战略，其目标旨在扩大企业经营规模，增强企业抵御市场风险的能力，使企业达到更高的收入水平和盈利水平。如前所述，企业谋求发展的战略在总体上主要分为以下四种类型：密集型战略、一体化战略、多元化战略和国际化经营战略。其中，

微课视频 5-2
增长型战略

前三种战略是从行业或业务领域来定义战略范畴，国际化经营战略则是从地域角度来定义战略范畴，也可以看作是多元化战略的特殊形式，实际是地域多元化。

5.2.1 密集型战略

5.2.1.1 密集型战略的概念与类型

密集型战略有时也叫作集约战略、专业化战略，即企业将拥有的全部资源都集中用于企业最具有优势或者最看好的某种产品或者业务上，力求做大做强。企业的经营者在寻求新的发展机会时，首先应该考虑现有产品是否还能得到更多的市场份额；然后，它应该考虑是否能为其现有产品开发一些新市场；最后，还要考虑是否能为其现有的市场发展若干有潜在利益的新产品。此外还要考虑为新市场开发新产品的机会。由此，密集型战略主要有三种类型：市场渗透战略、市场开发战略、产品开发战略。如图 5-2 所示。

	现有产品	新产品
现有市场	1.市场渗透战略	3.产品开发战略
新市场	2.市场开发战略	一体化战略 多元化战略

图 5-2 企业成长矩阵

▶ 1. 市场渗透战略

市场渗透战略是指企业在现有的市场上增加现有产品的市场占有率。要增加现有产品的市场占有率，企业必须充分利用已取得的经营优势或竞争对手的弱点，进一步扩大产品的销售量，努力增加产品的销售收入。市场渗透有三种主要的方法。

（1）尽力促使现有顾客增加购买，包括增加购买次数，增加购买数量。如牙膏厂可以向顾客宣传餐后刷牙是护齿洁齿的最好方法，宣传保护牙齿的重要性，如果能增加顾客的刷牙次数，也就增加了牙膏的使用量，从而增加顾客购买牙膏的数量。

（2）尽力争取竞争者的顾客，使这些顾客转向购买本企业的产品。如提供比竞争对手更为周到的服务，在市场上树立更好的企业形象和产品信誉，努力提高产品质量等，尽可能把竞争对手的顾客吸引到本企业的产品上来。

（3）尽力争取新的顾客。使更多的潜在顾客、从未使用过该产品的顾客购买。市场上一般总存在没有使用过该产品的消费者，他们或是由于支付能力有限，或是由于其他原因，而企业可以采取相应的措施，如分期付款、降低产品的价格等，使这些消费者成为本企业的顾客。

在以下五种情况下，市场渗透战略可能特别有效：
（1）目前，该产品或服务的市场尚未饱和；
（2）现有顾客对产品的使用率可能会显著提升；
（3）主要竞争对手的市场份额减少，而产业的总销售却在增加；
（4）根据历史数据，销售额营销支出的相关系数一直居高不下；

（5）可以借助规模经济效益的提升，获得较大的竞争优势。

▶ 2. 市场开发战略

市场开发战略是指企业通过增加市场开发费用和促销费用，利用现有产品和服务，以现有市场为基础不断向外扩张，开辟新的市场，满足新市场对产品的需要。

市场开发有三种主要方法：

（1）在当地寻找潜在顾客，这些顾客尚未购买该产品，但是他们对产品的兴趣有可能被激发；

（2）企业可以寻找新的细分市场，使现有产品进入新的细分市场，如一家以企事业单位为目标市场的电脑商，开始向家庭、个人销售电脑；

（3）企业可以考虑扩大其市场范围，建立新的销售渠道或采取新的营销组合，发展新的销售区域，如向其他地区或国外发展。

在以下六种情况下，市场开发战略会卓有成效：

（1）新的分销渠道可用、可靠、实惠以及高质量；

（2）企业在其经营的业务领域非常成功；

（3）存在新的未开发或未饱和的市场；

（4）企业拥有管理扩大业务所需的资金和人力资源；

（5）企业的生产能力过剩；

（6）企业的主营业务处于正在迅速全球化的产业中。

▶ 3. 产品开发战略

产品开发战略是指企业通过增加产品开发费用，对现有产品进行改进，使现有产品以新的姿态投放到现有市场上，以增加竞争力，扩大业务的一种方式。具体的做法有：利用现有技术增加新产品；在现有产品的基础上，增加产品的花色品种；改变产品的外观、造型，或赋予产品新的特色；推出不同档次、不同规格、不同式样的产品。以下五种情况非常适合推行产品开发战略。

（1）企业拥有的产品非常成功，但已经处于生命周期中的成熟阶段。采用新产品开发战略可以吸引老顾客尝试新的（改进后）产品，因为他们对企业现有产品或服务有良好的感受。

（2）企业在技术发展迅速的产业中竞争。

（3）主要竞争者以可比价格提供质量更高的产品。

（4）企业在高速增长的产业中竞争。

（5）企业拥有强大的研发能力。

奉行密集型增长战略的企业大多数集中生产单一产品或服务，以上三种战略也常常同时使用。采用该战略的企业面临一个主要的危险，即如果对企业的产品或服务的市场需求下降，企业则会遇到麻烦。一些非企业所能控制的因素可能会引起对企业产品或服务的市场需求下降。例如，顾客偏好的不稳定性在增加，竞争的激烈程度和复杂性在增强，技术变革以及政府政策的改变，这些都对实行密集型增长战略的企业构成威胁。

5.2.1.2 密集型战略的优势和局限性

▶ 1. 密集型战略的优势

（1）从经济学的角度来讲，密集型战略因具有的"专业化"特点，有利于企业获得规模经济和学习曲线效应的好处，获得较高的运作效率。

（2）由于企业将资源集中于一种产品和业务，因此，有可能在生产技术、产品开发、市场知名度、对用户要求的敏感性和满足程度以及对市场的了解和营销、服务等涉及企业价值活动的诸多方面做得更好，在行业中或市场上建立较强的竞争力和成本领先优势或差异化优势。同时，管理人员对业务、技术、市场、管理等诸多方面也会有更深的了解和更丰富的经验，这一切都有利于企业形成较强的核心能力和持久竞争力，并提高企业的盈利能力，从而将某种产品和业务做精、做大、做强，使企业占据行业的领导地位，成为某一产品市场上的"专业化巨人"。

（3）该战略还具有对追加资源要求低、有利于发挥企业已有能力等优点。因此，密集型发展战略适用条件较为广泛，取得经营成功的可能性也大，许多成功企业都是通过这种发展战略成长壮大起来的。在企业成长的初期，采取这种战略显得更为迫切。

▶ 2. 密集型战略的局限性

虽然密集型战略能使企业获得稳定发展，但由于产品市场范围有限，其发展总有尽头；加之企业将全部资源都投入到单一行业，集中在单一市场上从事经营，使得竞争范围变窄，这犹如"将所有鸡蛋都放入一个篮子里"。所以，当市场变得饱和或缺乏吸引力或因新技术、新产品出现使购买者偏好发生快速转移导致其产品业务需求下降、行业发生萎缩时，采取这一战略的企业容易受到较大打击。

因此，当企业所从事经营的产品（业务）是即将或已经进入衰退的夕阳产业，没有发展前景，或整个行业产品市场需求下降、竞争过度，企业将长期处于微利、无利甚至亏损状态，生存艰难、更无发展前景时，企业应利用已积累的资源，及早寻找并开拓新的经营领域或产品项目，通过多元化发展战略的转换，确立企业未来新的经营支柱产品（业务），保障企业健康发展。

典型案例5-1
名创优品的
密集型发展战略

5.2.2 一体化战略

5.2.2.1 一体化战略的概念

一体化战略又叫整合战略，是指企业充分利用自身在产品（业务）上的生产、技术、市场等方面的优势，沿着其产品（业务）生产经营链条的纵向或水平方向，不断地扩大其业务经营的深度和广度。其中，企业若是沿着原有产品（业务）生产经营链条的方向发展，叫作纵向一体化战略；若是沿着水平方向发展，则叫作横向一体化战略。一体化成长战略具体来讲可分为三种战略形式：前向一体化、后向一体化和横向一体化（图5-3）。一体化战略有利于公司加强对分销商、供应商以及竞争者的控制权。

5.2.2.2 纵向一体化

纵向一体化主要包含两种形式，即前向一体化和后向一体化。

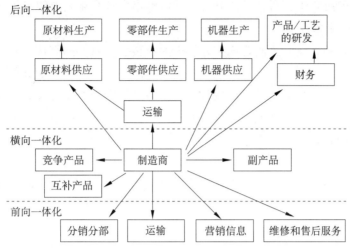

图 5-3 一体化战略示意图

▶ 1. 前向一体化

前向一体化就是企业通过收购或兼并若干商业企业,或者拥有或控制其分销系统,实行产销一体化。也可以表述为,前向一体化是指获得分销商或零售商的所有权或加强对它们的控制,也就是指企业根据市场的需要和生产技术的可能条件,利用自己的优势,把成品进行深加工的战略。在生产过程中,物流从顺方向移动,称为前向一体化,采用这种战略,是为获得原有成品深加工的高附加价值。一般是把相关的前向企业合并起来,组成统一的经济联合体。这通常是制造商的战略。

当一个企业发现它的价值链上的前面环节对其生存和发展至关重要时,就会加强前向环节的控制。典型的例子是可口可乐公司,它发现决定可乐销售量的不仅仅是零售商和最终消费者,分销商也起了很大的作用,于是它就开始不断地收购国内外分销商,并帮助它们提高生产和销售效率。

越来越多的制造商借助互联网和直销队伍直接销售自己的产品,这也是一种前向一体化。实施前向一体化的一种有效方式是特许经营(franchising),采用特许经营的形式授权其他厂商经销自己的产品并提供售后服务,是用途最广、也是非常有效的前向一体化方式。在以下六种情况下,企业推行前向一体化战略可能特别有效:

(1)企业当前的分销商要价太高、不可靠,或者没有能力满足企业的分销要求;

(2)企业目前可以利用的合格分销商非常有限,因此,前向一体化可以让企业获得竞争优势;

(3)企业处于不断上升且预期会继续显著成长的产业中,可以实行前向一体化。而当企业所处产业衰落时,前向一体化会削弱企业多元化的能力;

(4)企业拥有足够的资金和人力资源,管理分销自己产品的新业务;

(5)当企业生产能力稳定这一优势特别明显时,可以考虑前向一体化,因为企业可以借此更好地预测产品的未来需求,减少产品生产的波动;

(6)企业当前的分销商或者零售商拥有较高的利润率时,企业可以通过前向一体化,在销售自己产品的过程中获得丰厚的利润，同时给出更具有竞争力的报价。

2. 后向一体化

后向一体化就是企业通过收购或兼并若干原材料供应商，拥有或控制其供应系统，实行供产一体化。也就是说，后向一体化是指企业利用自己在产品上的优势，把原来属于外购的原材料或零件，改为自行生产的战略。在生产过程中，物流从反方向移动，即通过获得供应商的所有权或增强对其控制来求得发展。在供货成本太高或供货方不可靠或不能保证供应时，企业经常采用这种战略。

后向一体化，目的是为了保证物资供应来源，以发展自己的产品。采用这种战略，一般是把原来属于后向的企业合并起来，组成联合企业或总厂，以利于统一规划，保证企业顺利发展。在以下七种情况下，企业推行后向一体化可能特别有效：

(1) 企业现有的供应商要价太高、不可靠，或者不能达到企业对零配件、组装件和原材料的需求；

(2) 供应商数量少，而竞争者数量庞大；

(3) 如果企业处于一个不断上升的产业中，可以实行后向一体化，而当企业处于衰退的产业时，后向一体化会削弱企业多元化的能力；

(4) 企业拥有足够的资金和人力资源，管理为自己提供原材料的新业务；

(5) 当价格稳定这一优势特别重要时，可以采取后向一体化，企业可以通过后向一体化稳定原材料的成本，进而稳定相关的供应价格；

(6) 企业当前的供应商的利润率较高时，可以推行后向一体化，因为高利润率意味着供应商提供的产品和服务是有利可图的；

(7) 企业急需购买所需物资时，也可以考虑后向一体化。

3. 纵向一体化的优势和局限性

(1) 纵向一体化战略的优势

1) 带来经济性。采取这种战略后，企业将外部市场活动内部化会带来如下经济性：内部控制和协调的经济性、获取信息的经济性（信息的获得很关键）、节约交易成本的经济性，以及稳定关系的经济性。

2) 有助于开拓技术。在某些情况下，纵向一体化提供了进一步熟悉上游或下游经营相关技术的机会。这种技术信息对基础经营技术的开拓与发展非常重要，如许多领域内的零部件制造企业发展前向一体化体系，就可以了解零部件是如何进行装配的技术信息。

3) 确保供给和需求。纵向一体化能够确保企业在产品供应紧缺时得到充足的供应，或在总需求很低时能有一个畅通的产品输出渠道。也就是说，纵向一体化能减少上下游企业随意中止交易的不确定性。当然，在交易的过程中，内部转让价格必须与市场接轨。

4) 削弱供应商或顾客的价格谈判能力。如果一个企业在与它的供应商或顾客做生意时，供应商和顾客有较强的价格谈判能力，且其投资收益超过了资本的机会成本（机会成本，是指为了得到某种东西所必须放弃的东西），那么，即使该投资不会带来其他的益处，企业也值得去做。因为一体化削弱了对手的价格谈判能力，这不仅会降低采购成本（后向一体化），或者提高价格（前向一体化），还可以通过减少谈判的投入而提高效益。

5) 提高差异化能力。纵向一体化可以通过在管理层控制的范围内提供一系列额外价值，来改进本企业区别于其他企业的差异化能力，即核心能力的保持。例如，云南玉溪烟厂为了保证生产出高质量的香烟，对周围各县的烟农进行扶持，使他们专为该烟厂提供高质量的烟草；葡萄酒厂拥有自己的葡萄产地也是一种一体化的例证。同样，有些企业在销售自己技术复杂的产品时，也需要拥有自己的销售网点，以便提供标准的售后服务。

6) 提高进入壁垒。企业实行一体化战略，特别是纵向一体化战略，可以使关键的投入资源和销售渠道控制在自己的手中，从而使行业的新进入者望而却步，从而防止竞争对手进入本企业的经营领域。企业通过实施一体化战略，不仅保护了自己原有的经营范围，而且扩大了经营业务，同时还限制了所在行业的竞争程度，使企业的定价有了更大的自主权，从而获得较大的利润。例如 IBM 公司即是采用纵向一体化的典型。该公司生产微型计算机（以下简称微机）的微处理器和记忆晶片，设计和组装微机，生产微机所需要的软件，并直接销售最终产品给用户。IBM 采用纵向一体化的理由是，该公司生产的许多微机零部件和软件都有专利，只有在公司内部生产，竞争对手才不能获得这些专利，从而形成进入障碍。

7) 进入高回报产业。企业现在的供应商或经销商有较高的利润，这意味着它们经营的领域属于十分值得进入的产业。在这种情况下，企业通过纵向一体化，可以提高其总资产回报率，并可以制定更有竞争力的价格。

8) 防止被排斥。如果竞争者们是纵向一体化企业，一体化就具有防御的意义。因为竞争者的广泛一体化能够占有许多供应资源或者拥有许多称心的顾客或零售机会。因此，为了防御的目的，企业应该实施纵向一体化战略，否则将面临被排斥的处境。

(2) 纵向一体化战略的局限性

1) 带来更大的风险。纵向一体化会提高企业在行业中的投资，提高退出壁垒，从而增加商业风险（比如行业低迷时该怎么办），有时甚至还会使企业不可能将其资源调往更有价值的地方。由于在所投资的设施耗尽以前放弃这些投资成本很高，所以，纵向一体化的企业对新技术的采用通常比非一体化企业要慢一些。

2) 内部低效率或代价高昂。纵向一体化迫使企业依赖自己的场内活动而不是外部的供应源，而这样做所付出的代价可能随时间的推移而变得比外部供应源还昂贵。产生这种情况的原因有很多。例如，纵向一体化可能切断来自供应商及客户的技术流动。如果企业不实施一体化，供应商经常愿意在研究、工程技术等方面积极支持企业。再如，纵向一体化意味着通过固定关系来进行购买和销售，上游单位的经营激励可能会因为是在内部销售而使竞争有所减弱。反过来，在从一体化企业内部某个单位购买产品时，企业不会像与外部供应商做生意时那样激烈地讨价还价。因此，内部交易会减弱员工降低成本、改进技术的积极性。

3) 不利于平衡。纵向一体化有一个在价值链的各个阶段平衡生产能力的问题。价值链上各个活动最有效的生产运作规模可能不大一样，这就使得完全一体化很不容易达到。对于某项活动来说，如果它的内部能力不足以供应下一个阶段的话，差值部分就需要从外部购买；如果内部能力过剩，就必须为过剩部分寻找顾客，如果生产了副产品，就必须进行处理。

5.2.2.3 横向一体化战略

横向一体化战略也叫水平一体化战略，是指为了扩大生产规模、降低成本、巩固企业的市场地位、提高企业竞争优势、增强企业实力而与同行业企业进行联合的一种战略。其实质是资本在同一产业和部门内的集中，目的是实现扩大规模、降低产品成本、巩固市场地位。国际化经营是横向一体化的一种形式。它是一种获得对竞争对手的所有权或者增加竞争对手控制权的战略。在以下五种情况下，推行横向一体化战略可能特别有效：

(1) 企业所在行业竞争较为激烈；
(2) 企业所在行业规模经济较为显著；
(3) 企业的横向一体化符合反垄断法的规定，并能在局部取得一定的垄断地位；
(4) 企业所在产业增长潜力较大；
(5) 企业具备横向一体化所需要的资金、人力资源等。

采用横向一体化战略，企业可以有效地实现规模经济，快速获得互补性的资源和能力。此外，通过收购或合作的方式，企业可以有效地建立与客户之间的固定关系，遏制竞争对手的扩张意图，维持自身的竞争地位和竞争优势。

不过，横向一体化战略也存在一定的风险，如过度扩张所产生的巨大生产能力对市场需求规模和企业销售能力都提出了较高的要求；同时，在某些横向一体化战略如合作战略中，还存在技术扩散的风险；此外，组织上的障碍也是横向一体化战略所面临的风险之一，如"大企业病"、并购中存在的文化不融合现象等。

战略聚焦

江小白全产业链布局加速

江小白——一个陶石泉于2012年创立的白酒品牌，是重庆江小白酒业有限公司旗下江记酒庄酿造生产的一种自然发酵并蒸馏的高粱酒品牌。单从时间上看，江小白是一个年轻的品牌，我们知道，传统白酒市场竞争是非常激烈的，正所谓"姜还是老的辣，酒还是陈的香"。如果不能做到标新立异，江小白这个后起之秀很难突出重围。但江小白致力于传统重庆高粱酒的老味新生，以"我是江小白，生活很简单"为品牌理念，坚守"简单包装、精制佳酿"的反奢侈主义产品理念，坚持"简单纯粹，特立独行"的品牌精神，以持续打造"我是江小白"品牌 IP 与用户进行互动沟通，持续推动中国传统美酒佳酿品牌的时尚化和国际化。

2018年，江小白提出了全产业链"十号"战略，即围绕农庄+、酒庄+、味道+、市场+和品牌+等进行全产业链核心能力布局。围绕这一战略，江小白旗下目前已拥有江记酒庄、驴溪酒厂生产酿造基地以及江记农庄高粱种植基地。

2013年，江小白的生产基地江记酒庄开始进行改扩建，到目前总投资约22亿元。"为了提升20%的品质，我们愿意付出200%的成本"，作为江小白发展品质的基石，江记酒庄扩建的最终目的是实施"品质与品牌双领先"的企业战略。

2018年,江小白向外界释放出"农庄+"战略信号,并表示将高粱示范种植基地扩增至5 000亩,建设高粱产业园,带动地区的规模化种植。上游实力不断扩展,也有望进一步推动江记酒庄成为重庆最大的高粱酒酿造基地。

与此同时,占地1 300亩的"江小白酒业集中产业园"也在同步推进,玻璃瓶、纸箱、瓶盖等配套企业、酿酒设备制造及研发企业、物流联运企业纷纷入驻。包括手工精酿车间、机械化酿造车间、麻坛酒库、瓶装车间、成品酒仓库、烧酒博物馆、技术检测中心等,将与江小白共同打造以酒类生产加工为枢纽,连接上下游产业配套的全产业链集群。

从农庄到酒庄再到配套产业园,江小白落子白沙镇,其实是江小白看中了其作为小曲清香产区的悠久历史。如今,浓香产区、酱香产区早已声名远扬。随着产区越来越成为品质的代名词,白沙酒镇也正在成为江小白品牌故事背后的产区表达。

目前,江小白引领的中国清香型白酒全产业链产区业态已经初具规模。但未来3~5年里,这个"酒企+酒镇"的故事,是否能滋生出产值超百亿的酒业小镇,依然有待时间和市场的检验。

资料来源:江小白:布局全产业链 味道战略提速

企业家日报电子版2019-7-13,http://www.entrepreneurdaily.cn/2019-07-13/9/2381041.html

5.2.3 多元化战略

5.2.3.1 多元化战略的概念

多元化战略是开拓发展型战略,又称为多角化战略、多样化战略。多角化战略就是企业尽量增大产品大类和品种,跨行业生产经营多种多样的产品或业务,扩大企业的生产经营范围和市场范围,充分发挥企业特长,充分利用企业的各种资源,提高经营效益,保证企业的长期生存与发展。

5.2.3.2 多元化战略的类型

多元化战略的形式多种多样,可总结为以下四种。

▶ 1. 同心多元化经营战略

同心多元化经营战略(concentric diversification),也称集中化多元化经营战略,是指企业利用原有的生产技术条件,制造与原产品用途不同的新产品。如汽车制造厂生产汽车,同时也生产拖拉机、柴油机等。同心多元化经营的特点是,原产品与新产品的基本用途不同,但它们之间有较强的技术关联性。

▶ 2. 水平多元化经营战略

水平多元化经营战略(horizontal diversification),也称为横向多元化经营战略,是指企业生产新产品销售给原市场的顾客,以满足他们新的需求。如某食品机器公司,原生产食品机器卖给食品加工厂,后生产收割机卖给农民,以后再生产农用化学品,仍然卖给农民。水平多元化经营的特点是,原产品与新产品的基本用途不同,但它们之间有密切的销售关联性。

▶ 3. 垂直多元化经营战略

垂直多元化经营战略(vertical diversification),也称为纵向多元化经营战略,它又分为前向一体化经营战略（forward integration）和后向一体化经营战略（Backward integration）。前向一体化多元经营，是指原料工业向加工工业发展，制造工业向流通领域发展，如钢铁厂设金属家具厂和钢窗厂等。后向一体化多元经营，是指加工工业向原料工业或零部件、元器件工业扩展，如钢铁厂投资于钢矿采掘业等。

垂直多元化经营的特点，是原产品与新产品的基本用途不同，但它们之间有密切的产品加工阶段关联性或生产与流通关联性。一般而言，后向一体化多元经营可保证原材料、零配件供应，风险较小；前向一体化多元经营往往在新的市场遇到激烈竞争，但原料或商品货源有保障。

以上三种多元化也叫做相关多元化，也就是企业在多元化发展的过程中，虽然发展的是不同的业务，但业务与业务之间有着相互的关联，在业务层面的技术上、行为上或精神文化层面上都有着紧密的联系和共享。

▶ 4. 整体多元化经营战略

整体多元化经营战略（conglomerate diversification），也称混合式多元化经营战略，也指非相关多元化，即企业向与原产品、技术、市场无关的经营范围扩展，新业务与原有业务的关联不大。如美国国际电话电报公司的主要业务是电讯，后扩展经营旅馆业。整体多元化经营需要充足的资金和其他资源，故为实力雄厚的大公司所采用。

以广州白云山制药厂为核心发展起来的白云山集团公司，在生产原药品的同时，实行多种类型组合的多元化经营。该公司下设医药供销公司和化学原料分厂，实行前向、后向多元化经营；下设中药分厂，实行水平多元化经营；下设兽药厂，实行同心多元化经营；还设有汽车修配服务中心、建筑装修工程公司、文化体育发展公司、彩印厂、酒家等，实行整体跨行业多元经营。

5.2.3.3 企业实行多元化战略的原因

▶ 1. 企业实行多元化经营的外部环境

（1）社会需求的发展变化。社会生产力的发展使得人们消费范围扩大和消费欲望增长，社会需求呈现多样化的发展趋势。任何产品都有其经济生命周期，企业原有产品将逐渐被市场淘汰，社会需求多样化发展给予企业新的市场机会。这些外部原因迫使或诱使企业不断开发新产品、扩展经营范围，以多元化经营满足社会需求日益增长的需要。

（2）新技术革命对经济发展的作用。新技术不断发明并用于生产领域，致使新工艺、新材料、新能源和新产品层出不穷，同时也为企业多元化经营提供了物质技术基础。性能更优越的新产品逐渐替代原产品，新兴工业不断兴起，这使许多企业在经营原产品的同时，逐渐向高附加价值、前景较好的新兴产业发展。例如，在日本出现了钢铁公司研究生物技术、食品企业兼搞机器人开发、纺织企业同时制造干扰素、钟表工业生产计算机的多元化经营。

（3）竞争态势的不断演变。社会需求增长和新技术革命的影响，使企业外部环境发生了深刻变化。原生产企业扩大生产规模、新厂家加入竞争行列、企业经营手法不断变革，都使市场竞争日趋激烈。兵无常势、水无常形，守业必衰、创新有望。面对险峻的竞争局势，不少企业以变应变，扩展经营业务，以谋求在竞争中立于不败之地。

▶ 2. 企业实行多元化经营的内部原因

（1）企业资源未能充分利用。企业资源包括资金、人力、技术、设备、原材料等有形资源，还包括信誉、销售渠道、信息等无形资源，充分利用过剩资源以提高经济效益，是企业采用多元化经营的诱发动机之一。比如，企业拥有的资金超过原经营业务的需要，便可能向市场前景好的新兴产业投资。研究人员归纳了利用过剩资源发展多元化经营的类型：第一类是废弃资源再生型，如化肥厂利用废渣生产水泥、自行车厂用链条冲压边角料生产铁皮暖瓶壳等；第二类是闲置资源利用型，即利用闲置的设备、劳力、技术力量，开拓新的经营项目，如工业企业利用其多余的劳动力开办生活服务公司等；第三类是资源优势引伸型，如军工企业利用其技术设备优势发展民品生产，企业以市场信誉高的厂牌、商标或较广的销售渠道开拓新的经营范围等。

（2）企业本身具有拓展经营项目的实力。具有资金、技术、人才优势的大型企业或企业集团，其实力雄厚、目标远大，出于对长远利益的主动追求，高附加值的新兴行业便常成为这些企业发展的主要对象。这也是多元化经营战略多被大型企业所运用，而中小型企业多采用集中化经营战略的基本原因。

此外，企业家的个性也会对经营战略的选择产生重要影响。由于企业高层领导对发展战略的选择有决策权，因此敢于开拓、富有创新精神的企业家，采用多元化经营战略的可能性较大，而稳健慎重的企业家采用集中化经营战略的可能性较大。

5.2.3.4 多元化战略的优势

企业运用多元化经营战略，可以给企业带来很多益处。

▶ 1. 可以有效实现范围经济

范围经济是指企业同时经营多项业务的成本低于单独经营同样数量的单一业务的成本，其效应主要来自于企业多项业务可以共享的剩余资源的利用。由于特定投入都具有一定的最小规模（不可分性），而这种投入在生产一种产品时可能未得以充分利用，在生产两种或两种以上的产品时，就能够使这种投入的成本在不同的产品中分摊，于是单位成本降低，产生范围经济。跨业务共享资源的企业投入的资金比例，一般来说会少于不能共享的企业，以宝洁公司为例，如图5-4所示。范围经济存在的原理与规模经济有相似之处，但本质上是不同的，规模经济来自产品产量的增长，而范围经济则来自生产多种产品或业务，即来自经营范围的扩大。一般情况下企业能够从有形资源和无形资源的共享上来获得范围经济。有形资源主要包括剩余的生产能力、营销、分配与服务系统、研究开发与创新系统等。无形资源主要包括商标、企业商誉和管理技能、技术知识等。企业以核心能力为基础的共享与转化，可以在多点竞争中实现交叉补贴和优势的相互支持，从而加快新业务进入市场的成长速度，节约促销费用，赢得战略商机。我国互联网巨头阿里巴巴、腾讯、美团等企业围绕近几年积累的互联网运营经验、技术与品牌效应，在互联网相关领域加快布局，取得了很好的范围经济效应。

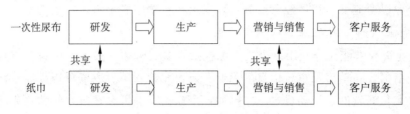

图 5-4　宝洁公司资源共享的范围经济

▶ 2. 可以有效促使内部化效应

这里指的内部化效应主要指除了前面提到的资源共享的范围经济外，企业也可以通过资本市场、劳动力市场等来实现交易内部化，减少一些不必要的支出，实现战略业务单元之间的协调和支持。例如，专业化经营的企业无法按照合理的成本筹措到足够的资金时，就不得不放弃一些能获利的投资项目。而多元化经营企业本身就创造了一个很大的内部资本市场，企业可以通过企业内部的资金调度在一定程度上解决上述资金不足的问题，使多元化经营企业比专业化经营企业得到更多的投资和获利的机会。内部劳动力市场可以使雇员在企业内部各个事业部之间调剂和转移，这样做要比在劳动力市场雇用员工的成本小得多，时间也更节省。

▶ 3. 可以有效规避企业经营风险

从事专业化经营，很可能容易受宏观经济不景气的打击，造成整个企业的亏损，甚至倒闭。实行多元化经营，企业将资源分散到不同产品或行业经营中，即不将鸡蛋放在同一个篮子里，这能够避免因经营范围单一造成的企业过于依赖某一市场且易产生波动的弱点，使企业在遭受某一产品或经营领域的挫折时，可通过在其他产品或行业的经营成功而弥补亏损，从而提高企业的抗风险能力，并尽量减少风险损失。如固特异公司是一个专业轮胎橡胶公司，但 20 世纪 80 年代它又开始投资石油管道，因为该公司发现石油管道的销售与轮胎销售正好呈反向波动关系，如此经营就像在金融市场做套期保值一样，可以降低风险。

5.2.3.5　多元化战略的弊端

多元化战略也有其弊端，会给企业的经营带来风险。

▶ 1. 财务风险

众所周知，目前我国企业的绝大部分投资资金是借贷资金，分别来自于银行、非金融机构或其他渠道，这与国外的情况不同。在国外，一些企业集团确实采取了多元化经营战略，但它们这样做时，一方面有雄厚的资金实力为基础，主导产业已发展到相当规模，受到反垄断政策制约，不得不横向发展；另一方面企业集团总部在定位上只担当投资运作机构的角色，而不负责经营。因此，我国企业实行的与其说是"多元化经营"，不如说是"多元化投资"更为确切。而国内的一些企业对此认识不清，只看到现象，忽视了其实质内容，对诸多项目不仅投资而且自我经营。一些企业有一点物资、人员和经验就办贸易公司，有一点流动资金就办财务公司，有一点房地产就办房地产公司，有一点广告业务就办广告公司，往往把有限的资金分散在多个经营项目上，结果哪一个项目也达不到规模经济，以致经营亏损,难以还本付息。事实上,这种过分追求多元化经营的做法,不是分散风险,而是自我扩大风险。如果能有限度地进行多元化经营,不仅会减少资金筹措与配置的压力,而且可以增加连带作用,提高成功率,使企业集团稳定持续发展。

▶ 2. 决策失误风险

决策失误在企业实行无关联多元化经营战略时表现尤为明显。无关联多元化经营大多是通过购并行为实现的,这种购并使企业所有者与高层经理进入了一个全新领域。俗话说"隔行如隔山",由于对购并对象所在行业不太熟悉,在这种情况下,他们所作的决策并不都是明智的。失误的决策不仅会使更多的支柱产业难以建立起来,反而为原有的支柱产业增加了许多负担。国外最近的一项研究成果表明,与同行业兼并相比,对其他行业,特别是无关联行业的企业进行兼并,成功率很低。在我国,一般来说,每个行业都有程度不同的发展潜力,但又都不同程度地出现了阶段性的供过于求。面对这一现实国情,过分追求多元化经营,不仅会使企业分散风险的能力递减,而为之付出的代价递增,从而导致企业的资产收益率下降。日本著名企业家松下幸之助先生对这个问题的看法能给我们以某种启迪。他在总结自己长达71年的企业经营实践时说:在企业经营里面,有所谓多元化和专业化的经营方法,但我原则上认为,与其多元化,不如想办法实行专业化。当然,多元化也有其优点。但是一般看来,专业化总是比较容易获得具体的成果。也就是说,各个企业在自己所能拥有的设备、技术、资金等力量的范围内去经营时,集中资源比分散力量更能够产生巨大的效果。

▶ 3. 管理风险

这是因为购并行为,特别是无关联多元化中的购并,会使企业的分支机构迅速增多,会使企业管理工作的难度大大增加。在这种情况下,企业集团总部的管理人员不仅没有时间熟悉产品专门知识,而且可能无法运用既有知识恰当评价经营单位经理的建议与业绩。企业集团总部因管理负荷过重而导致管理质量下降,往往使无关联企业在兼并之后无法获得规模经济效益。美国著名企业家亚科卡深谙此道。当年,在他接手深陷困境、濒临破产的克莱斯勒汽车公司后,为了挽救公司,毅然将每年有5 000万美元利润的坦克工厂卖了出去。他认为,建造坦克不是克莱斯勒汽车公司的主要经营领域,如果公司想要有发展前途的话,还是必须在汽车工业上求得发展。

5.2.3.6 多元化战略应注意的问题

▶ 1. 客观评估企业多元化经营的必要性与能力

从上面的论述可以看出,多元化经营既可以给企业带来巨大的收益,也可能加剧企业的经营风险。企业在采用多元化之前,必须客观评估企业多元化经营的必要性,切不可头脑发热、跟潮流,盲目进行多元化。尤其是对自身能力的评估,管理者除要考虑企业现有的资源存量之外,还必须考虑企业是否具备把新业务领域培育成利润增长点期间所需要的资源数量。当企业不具备这些资源时,其他业务领域的预期收益再好也只能让别人去做。

▶ 2. 坚持把主业做好之后再考虑多元化

稳定而具有相当优势的主营业务,是企业利润的主要来源和企业生存的基础。企业应该通过保持和扩大自己所熟悉与擅长的主营业务,尽力扩展市场占有率,以求规模经济效益最大化。要把增强企业的核心竞争力作为第一目标,在此基础之上,兼顾"专业化"与"多元化"。国际上许多优秀企业在业务领域的选择上,都是首先确立了自己的核心业务(即主营业务)之后,以此为基础,再考虑多元化经营。

▶ **3. 新业务领域与现有业务领域之间具有一定的战略关联**

当企业内部不同业务单元之间可以通过分享共同的资源、组合相关的生产经营活动,进行核心专长如技术开发、管理能力、品牌等的转移时,则把企业不同业务部门之间的这种关系称为战略关联。在多元化战略实施中,能否建立有效的战略关联,是决定多元化成败的核心因素之一。一般来说,企业应该首先选择那些与其主营业务和已经建立的核心能力关联密切,容易获得关联优势的业务领域作为多元化的主要进入目标。其根本原因在于,与进入关联程度低的领域相比,进入关联程度高的领域更容易依托其在主营业务领域建立起来的优势地位和核心能力,以较低的成本和风险建立优势地位。

▶ **4. 建立横向组织协调不同业务单元的关系**

在多元化企业中,不同的业务单元往往以本部门的利益作为决策的出发点。由于本部门利益与企业整体利益之间存在着一些不可避免的矛盾,以及部门利益之间的"外部性"或"搭便车"问题,多元化企业往往会遇到一系列难以克服的组织障碍,如管理协调难度加大、激励效应弱化、集权与分权的矛盾等。因而,实施多元化的企业应建立横向组织,以加强企业纵向组织结构中不同业务单元的相互联系,使纵向和横向因素之间达到一种平衡。

战略聚焦

字节跳动和美团的多元化

无论是中国互联网公司三巨头(百度、阿里、腾讯,缩写 BAT),还是携程、网易、京东,抑或是国外的知名企业,除了亚马逊和腾讯实施多元化之外,其他公司几乎仍然在垂直化运作,或者说核心业务不超过3个。然而,不是巨头不想进行多元化,而是多元化对于组织和企业文化的挑战,以及对财报的拖累,让巨头的多元化大多并不成功,而中小企业着眼于在竞争中存活下来,更遑论多元化成功了。但在当今的中国却有两个企业在多元化战略中突破了常识和逻辑,实现无边界扩张,并且还取得了不错的成绩,这就是互联网新贵字节跳动和美团。

字节跳动布局非常广泛,从今日头条的视频资讯,到抖音火山,再到飞聊、多闪、半次元社交,从好好学习到 GOGOKID,从 Lark 到贷款超市,从植点商城 到头条小店再到"绿洲计划"游戏研发,头条把触角从新闻资讯延伸到视频、电商、教育、商业服务、社交等多个领域。

美团更是没闲着,从团购到外卖、酒旅,再到打车、充电宝,美团似乎从来不去刻意关注企业的边界。

尽管如此,我们还是要探究这种无边界扩张的适用性。通过对字节跳动和美团两企业的分析，我们可以看到它们的多元化都具备以下一些特点：

逐级扩张：企业扩张是逐步迭代的，小巨头的扩张尤其如此，在主营业务领先之后，谨慎进入新的领域，同时进入的新领域不超过2个。比如美团从电影、用车到酒旅，一次只进入一个重大行业；字节跳动也是，多闪、GOGOKID、飞聊、悟空问答，每一个都是一段时期内的核心。

快速迭代：对于多元化来说，快速迭代同样重要，多元业务在相当长一段时间内是赔钱的，这势必拖累主营业务，如果短期内发展不起来，放弃无疑是最好的选择。比如美团打车、美团充电宝，字节跳动的多闪、悟空问答，都是快速被战略放弃的产品。对于有发展空间的新业务，小巨头的投入也毫不含糊，抖音被数据验证有用户基础后，2017年春节字节跳动花了近1亿元用于推广。

低成本试错：多元化的另一个特点是低成本试错，及时分析新业务发展情况，用最小投入的方式进行试错。张一鸣信奉AB测试，什么产品都通过AB测试进行选择，让算法来决定产品。美团打车在挑战滴滴无望后，迅速停止补贴收缩战线，打车业务迅速被边缘化。对于非BAT的多元化企业来说，克制且快速的新业务拓展是企业多元化成功的关键，一旦项目不达预期即快速止损。

资料来源：美团和字节跳动：BAT垄断下的无边界扩张困境 钛媒体 www.tmtpost.com/

5.2.4 国际化战略

5.2.4.1 国际化战略的概念

国际化战略(Internationalization Strategy)又称为国际化经营战略，是指从事国际化经营的企业通过系统地评估自身的经济资源及经营使命，确定一个较长时期内企业的主要任务和目标，并根据变动的国际环境拟定必要的行动方针，为求得企业在国际环境中长期生存和发展所做的长远的、总体的谋划。它区别与一般的企业战略，主要表现为以下几点：

(1) 其战略规划的范围以全球规划为目标，并把全球经营活动作为一个总体；

(2) 以全球范围为出发点合理配置企业资源，包括自然资源、人力资源、技术资源、资本资源和品牌资源等；

(3) 运用全球观点规定各个子公司的职能和经营范围，协调母公司和各个子公司之间的关系。

总之，企业国际化战略是一种全球战略，企业在经营决策时，所考虑的不是某个子公司的局部得失，而是整个公司的最大利益；不仅要考虑子公司的存在，更要考虑整个企业未来的发展。也就是说，国际企业实现其全球战略目标活动，已不是简单化地对市场有利机会和不利条件的直接反映，而是对企业所处的竞争环境和企业本身的资源条件认真分析后，经过周密策划的有计划的行动。这种全球战略目标和全球战略部署，包括各种可能的抉择，如明确的地区、产品发展规模和优先顺序，以及向新地区、新领域扩张的步骤等。

5.2.4.2 国际化战略的动因和收益

许多动因都会驱使企业实施国际化战略，以使经营区域多样化；成功做到这一点后，企业将获得三种主要收益。国际化战略的动因和收益如图5-5所示。

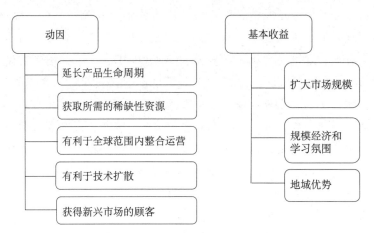

图5-5　国际化战略的动因和收益

▶ 1. 国际化战略的动因

（1）延长产品生命周期

美国经济学家雷蒙德·弗农（Raymond Vernon）在阐述国际化战略的典型原理时指出，一般来说，企业都是先在本国市场上进行产品创新，诸如德国、法国、日本、瑞典、加拿大和美国等发达经济体的企业更是如此。然后，创新产品的需求才会扩展到其他国家，于是企业开始把本国生产的产品出口到其他国家，以满足这些国家的需求。随着国外市场需求的逐步增加，这些企业开始决定在国外运营。因此，弗农认为，这些以国际化战略的形式采取的行动有助于企业延长产品的生命周期。

（2）获取所需的稀缺性资源

企业实施国际化战略的另一个原因是获取需要的稀缺性资源。在某些行业中，关键原材料的供应，尤其是矿物和能源，直接关系到企业的产品生产。当然，能源和矿业企业为了获取原料也会在全球范围内开展经营，然后再将获得的资源卖给生产商。如力拓矿业集团是全球矿业公司的领导者，作为一个国际化公司，虽然力拓的大部分资产都集中在澳大利亚和北美洲，但是它在欧洲、南美洲、亚洲和非洲地区也有自己的业务。力拓通过各种手段来获取原料，包括收购露天和地下矿藏、钢厂、炼油厂和冶炼厂等。而在其他一些行业，人力成本在企业总成本中占据相当大的比例，因此，这些行业的企业会将一部分业务转移到劳动力成本比较低的国家，如服装和电子制造业。

（3）有利于全球范围内整合运营

与日俱增的全球化整合运营的压力也是实施国际化战略的原因之一。随着一些国家工业化进程的发展，一些产品和商品的需求也变得更加相似。这种对国际品牌产品的无差异需求，可能是由发达国家相似的生活方式造成的。这有利于企业在全球范围内整合运营。

全球沟通的不断增加也提高了不同国家的人们对不同文化背景下生活方式的想象和模仿能力。例如，截至2021年，宜家在全球六个大区（北美、欧洲、亚洲、中东、澳洲、非洲）拥有445家门店，是一个名副其实的国际化零售品牌，销售各式各样的家具和相关产品。通过全球一体化运营(包括营销和广告)，宜家以组件的形式销售家具，这些家具组件被包装在平板包装箱内运送给顾客，由顾客自行组装。这种商业模式为运输和装卸提供了便利，从而进一步促进了其全球化品牌的发展。

(4) 有利于技术的扩散

在越来越多的行业中，技术成为驱动企业全球化的主要因素，因为要使规模经济达到能降低成本的程度，经常需要比仅满足国内市场需求大得多的投资规模。另外，在新兴市场上，技术的采用速度不断加快，如互联网和移动技术的应用，从而将交易、资本、文化和劳动力更好地融合在一起。从这个角度讲，科学技术是将全世界的不同市场和运营活动连接在一起的基础。国际化战略可以使企业充分利用技术条件，将其经营整合得天衣无缝。

(5) 获得新兴市场的顾客

像中国和印度这种新兴市场所潜在的巨大需求，也强有力地推动了企业国际化战略的实施。总部位于法国的家乐福集团就是一个很好的例子。它是全球第二大(仅次于沃尔玛)和欧洲最大的零售商，主要运营着四种模式的商店——大型超市、超级市场、折扣店和便利店。多年前家乐福进入中国市场，因为该公司意识到，这个市场对它今后的发展至关重要。

印度以及其他新兴经济体拥有巨大的潜在市场，并且政府部门对外国直接投资的支持力度也在不断加大。但是在文化、政治和经济系统的认知等方面，与西方国家存在明显的区别。这些方方面面的差异给国际化战略带来了巨大的挑战。因而企业在寻求满足新兴市场的需求时，必须学会如何管理一系列的政治和经济风险。

▶ 2. 国际化战略的收益

有效地实施一项或多项国际化战略可以为公司带来三种主要收益(图5-5)，这些收益将促进公司获得战略竞争力。

(1) 扩大市场规模

企业可以通过国际化战略的实施，在本国以外的市场上建立强有力的市场地位，扩大潜在市场规模，有时这种规模是相对可观的。例如，星巴克将中国视为利润增长的源泉。我国的小米公司近几年在印度市场的良好表现也有效地提升了其在全球的市场份额。国际市场的整体规模也对企业实施国际化战略获得的收益有潜在影响。一般来讲，国际市场规模越大，潜在回报越高，企业投资的风险越小。另外，企业参与竞争的国际市场的科技设施也非常重要，因为科学知识以及知识应用所需的人力资源，可以促使企业更有效地销售产品和服务，从而为顾客创造价值。

(2) 规模经济和学习氛围

通过增加参与竞争的市场数量，企业可以享受到规模经济的好处，尤其是在生产运营方面。更广泛地说，企业可以将不同国家的产品生产、销售、分销以及售后服务进行标准化，从而强化企业持续降低成本的能力，同时还有可能增加顾客的价值。例如，竞争对手空中客车公司和波音公司拥有大量的生产设备，并且还将一部分生产经营活动外包给全球各地的公司，原因就在于，这两家公司希望将规模经济作为为顾客创造价值的源泉。

另外，通过不同国家的部门以及网络伙伴之间资源和知识的共享，企业也可以在国际市场上挖掘其核心竞争力。通过这种资源和知识共享模式，企业可以学会如何制造协同效应，从而进一步帮助企业可以用更低的成本生产高质量的产品。企业在各种国际化市场上的运作为其创造了许多新的学习机会，尤其是为研发活动提供了学习机会。而研发能力的提高又可以进一步加强创新能力，这对于公司获得短期和长期成功都是非常关键的。然而，研究显示，想要从国际研发投资中获利，企业必须具有过硬的研发系统来有效地吸收研发活动所产生的各种知识。

（3）地域优势

把工厂设到海外市场有时可以帮助企业减少成本。当工厂所处的位置更容易获取低廉劳动力、能源和其他资源时，公司则更容易获得这一优势。此外，地域优势还包括获得重要的供应商和客户。一旦占据了有利的地理位置，企业就必须通过有效地管理来获得最大化的地域优势。

企业的成本，尤其是生产和分销过程中产生的成本，以及国外顾客的需求特征，都会对地域优势的程度产生影响。另外，文化也会影响地域优势。如果在实施国际化战略过程中，涉及的不同国家的文化比较容易融合，那么企业在进行国际业务交易时遇到的困难就会更少。最后，物理距离也会影响企业的地域选择以及在所选择的区域管理工厂的方式。

5.2.4.3 国际化战略的两种竞争性压力

实施国际化经营的企业在实际运行中所面对的竞争性压力是巨大的——因为它们面对的是全球范围的竞争对手，这些竞争对手的经验、实力和优势都是企业在一国之内遇到的竞争对手所不可比拟的。这种竞争性压力的类别，总体上可分为两大类，即降低成本的压力和顾及地域差别的压力。这两种压力向企业提出了相互矛盾的要求。

▶ 1. 降低成本的压力

降低成本的压力要求企业尽量把单位成本降到最低水平。实现这个目标可能意味着企业必须在最有利的低成本地点从事生产活动，而不论这个地点在世界的什么地方；它还可能意味着企业必须向全球市场提供标准化的产品，从而使企业能够在经验曲线上尽快地向下运动。

▶ 2. 顾及地域差别的压力

相反地，顾及地域差别的压力要求企业在不同的国家采取不同的产品和市场策略，从而满足由于各国消费者偏好、商业惯例、分销渠道、竞争条件和政府政策等方面的不同而产生的千差万别的需求。根据各国的不同需求而定制不同的产品有可能造成重复劳动，并使企业无法实现标准化，这种做法有可能导致成本上升。

不同的企业承受着不同的压力——有些企业面临着较大的降低成本的压力和较小的顾及地域差别的压力，而有些企业则面对较小的成本压力和较大的顾及地域差别的压力，但是很多企业承受的两种压力都很大，这主要取决于企业所从事的行业与产品种类、行业与市场的结构及竞争特点等。对于某一家具体企业而言，如何处理这两种相互冲突、相互矛盾的压力是一个战略上的难题，也是企业在选择具体的国际化战略时要考虑的主要问题。

5.2.4.4 国际化战略模式的分析

如前所述,企业在国际化战略经营中将面临两种竞争性压力,为抵御这两种压力,企业的国际化战略表现为四种具体的战略模式,即国际战略、多国本土化战略、全球化战略、跨国战略,如图5-6所示:

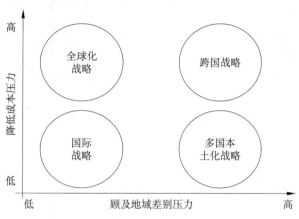

图 5-6 四种国际化战略模式

这四种国际化战略模式各有优缺点和其适用的条件,对其进行分析对比,如表5-1所示:

表 5-1 四种国际化战略模式的比较

战略模式	优 点	缺 点
国际战略	有利于把核心能力转移到国外市场	不能够对地域差别做出反应; 不能实现区位经济; 不能很好地获得经验曲线经济
多国本土化战略	根据各地条件定制产品、及时调整营销策略	不能实现区位经济; 不能很好地获得经验曲线经济; 不能将核心竞争力转移到国外市场
全球化战略	有利于实现经验曲线经济; 较好地实现区位经济	不能够对地域差别做出反应
跨国战略	有利于实现经验曲线经济; 有利于实现区位经济; 有利于把核心能力转移到国外市场; 有利于企业获得全球学习的好处	由于组织上的问题而很难实行

5.2.4.5 国际市场的进入模式

企业可以采取五种模式进入国际市场。如图5-7所示,每一种模式都有各自的优缺点,因此,模式的选择会影响企业实施国际化战略的成功度。在多个市场上参与竞争的大型公司,经常会选择几种或全部五种模式来进入不同的市场。

▶ 1. 出口

许多企业都是首先通过出口模式进入其他国家的。出口是指企业将本国市场上生产的

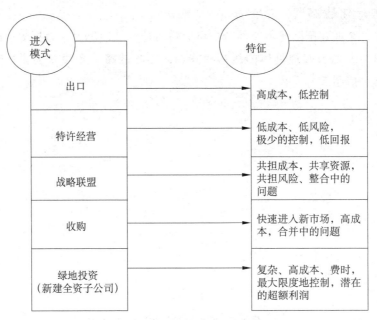

图 5-7　国际市场的进入模式及其特征

产品输送到国际市场。我国的长三角、珠三角区域的许多企业就是依靠进出口贸易将商品销往世界各地。在中国"一带一路"的国际化政策带动下,越来越多的企业参与到这种简单的国际化分工形式中。但是出口受国际贸易冲突的影响较大,例如中美贸易战中,中国就有大量的企业受到了影响,从而不得不转向国内市场和其他区域。而且这种出口往往是以贴牌生产的方式进入到国际市场中,企业的影响力较弱,盈利回报也十分有限。

▶ 2. 特许经营

特许经营是指通过签订协议允许外国企业在其所在国或其他多个国家的市场上生产和销售本企业的产品。许可者对每一件生产和销售的产品收取一定的特许权使用费,而被许可者则要求承担风险并进行设备投资,进而生产、营销和分销产品。因此,特许经营可能是成本最低的国际扩张方式。对小企业和新成立的企业来说,这也是一种相当具有吸引力的进入模式。

▶ 3. 战略联盟

近年来,战略联盟作为一种进入模式越来越流行。战略联盟是指将不同背景下的公司连接在一起,进入一个或多个国际市场。战略联盟中的企业在进入国际市场时,需要共担风险、共享资源。另外,为了加强合作,联盟中的成员要贡献出自己独有的资源,因而,战略联盟将会促进能力甚至是核心竞争力的开发,进而提高企业的战略竞争力。事实上,这种新能力或竞争力的开发和学习,正是企业选择战略联盟作为进入模式的主要原因。值得注意的是,联盟成员之间的相互信任对于战略联盟开发和管理以技术为基础的能力是非常关键的。

▶ 4. 收购

当企业通过收购其他企业进入国际市场时,它所完成的就是跨国收购。具体来说,跨国收购是指一个国家的企业购买另一个国家的企业的股权或者是将其全部购买。

随着自由贸易在全球范围内的不断扩展，跨国收购的数量也与日俱增。跨国收购为企业提供了快速进入新市场的能力，这也是企业得以成长的关键原因。事实上，在五种进入模式中，收购是公司进入国际市场最快捷的手段。

尽管跨国收购越来越流行，但这种进入模式并非没有成本，而且要想获得成功也并不是一件容易的事。跨国收购也具有本土收购的一些劣势。另外，跨国收购需要进行债务融资，这也会造成额外的成本。进行跨国收购时需要考虑的另一个问题是，与本土收购相比，跨国收购中新公司的合并过程也更加复杂，因为企业不仅要面对企业文化上的差异，还要处理好社会文化和习俗方面的不同。这些差异使企业收购之后的整合过程面临更多的挑战；否则，一旦整合因文化差异而拖延或陷入困境，企业将很难获得潜在的协同效应。因此，虽然跨国收购作为进入新市场的快捷方式越来越流行，但企业在选择实施时，还是需要特别注意该战略的潜在成本和风险。

▶ 5. 绿地投资

绿地投资又称新建投资，这种进入模式是指企业直接向其他国家或市场进行投资建立全新子公司。这是个复杂且成本很高的过程，但它却能最大限度地控制子公司的运作，对企业提高战略竞争力有非常大的潜在作用。尤其是当企业拥有很强的无形能力，绿地投资又能平衡这种能力的时候，这种模式的潜在作用将更大。当公司拥有产权技术时，对国外市场上的运营进行全面控制将更有利于公司的发展。

研究还显示，在服务业，"全资子公司和驻外工作人员会受到更多的偏爱"，这些行业往往与"终端客户有着密切的接触"，并且要求企业具有"高水平的专业技能、专业化知识和定制化服务"。研究还显示，当企业的业务更多地依赖于资本密集型制造工厂的品质时，绿地投资的效果会更显著；相反，对于人力资本密集型的企业来说，则更有可能以跨国收购作为进入模式。比如，当地工会的影响力以及文化上的巨大差异，会对绿地投资中的知识向东道国的转移造成更多的障碍。

当然，绿地投资也具有相对大的风险，因为在一个新的国家和市场建立新的公司需要支付高额费用。为了支持国外新公司的运营，企业需要通过雇用东道国的员工，有时甚至是挖竞争对手的员工，或者通过咨询公司来获取当地市场的知识和专业技能，这也需要支付高昂的成本。但这些知识和专业技能是建立新公司和分销网络所必需的，也是学习如何实施营销战略来帮助公司在新市场的竞争中获得成功所必不可少的。需要特别强调的是，企业在采取这些行动时必须保持对产品的技术、营销和分销的控制。研究还认为，当投资所在的国家或地区风险比较高时，企业更倾向于建立合资公司而不是进行绿地投资。但是，如果企业之前已经在该国获得了一定的经验，则更有可能选择绿地投资而不是建立合资公司。

5.2.4.6 国际化战略的风险

国际化战略总是伴随着各种风险，尤其是那些使公司的地理区域更加多元化的战略。在这些风险中，政治和经济风险尤其不能忽视。

▶ 1. 政治风险

政治风险是指由东道国、本国的政治势力和政治事件，或者国际环境变化所导致的国际化公司运营瓦解的可能性。如果企业在实施国际化战略时遇到大量的问题，包括政府法规修改带来的不确定性、可能存在众多冲突的法律机构、腐败以及私有资产国有化的潜在可能性等，那么，企业就有可能面临运营的瓦解。在其他国家进行投资的企业会比较关注这些国家的政府的稳定性，以及动荡和不稳定可能对其投资或资产造成的影响。为了减少这些顾虑，企业应该对这些国家和地区的政治风险进行分析。通过分析，企业可以评估导致国外投资和运营非商业性瓦解的来源和影响因素。

俄罗斯在向民主政府转型之后的数年间，经历了一段制度高度不稳定的时期，分权化的政治控制以及政策的不断变化造成了许多混乱，尤其是商业界。为了重新获得更多的中央控制权，减少混乱，俄罗斯的领导人采取了一系列措施，包括起诉大型私有企业的执行官，获取公司资产的国家控制权，否决外资对本国公司的收购等。政府制度的不稳定，以及随后中央政府采取的这些措施，使一些企业延迟或取消了在俄罗斯的大量外国直接投资。尽管俄罗斯的领导人试图保证潜在投资者的产权并有所行动，但法律的不完善以及普遍存在的政府腐败问题，仍使这些企业对俄罗斯的投资心存顾虑。

▶ 2. 经济风险

经济风险是指国家和地区的经济中存在给公司成功实施国际化战略造成不利影响的根本性缺陷。正如上述俄罗斯的案例中所描述的，政治风险和经济风险是相互依存的。如果企业无法有效地保护自己的知识产权，就不太可能对国外市场进行重大的直接投资。因此，国家只有创建、维护和加强对知识产权的有力保护，才能更好地吸引外国直接投资。

另一个经济风险是外国企业收购掌握关键自然资源的企业，或者是一些在知识产权方面具有战略意义的企业，从而造成的能感知到的安全风险。例如，许多中国企业一直在购买澳大利亚和拉丁美洲的自然资源企业以及美国的制造业资产，这使得那些关键资源企业所在国的政府，越来越担心它们的战略性资产会被中国国有公司掌控。恐怖主义也是需要考虑的一个风险。与印度尼西亚相比，中国和印度的安全风险较低，因而很多公司更愿意对这两个国家进行投资，而不是印度尼西亚。

然而，国际化战略的主要经济风险是不同货币汇率的差异和波动，尤其是对于那些需要进行多种货币交易的地域多元化公司而言，尤为重要。对美国企业而言，美元对其他货币的汇率决定了它们的国际化资产和收入的价值。比如，如果美元升值，美国跨国公司在其他国家的资产和收入的价值就会降低。另外，由于不同货币的币值会影响在不同国家生产的产品的价格，因而也会对企业在全球市场上的竞争力造成极大的影响。由于产品的价格不同，美元的升值会影响美国企业向国际市场的出口。因此，政府对本国经济和金融资本的监管和控制，不仅会影响本地经济活动，还会影响外国公司在本地的投资。

典型案例 5-2
抖音全球化战略
的热与冷

5.3 稳定型战略

5.3.1 稳定型战略的概念

企业稳定型战略，又称为防御型战略、维持型战略。即企业在战略方向上没有重大改变，在业务领域、市场地位和产销规模等方面基本保持现有状况，是以安全经营为宗旨的战略。稳定型战略有利于降低企业实施新战略的经营风险，减少资源重新配置的成本，为企业创造一个加强内部管理和调整生产经营秩序的修整期，并有助于防止企业过快发展。

微课视频 5-3
稳定型战略

5.3.2 稳定型战略的类型

应用较为广泛的稳定型战略主要有如下三种：暂停战略、无变战略和维持利润战略。

▶ 1. 暂停战略

暂停战略是指在一段时期内降低成长速度、巩固现有资源的临时战略。暂停战略主要适用于在未来不确定性产业中迅速成长的企业，目的是避免出现继续实施原有战略导致企业管理失控和资源紧张的局面。

▶ 2. 无变战略

无变战略是指不实行任何新举动的战略。无变战略适用于外部环境没有任何重大变化、本身具有合理盈利和稳定市场地位的企业。

▶ 3. 维持利润战略

维持利润战略是指为了维持目前的利润水平而牺牲企业未来成长的战略。很多情况下，当企业面临不利的外部环境时，管理人员会采用减少投资、削减一些可控费用（如研发费用、广告费和维修费）等方式维持现有利润水平。维持利润战略只是一种度过困境的临时战略，对企业持久竞争优势会产生不利影响。

5.3.3 稳定型战略的特征

从企业经营风险的角度来说，稳定型战略的风险是相对较小的，对于那些曾经成功地在一个处于上升趋势的行业和一个不大变化的环境中活动的企业会很有效。由于稳定型战略从本质上追求的是在过去经营状况基础上的稳定，它具有如下特征。

(1) 企业对过去的经营业绩表示满意，决定追求既定的或与过去相似的经营目标。比如说，企业过去的经营目标是在行业竞争中处于市场领先者的地位，稳定型战略意味着在今后的一段时期里依然以这一目标作为企业的经营目标。

(2) 企业战略规划期内所追求的绩效按大体的比例递增。与增长型战略不同，这里的增长是一种常规意义上的增长，而非大规模的和非常迅猛的发展。例如，稳定型增长可以指在市场占有率保持不变的情况下，随着总的市场容量的增长，企业的销售额也增长，而这种情况则并不能算典型的增长型战略。实行稳定型战略的企业，总是在市场占有率、产销规模或总体利润水平上保持现状或略有增加，从而稳定和巩固企业现有的竞争地位。

（3）企业准备用与过去相同的或基本相同的产品或劳务服务于社会，这意味着企业在产品上的创新较少。

从以上特征可以看出，稳定型战略主要依据于前期战略。它坚持前期战略对产品和市场领域的选择，以前期战略所达到的目标作为本期希望达到的目标。因而，实行稳定型战略的前提条件是企业过去的战略是成功的。对于大多数企业来说，稳定型增长战略也许是最有效的战略。

5.3.4 稳定型战略的优缺点

▶ 1. 稳定型战略的优点

稳定型战略意味着保守稳妥地向前发展，并不是不发展，归纳总结，稳定型战略具有以下一些优点。

（1）企业的经营风险相对较小。由于企业基本维持原有的产品和市场领域，从而可以用原有的生产领域、渠道，从而避免开发新产品核心市场的巨大资金投入、激烈的竞争抗衡和开发失败的巨大风险。

（2）能避免因改变战略而改变资源分配的困难。由于经营领域主要与过去大致相同，因而稳定型战略不必考虑原有资源的增量或存量的调整，相对于其他战略态势来说，显然要容易得多。

（3）能避免因发展过快而导致的弊端。在行业迅速发展的时期，许多企业无法看到潜伏的危机而盲目发展，结果造成资源的巨大浪费。

（4）能给企业一个较好的修整期，是企业积聚更多的能量，以便为今后的发展做好准备。从这个意义上说，适时的稳定型战略将是增长性战略的一个必要的酝酿阶段。

▶ 2. 稳定型战略的缺点

（1）稳定型战略的执行是以市场需求、竞争格局等内外条件基本稳定为前提的。一旦企业的这一判断没有得到验证，就会打破战略目标、外部环境、企业实力之间的平衡，使企业陷入困境。因此，如果环境预测有问题的话，稳定型战略也会存在问题。

（2）特定细分市场的稳定型战略也会有较大的风险。由于企业资源不够，企业会在部分市场上采用竞争战略，这样做实际上是将资源重点配置在这几个细分市场上，因而如果对这几个细分市场把握不准，企业可能会更加被动。

（3）稳定型战略也会使企业的风险意识减弱，甚至形成害怕风险、回避风险的观念，这就会大大降低企业对风险的敏感性、适应性和冒风险的勇气，从而增加了以上风险的危害性和严重性。

稳定型战略的优点和缺点都是相对的，企业在具体的执行过程中必须权衡利弊，准确估计风险和收益，并采取合适的风险防范措施。只有这样，才能保证稳定型战略的优点的充分发挥。

5.4 紧缩型战略

5.4.1 紧缩型战略的概念

紧缩型战略是指企业从目前的战略经营领域和基础水平收缩和撤退,且偏离起点战略较大的一种经营战略。与稳定型战略和增长型战略相比,紧缩型战略是一种消极的发展战略。通常,企业实施紧缩型战略只是短期的,其根本目的是使企业捱过风暴后转向其他战略选择。有时,只有采取收缩和撤退的措施,才能抵御竞争对手的进攻,避开环境的威胁并迅速实行自身资源的最优配置。可以说,紧缩型战略是一种以退为进的战略。

微课视频 5-4
紧缩型战略

5.4.2 紧缩型战略的类型

根据实施紧缩型战略的基本途径,将紧缩型战略划分为以下三类:抽资转向战略、放弃战略和清算战略。

▶ 1. 抽资转向战略

抽资转向战略是指企业在现有的经营领域不能维持原有的产销规模和市场面,不得不缩小产销规模和市场占有率,或者企业在存在新的更好的发展机遇的情况下,对原有的业务领域进行压缩投资、控制成本,以改善现金流为其他业务领域提供资金的战略方案。另外,企业在财务状况下降时有必要采取抽资转向战略,这一般发生在物价上涨导致成本上升或需求降低使财务周转不灵的情况下。针对这些情况,抽资转向战略可以通过以下措施来配合进行。

(1) 调整企业组织。

这包括改变企业的关键领导人,在组织内部重新分配责任和权力等。调整企业组织的目的是使管理人员适应变化了的环境。

(2) 降低成本和投资。

这包括压缩日常开支,实施更严格的预算管理,减少一些长期投资的项目等,也可适当减少某些管理部门或降低管理费用。在某些必要的时候,企业也会以裁员作为压缩成本的方法。

(3) 减少资产。

这包括出售与企业基本生产活动关系不大的土地、建筑物和设备;关闭一些工厂或生产线;出售某些在用的资产,再以租用的方式获得使用权;出售一些盈利的产品,以获得继续使用的资金。

(4) 加速回收企业资产。

这包括加速应收账款的回收期,派出讨债人员收回应收账款,降低企业的存货量,尽量出售企业的库存产成品等。

抽资转移战略会使企业的主营方向转移,有时会涉及基本经营宗旨的变化,其成功的关键是管理者明晰的战略管理理念，即必须决断：是对现存的业务给予关注，还是重新确定企业的基本宗旨？

▶ 2. 放弃战略

在采取抽资转移战略无效时，企业可以尝试放弃战略。放弃战略是指将企业的一个或几个主要部门转让、出卖或停止经营。这个部门可以是一个经营单位，一条生产线或者一个事业部。

放弃战略与清算战略并不一样，由于放弃战略的目的是要找到肯出高于企业固定资产时价的买主，所以企业管理人员应该说服买主，认识到购买企业所获得的技术资源或资产能给对方增加利润。而清算战略一般意味着只包括有形资产的部分。

在放弃战略的实施过程中通常会遇到一些阻力，主要包括以下三方面。

（1）结构上或经济上的阻力，即一个企业的技术特征及其固定资本和流动资本妨碍其退出，例如一些专用性较强的固定资产很难退出。

（2）公司战略上的阻力。如果准备放弃的业务与其他业务有较强的联系，则该项业务的放弃会使其他有关业务受到影响。

（3）管理上的阻力。企业内部人员，特别是管理人员对放弃战略往往会持反对意见，因为这往往会威胁到他们的职业和业绩考核。

这些阻力的克服，可以采用以下办法：在高层管理者中，形成"考虑放弃战略"的氛围；改进工资奖金制度，使之不与放弃战略相冲突；妥善处理管理者的出路问题。

▶ 3. 清算战略

清算战略是指卖掉其资产或停止整个企业的运行从而终止一个企业的存在。显然，只有在其他战略都失败时才考虑使用清算战略。但在确实毫无希望的情况下，应尽早制定清算战略，例如，上市公司可以有计划的逐步降低企业股票的市场价值，尽可能多的收回企业资产，从而减少全体股东的损失。因此，清算战略在特定的情况下，也是一种明智的选择。要特别指出的是，清算战略的净收益是企业有形资产的出让价值，而不包括其相应的无形价值。

5.4.3 紧缩型战略的优缺点

▶ 1. 紧缩型战略的优点

（1）能帮助企业在外部环境恶劣的情况下，节约开支和费用，顺利地度过不利的处境。

（2）能在企业经营不善的情况下最大限度地降低损失。在许多情况下，盲目而且顽固地坚持经营无可挽回的事业，而不是明智地采用紧缩型战略，会给企业带来致命的打击。

（3）能帮助企业更好的实行资产的最优组合。如果不采用紧缩型战略，企业在面临一个新的机遇时，只能运用现有的剩余资源进行投资，这样做势必会影响企业在这一领域发展的前景；相反，通过采取适当的紧缩型战略，企业往往可以从不良运作的资源中转移部分到这一发展点上，从而实现企业长远利益的最大化。

▶ 2. 紧缩型战略的缺点

与上述优点相比，紧缩型战略也有缺点。

（1）实行紧缩型战略的尺度较难以把握，因而如果盲目地使用紧缩型战略，可能会扼杀具有发展前途的业务和市场，使企业的总体利益受到伤害。

（2）一般来说，实施紧缩型战略会引起企业内外部人员的不满，从而引起员工情绪低落，因为实施紧缩型战略常常意味着不同程度的裁员和减薪，而在某些管理人员看来则意味着工作的失败和不利。

5.5 战略实施途径

5.5.1 内部创业

内部创业又称作内部开发，是指企业通过内部投资或创新进入一个新的业务领域。内部创业不一定全是创新，也包括模仿和跟随。通过在内部形成一个新起点的公司进入一个行业的最大障碍，是跨越进入壁垒的成本以及建立一个强大和有利的竞争地位所要花费的额外时间。企业在运用内部创业模式进入新的业务领域时，必须考虑两个问题：一是进入障碍；二是该领域（行业）中已有企业的反应。也就是说，企业采取内部创业战略，除了在新领域中对必要的生产设施、人员等进行投入外，还要克服如商标识别、专有技术等行业壁垒，以及因该领域企业报复性行为而导致的额外投资。

▶ 1. 内部创业的应用条件

企业选择内部创业战略进入新的经营领域，需要考虑以下条件：

（1）行业处于不平衡状态，竞争结构还没有完全建立起来，如新生的行业；

（2）行业中原有企业所采取的报复性措施的成本超过了由此所获的收益，使得这些企业不急于采取报复性措施，或者报复性措施的效果不佳；

（3）由于企业现有技术、生产设备同新经营业务有一定的联系，导致进入该经营领域的成本较低；

（4）企业进入该经营领域后，有独特的能力影响其行业结构，使之为自己服务；

（5）企业进入该经营领域，有利于发展企业现有的经营内容，如提高企业形象、改进分销渠道等。

▶ 2. 内部创业的特性

企业采用内部创业战略时，需要注意它的两个特性。

（1）时间性。根据实证研究，采用内部创业战略而组成的新的经营单位（如新成立一家钢铁厂）一般要经营8年的时间才有获利能力；经过10～12年的时间，该单位的效益可达到成熟业务的水平；12年以后，该单位才有可能获得最高的效益和很多的市场占有率。因此，企业在采用内部创业战略时，前几年的战略目标应放在提高市场占有率上，而不要只看重短期的获利能力。

(2) 进入规模。进入规模的大小,对企业采用内部创业战略有着很重要的影响。从长期来看,新的经营单位以较大的规模进入要比以较小的规模进入更容易较早地收获效益。企业大规模进入新的经营领域需要大量的资金,以便承受前8年的利润负增长;如果规模过小,该经营单位的风险就更大。

▶ 3. 内部创业失败的原因

内部创业战略的失败率往往较高,主要原因有如下三个方面。

(1) 企业进入规模较小。许多企业认为,大规模进入一旦失败,损失较大,于是愿意采用小规模进入的战略,结果反而造成大错。因为在这种情况下,企业无法建立起长期稳定的市场占有率。从短期来看,规模小会损失少,规模大则成本高且损失大;但从长期来看,规模大的反而收益高。

(2) 商品化程度过低。采用内部创业战略的企业多为高新技术企业,其研究开发的成果多属于高新技术领域。如何将高新技术的研究成果进一步商品化,满足市场的需求,是成功地运用内部创业战略的关键。许多企业失败的原因在于过分追求科技成果领先,忽略市场的实际需求。这一点在计算机行业中表现得格外突出。

(3) 战略实施不当。在战略执行的过程中,企业要考虑组织管理的问题,要将科研项目的研究与内部创业战略的关系处理好。如果企业同时支持多项不同的内部创业战略,则会导致财力资源分散,不能保证取得最佳的创新成果,获得市场的成功。同时,企业还应注意,研究开发的成果并不一定都具有战略价值和市场价值,要对此做出正确的决策。此外,企业对上面提到的时间问题也要考虑,对于需要8~12年才能产生利润的经营业务,企业不应过早转变方向。

▶ 4. 成功运用内部创业战略的要求

企业要成功地运用内部创业战略,不仅要尽量避免以上几种导致失败的因素,还需要注重职能层次的研究开发与高层的战略认识。具体而言,企业应做到以下几点:

(1) 确立战略目标,从总体上把握运用内部创业战略的时机、规模、资源和周期;

(2) 有效地运用企业的研究开发能力,使企业的研究开发与总体的战略目标保持一致;

(3) 加强研究开发与市场营销的联系,确保企业的研究开发是为市场需求而进行,不是为研究而研究;

(4) 改善研究开发与生产制造的联系,提高企业生产新产品的能力;

(5) 严格筛选与监控内部创新活动,保证企业实现预期的创新产品的市场份额目标。

5.5.2 战略联盟

5.5.2.1 战略联盟的定义

战略联盟(strategic alliance)是指通过企业之间资源和能力的组合来创造竞争优势的合作战略。战略联盟需要企业间的资源和能力进行一定程度的交换和共享,从而共同进行产品或服务的开发、销售和服务。另外,企业可以利用战略联盟来平衡现有的资源和能力,并与合作伙伴一起开发额外的资源和能力，以此作为获得竞争优势的基础。毫无疑问，在当今社会，战略联盟已经成为企业竞争性战略的基石。

5.5.2.2 战略联盟的类型

▶ 1. 股权式联盟和契约式联盟

战略联盟从治理结构的角度可以分为股权式联盟(合资、相互持股)和契约式联盟(生产、研发、销售等环节)。

(1) 股权式联盟。股权式战略联盟是由各成员作为股东共同创立的，其拥有独立的资产、人事和管理权限。股权式联盟中一般不包括各成员的核心业务，具体又可分为对等占有型战略联盟和相互持股型战略联盟。

对等占有型战略联盟是指合资生产和经营的项目分属联盟成员的局部功能，双方母公司各拥有50%的股权，以保持相对独立性。

相互持股型战略联盟中联盟成员为巩固良好的合作关系，长期地相互持有对方少量的股份，与合资、合作或兼并不同的是，这种方式不涉及设备和人员等要素的合并。IBM公司就在1990—1991年间，大约购买了200家西欧国家的软件和电脑服务公司的少量股份，借此与当地的经销商建立了良好的联盟关系，从而借助联盟中的中间商占领了这片市场。

(2) 契约式联盟。当联盟内各成员的核心业务与联盟相同、合作伙伴又无法将其资产从核心业务中剥离出来置于同一企业内时，或者为了实现更加灵活地收缩和扩张、合作伙伴不愿建立独立的合资公司时，契约式战略联盟便出现了。契约式战略联盟以联合研究开发和联合市场行动最为普遍。这种联盟形式不涉及股权参与，而是借助契约形式，联合研究开发市场的行为。

▶ 2. 横向联盟、纵向联盟和混合联盟

从价值链角度可以分为横向联盟、纵向联盟和混合联盟。

(1) 横向联盟。横向联盟是指双方从事的活动是同一产业中的类似活动的联盟。

横向联盟是竞争对手之间的联盟。横向联盟由于合作各方在连续不断的基础上共同从事一项活动，从而改变了一项活动的进行方式。联盟包括研发(R&D)方面的联盟，生产阶段的联盟，或销售阶段的联盟。研发中的合作可以通过降低每一方的成本而提高效率，通过共享财务资源、获得新的财力资源或分散风险而增加规模经济。横向联盟常以合资企业的形式出现，但它们也包括技术分享、交叉许可证转让和其他合作协议。典型的例子如，日本的飞机制造集团同波音公司的合作。

(2) 纵向联盟。纵向联盟是指处于产业链上下游且有关系的企业之间建立的联盟。这种战略联盟的关键是使处于价值链不同环节的企业采取专业化的分工与合作，各自关注自身的核心竞争能力与核心资源，利用专业化的优势与联盟的长期稳定性创造价值。纵向联盟较多采取非股权的合作方式，但有些企业(尤其是日本企业)也采取相互持股的方式。联盟使双方得到比一般的市场交易更紧密的协调，但双方又继续保持自己的独立性。

纵向联盟通常意味着各公司在一项经营活动中的地位是不对称的：一方更强，另一方更弱。纵向联盟一般以长期供货协议、许可证转让、营销协议等方式出现，虽然也可能有合资形式，但在这种形式中，合作一方主要提供资金。这种联盟最典型的是生产厂商同中间产品供应商的联盟，如丰田汽车公司同其零部件供应商的长期合作关系；生产商同销售商的联盟，如宝洁公司与沃尔玛公司联盟。

（3）混合联盟。混合联盟是横向联盟和纵向联盟的混合。混合联盟是指处于不同行业、不同价值链上的企业之间的联盟。混合联盟主要是一些企业为了开辟新市场、开发新产品等而与目标市场的企业组建的联盟形式。

如绿盛集团与天畅科技之间的联盟就属于混合联盟。绿盛集团是全国最大的牛肉干食品生产商之一，其推出一项新产品——"QQ能量枣"；天畅科技则是国内知名的网络游戏开发商，开发出国内首款全3D历史玄幻民族网络游戏"大唐风云"。"QQ能量枣"与"大唐风云"之间相互借助营销渠道、顾客市场等，获得了丰厚收益。

5.5.2.3　战略联盟的主要形式

战略联盟主要以合资、研发协议、定牌生产、特许经营、相互持股这五种形式为主。

（1）合资。合资是指由两家或两家以上的企业共同出资、共担风险、共享收益而形成企业，是目前发展中国家尤其是亚非等地普遍的形式。合作各方将各自的优势资源投入到合资企业中，从而使其发挥单独一家企业所不能发挥的效益。

（2）研发协议。为了某种新产品或新技术，合作各方鉴定一个研发协议。这种形式可汇集各方的优势，加快了开发速度，大大提高了成功的可能性，而且各方共担开发费用，降低了各方开发费用与风险。

（3）定牌生产。如果一方有知名品牌但生产力不足，另一方则有剩余生产能力，则另一方可以为对方定牌生产。这样，一方可充分利用闲置生产能力，谋取一定利益；而对于拥有品牌的一方，还可以降低投资或购并所产生的风险。

（4）特许经营。通过特许的方式组成战略联盟，其中一方具有重要无形资产，可以与其他各方签署特许协议，允许其使用自身品牌、专利或专用技术，从而形成一种战略联盟。拥有方不仅可获取收益，并可利用规模优势加强无形资产的维护，同时，受许可方也可由此扩大销售、谋取收益。

（5）相互持股。合作各方为加强相互联系而持有对方一定数量的股份。这种战略联盟中各方的关系相对更加紧密，而双方的人员、资产无须合并。

5.5.2.4　战略联盟的主要动因

▶ 1. 提升企业的竞争力

在产品和技术日益分散化的今天，已经没有哪个企业能够长期拥有生产某种产品的全部最新技术，企业单纯依靠自己的能力已经很难掌握竞争的主动权。为此，大多数企业的对策是尽量采用外部资源并积极创造条件以实现内外资源的优势相长。其中一个比较典型的做法是与其他企业结成战略联盟，并将企业的信息网扩大到整个联盟范围。借助与联盟内企业的合作，相互传递技术，加快研究与开发的进程，获取本企业缺乏的信息和知识，并带来不同企业文化的协同创造效应。战略联盟与传统的全球一体化内部生产战略和金字塔式管理组织相比，除了具有更为活跃的创新机制和更经济的创新成本，还能照顾到不同国家、地区、社会团体甚至单个消费者的偏好和差异性，有利于开辟新市场或进入新行业，从而具有更强的竞争力。

▶ 2. 获得规模经济的同时分担风险与成本

激烈变动的外部环境对企业的研究开发提出了如下三点基本要求：不断缩短开发时间、降低研究开发成本、分散研究开发风险。对任何一个企业来说，研究和开发一项新产品、新技术常常要受到自身能力、信息不完全、消费者态度等因素的制约，需要付出很高的代价。而且随着技术的日益复杂化，开发的成本也越来越高。这些因素决定了新产品、新技术的研究和开发需要很大的投入，具有很高的风险。在这种情况下，企业自然要从技术自给转向技术合作，通过建立战略联盟、扩大信息传递的密度与速度，以避免单个企业在研究开发中的盲目性和因孤军作战引起的全社会范围内的重复劳动和资源浪费，从而降低风险。与此同时，市场和技术的全球化，提出了在相当大的规模经济和多个行业进行全球生产的要求，以实现最大的规模经济和范围经济，从而能在以单位成本为基础的全球竞争中赢得优势。虽然柔性制造系统可以将新技术运用到小批量生产中，但规模经济和范围经济的重要性对于企业的全球竞争力来说仍具有决定意义。建立战略联盟是实现规模经营并产生范围经济效果的重要途径。

▶ 3. 低成本进入新市场

战略联盟是以低成本克服新市场进入壁垒的有效途径。例如，2018年日本游戏软件制作开发公司以及发行商史克威尔艾尼克斯公司（SQVARE ENX）与我国的腾讯公司建立了战略联盟合作关系，通过建立一个合资公司、共同开发游戏的方式进入中国，克服了进入中国市场的各种壁垒，扩展了其全球业务。

▶ 4. 挑战"大企业病"

单个企业为了尽可能地控制企业的环境，必然要求致力于企业内部化边界的扩大，这一努力过程不仅伴随着巨大的投入成本，还为企业的战略转移筑起难以逾越的退出壁垒，甚至将企业引入骑虎难下的尴尬境地，而且容易出现组织膨胀带来内耗过大的所谓"大企业病"现象。"大企业病"是指由于企业规模的扩大、管理层次的增加、协调成本上升使得一些大企业的行政效率向着官僚式的低效率迈进，致使企业决策缓慢，难以对瞬息万变的市场作出敏锐的反应。而战略联盟的经济性在于企业对自身资源配置机制的战略性革新，不涉及组织的膨胀，因而可以避免带来企业组织的过大及僵化，使企业保持灵活的经营机制并与迅速发展的技术和市场保持同步。与此同时，战略联盟还可避开反垄断法对企业规模过大的制裁。

5.5.2.5 战略联盟的风险

有证据表明，2/3的合作战略在开始的2年中都存在严重的问题，50%的联盟最终走向失败。如此高的失败率表明，即使合作可以产生互补和协同效应，联盟的成功也绝非易事。尽管谁都不愿意失败，但却可以从中汲取宝贵的经验。战略联盟主要存在以下一些风险：

▶ 1. 合作者的机会主义行为

当正式的合同无法约束合作者，或者在成立联盟时错误地估计了合作伙伴的信任度时，就会发生机会主义行为。很多时候，采取机会主义的企业总是希望尽可能多地获取合作伙伴的隐性知识。因此，在实施合作战略时，全面了解合作伙伴的需求可以减少企业遭受机会主义行为的可能。

▶ 2. 错估合作方的实力

联盟中的一方错误地理解了另一方的胜任能力，尤其是当合作伙伴的贡献是以无形资产为基础时，这种风险更容易发生。例如，对本土市场条件的了解就是一种典型的无形资产，企业经常忽略这种知识而对合作者的能力产生误解。要求合作方提供其拥有的可以在合作战略中共享的资源和能力的证据，可以有效地减少这种风险。

▶ 3. 文化差异引起的合作冲突

不同国家语言和文化上的差异会导致对合同内容以及双方期望的错误理解。可能合作的一方没有按照合作战略的约定将互补的资源和能力（如最先进的技术）与另一方共享，任何一方不提供联盟所需要的资源和能力都会降低联盟成功的可能性；也有可能是联盟一方进行专用资产的投资而另一方没有。例如，一方利用能力和资源来开发只能用于联盟项目生产的设备，但另一方却没有进行联盟专用资产的投资，那么，前者将处于不利地位，它从联盟获得的收益可能比不上其投资应得的回报。

5.5.2.6 战略联盟的管理方法

合作战略是企业成长和提高绩效的重要途径，但是这些战略联盟的管理难度却相当大。由于不同组织具有的有效管理合作战略的能力是不一样的，因此，将合作战略的管理责任赋予水平更高的管理者和管理团队，可以提高管理的有效性。反过来说，企业具有的成功管理合作战略的能力也是一种竞争优势。

成本最小化和机会最大化，是企业管理合作战略的两种主要方法。在成本最小化管理方法中，企业与合作伙伴需要签订正式的合同。合同中明确规定了如何监督合作战略，以及如何控制合作者的行为。英国石油公司（BP）与俄罗斯石油巨头 OAO Rosneft，为了开发俄罗斯北冰洋地区的三大石油区块而成立的联盟，就是通过合同来进行管理的。成本最小化方法的主要目的就是使合作战略的成本降到最低，并防止合作者的机会主义行为。

机会最大化的重点在于使合作者创造价值的机会最大化。在这种情况下，合作者要充分利用各种意外的机会来学习，开发更大的市场空间。这种方法中的正式合同较少，对合作者的行为约束也较少，因此，合作者可以探索不同的资源和能力的共享方式，从而以不同的方法创造价值。雷诺和日产就是利用这种方法来管理它们之间的合作关系。联盟存在的基础，即信任、尊重和透明的价值观，也为机会最大化提供了有利条件。

这两种方法都可以使公司成功地管理合作战略。尽管成本最小化方法的初衷是减少成本，但该方法对合作战略的监督成本却很高，因为形成详细的合同和监督机制都相当昂贵。尽管监督系统可以防止合作者谋求个人利益，但它也会影响合作者对新机会的积极反应，因为这些机会需要用到合作伙伴的资源和能力。因此，正式的合同和广泛的监督系统不仅需要投入和使用大量的资源，还会扼杀合作

典型案例 5-3
华为与埃森哲公司
的战略联盟

者最大限度开发合作战略的价值的积极性。

在使用机会最大化方法时,由于合同中缺乏详细和正式的条款,因此,联盟公司之间必须保持信任,相信双方都会本着联盟利益最大化的原则来采取行动。在合作协议下,信任的心理状态是指坚信对方即使有机会,也不会利用合作伙伴的弱点来做任何事情。

与国内合作战略联盟相比,国际合作战略联盟内部的信任更难建立,原因就在于贸易政策、文化、法律和政治上的差异。一旦双方相互信任,监督成本就会降低,为联盟创造价值的机会也可以得到最大化地利用。

5.5.3 并购战略

5.5.3.1 并购的概念

并购战略其实是合并与收购战略的缩写,是指并购双方(即并购企业和目标企业)以各自核心竞争优势为基础,立足于双方的优势产业,通过优化资源配置的方式,在适度范围内强化主营业务,从而达到产业一体化协同效应和资源互补效应,创造资源整合后实现新增价值的目的。并购的类型分为以下几种:

合并(consolidation):A 公司与 B 公司合并组成 C 公司,A 公司和 B 公司都不复存在。

收购(acquisition):A 公司购买 B 公司的全部资产和负债,A 公司继续经营,B 公司成为 A 公司下属的子公司或不复存在。

控股(holding):A 公司购买 B 公司的部分股票,或向 B 公司注入资金,达到控股程度,A 和 B 公司均继续经营,A 公司成为母公司,B 公司成为被 A 控股的公司。

企业发展扩张的方式通常有三种:一是企业的自身不断发展积累,二是通过科学技术或生产方式的重大突破,三是通过合并或收购(或合称并购)。第三种是发达国家企业集团扩展的主要途径。如美国的微软公司在上市后短短五年内并购了 38 家企业。美国的思科在 20 世纪 80 年代成立至 2000 年上半年就累计并购了 61 家企业,仅 2000 年就并购 18 家公司。通用电气公司在 20 世纪 80 年代韦尔奇担任 CEO 以来,就并购了 300 多家高新技术企业和服务业企业,逐步走上了以高新技术产业为主营业务的发展道路。

5.5.3.2 并购的动因

▶ 1. 增强市场影响力

获取更大的市场份额是实施并购的一个主要原因。如果公司能以超出平均水平的价格销售产品或服务,或者其主要活动和辅助活动的成本比竞争对手低,那么该公司就拥有市场影响力。市场影响力通常源于公司的规模,以及所拥有的能够在市场上进行竞争的资源和能力。同时,它还会受到公司市场份额的影响。因此,大多数收购都是通过购买竞争者、供应商、分销商或高度相关行业的业务,来获取更强的市场影响力,从而使公司进一步巩固核心竞争力,并获得被收购公司在主要市场上的竞争优势。

▶ 2. 克服进入壁垒

进入壁垒是指市场或该市场上已经存在的企业,为了增加其他企业进入该市场的成本和难度而采取的措施。例如，市场上原有的企业在产品的生产和服务方面形成的规模经济。另外，与顾客的长期关系所创造的产品忠诚度，也是新进入者很难克服的障碍。当面对差异化产品时，新进入者经常需要花费大量的资源来宣传自己的产品，而且它们还会发现，通过制定比竞争者更低的价格来吸引顾客不失为一良计。

当面对规模经济和产品差异化造成的进入壁垒时，新进入者会发现通过收购市场中已有的公司进入该市场，比以竞争者的身份进入市场向顾客提供他们并不熟悉的产品，显得更有效。实际上，进入壁垒越高，新进入者通过收购市场中现有企业来克服这一障碍的可能性就越大。

使用收购战略来克服进入壁垒的关键优势在于，企业可以迅速进入市场。这一优势对于寻求克服进入国际市场壁垒的企业来说尤其具有吸引力。来自发达经济体的大型跨国公司正努力进入印度、巴西、俄罗斯和中国等新兴经济体，常采用跨国收购的方式。跨国收购是指总部位于不同国家的公司间进行的收购。例如印度塔塔（TATA）汽车公司收购英国汽车生产商捷豹和路虎。

▶ 3. 降低新产品开发成本和加快进入市场的速度

在企业内部开发新产品并成功地将其推向市场，需要耗费大量的企业资源，包括时间成本，这使企业很难迅速获得可观的回报。据估计，88%的产品创新最终未能给企业带来足够的回报，因此，管理者担心对新产品开发和商业化投入的资本无法获得足够的收益。导致这一不尽如人意的投资回报率的一个潜在原因是，约有60%的创新产品在专利保护期结束后的4年内就被成功仿造。该结果使得管理者将内部产品开发视为一项高风险的活动。

收购也可以用来获取新产品，或者对一些企业而言是新产品的现有产品。相比企业内部产品开发过程，收购所得的回报更具有可预见性，并且可以使企业快速进入市场。回报之所以可预见是由于在完成收购之前，企业就可以评估被收购企业的产品业绩。美墩力公司是全球最大的医疗设备生产商，其2020财年全球营收为289.13亿美元。虽然大多数制药公司都是自行研制产品。但美敦力公司的大部分产品却来自外科医生或者其他外部发明者。许多制药企业都选择实施收购战略而不是内部产品开发，原因在于，开发新产品的成本极高，而收购则可以使企业迅速进入市场，并且还可以增加企业投资回报的可预见性。

▶ 4. 增加多元化

收购还可以用来实现企业的多元化发展。在缺乏经验的市场上推出与企业现有产品线完全不同的产品是十分困难的，因此，企业往往不会通过自己内部开发新产品来达到产品多元化的目的。收购战略可以用来支持企业的相关多元化和非相关多元化战略。例如美国联合技术公司把收购战略作为执行非相关多元化战略的基础。为了减少对航空产业的依赖，该公司积极实施收购战略，不仅涉及与之相关的领域，如飞机发动机、零部件、安全保障以及产品服务、能源等，也涉及与之非相关的电梯、空调和安保系统等领域。一般来讲，被收购与收购企业越相似，收购获得成功的可能性越大。因此，尽管在不同行业进行的互补性收购有助于企业拓展能力，但是横向收购和相关收购要比收购那些在不同产品市场运营的其他企业，更能提升企业的战略竞争力。

5. 学习和发展新能力

有时，企业可以通过收购来获取自己原本缺乏的能力。例如，收购可以用来获取一项特殊的技术能力。研究表明，企业可以通过收购来扩展知识基础以减少惯性。例如，企业通过跨国收购网罗各类优秀人才，可以帮助企业提升潜在能力。当然，如果这些能力于企业自身的能力具有相似性，那么企业就能更好地学习这些能力。因此，为了建立自己的知识基础，企业应寻求收购与本企业既有区别又有一定相关性和互补性的企业。许多大型制药公司就是通过收购生物技术公司，来获取生产大分子药物的能力。因此，这些公司收购的不仅仅是产品生产线，还包括开发这些产品的能力。由于仅仅通过化学方法是很难仿制这类生物药物的，因此对这些大型制药公司来说，收购产品所拥有的开发能力是非常重要的。

典型案例 5-4
阿里全资收购
饿了么的战略分析

5.5.3.3 并购的类型

如果获得了足够的市场影响力，企业就可以成为市场领导者，这也是许多企业梦寐以求的目标。企业通常会通过横向收购、纵向收购、相关收购这三种方式来增强市场影响力。

1. 横向收购

横向收购是指企业收购同行业竞争者的行为。横向收购主要是通过发展以成本为基础的和以收入为基础的协同效应，来增强企业的市场影响力。研究发现，收购具有相同特征的企业的效果会更好，如具有相似的战略、管理风格和资源配置的方式等，这些相似的特征以及原有的联盟管理经验，可以很好地促进收购企业与被收购企业之间的整合。但这两个企业进行了资产合并之后，只有在衡量并剥离那些不能弥补新合并企业的核心竞争力的超额资本和资产之后，横向收购才会更有成效。

2. 纵向收购

纵向收购是指企业收购供应商或分销商的一种或多种产品或服务的行为。通过纵向收购，新成立的企业可以控制价值链的其他环节，这是纵向收购能增强市场影响力的原因。2018年4月，阿里巴巴花费95亿美元全资收购饿了么，将其列入其本地生活版图。饿了么有效促进了阿里巴巴从线上连接线下，成为阿里巴巴O2O新零售战略的重要举措。

3. 相关收购

相关收购是指收购高度相关行业的企业的行为。通过相关收购，公司可以利用资源和能力整合所产生的协同效应来创造价值。例如，亚马逊通过收购一系列相关业务来巩固该公司除图书、音乐和器具之外的零售服务。

5.5.3.4 并购失败的原因

在企业并购的实践中，许多企业并没有达到预期的目标，甚至遭到了失败。一些学者对此做了大量的分析研究，发现企业并购失败的主要原因有以下几个方面。

1. 并购后不能很好地进行文化的整合

企业在通过并购战略进入一个新的经营领域时，并购行为的结束只是成功的一半，并购后的整合状况将最终决定并购战略的实施是否有利于企业的发展。企业完成并购后面临着战略、组织、制度、业务和文化等多方面的整合。其中，企业文化的整合是最基本、最核心，也是最困难的工作。企业文化是否能够完善地融合为一体影响着企业生产运营的各个方面。如果并购企业与被并购企业在企业文化上存在着很大的差异，在并购以后，被并购企业的员工不喜欢并购企业的管理作风，并购后的企业便很难管理，而且会严重影响企业的效益。因此，通过并购得到迅速发展的海尔集团将自己的经验总结为：在并购时，首先去的不应是财务部门，而是被并购企业的企业文化中心。企业应当重视用企业文化而不是资产来改造被并购企业。

▶ 2. 决策不当的并购

企业在并购前，或者没有认真地分析目标企业的潜在成本和效益，过于草率地并购，结果无法对被并购企业进行合理的管理；或者过于高估并购后所带来的潜在的经济效益，高估自己对被并购企业的管理能力，结果遭到失败。例如，20世纪70年代中期，可口可乐公司认为自己可以运用在饮料方面完善的营销能力控制美国的酿酒行业，但在购买了三家酿酒公司以后，认识到酒类产品与饮料产品是大不相同的，各自有不同的消费者、定价系统以及分销渠道。在维持了七年的边际利润后，可口可乐公司只好将酿酒公司卖出，结果损失极大。

▶ 3. 支付过高的并购费用

当企业向以收购股票的方式并购上市公司时，对方往往会抬高股票价格，尤其是在被收购公司拒绝被收购时，会为收购企业设置种种障碍，增加收购的代价。另外，企业在采用竞标方式进行并购时，也往往要支付高于标的的价格才能成功并购。这种高代价并购增加了企业的财务负担，使企业从并购的一开始就面临着效益的挑战。

5.5.3.5 有效并购的建议

如前文所述，收购战略并不一定总能为收购企业的股东带来超额利润。然而，有一些企业却能利用收购战略创造价值。一些研究结果显示了成功的和失败的收购之间的差异，并且发现了一些可以提高收购成功性的行为模式。

▶ 1. 被收购企业与收购企业的资产或资源具有互补性

研究发现，当被收购企业与收购企业的资产或资源具有互补性时，收购获得成功的可能性更大。资产或资源具有互补性时，两家企业间运营的整合更有可能产生协同效应。事实上，整合两家具有互补资产或资源的企业经常会形成独特的能力和核心竞争力。资产或资源具有互补性时，实施收购的企业可以把注意力放在核心业务、互补资产或资源的平衡以及被收购企业的能力上。在有效的收购中，收购方经常通过在收购之前建立合作关系来筛选目标。

▶ 2. 善意的收购

研究结果还显示，善意收购有助于收购双方的整合。通过善意收购，双方可以共同合作来寻找整合运营并产生协调效应的方法。而恶意收购则经常使两个高层管理团队之间充满敌意，进而影响新企业中的工作关系。结果导致被收购企业中的关键人才不断流失，而那些留下来的人也会经常抵触整合中的各种变化。

▶ 3. 有效而尽职的调查

有效而尽职的调查过程，包括对目标企业的谨慎选择，以及对这些企业的健康状况（财务状况、文化适应性和人力资源的价值观）进行评估，会促进收购的成功。

▶ 4. 收购企业具有宽松的财务状况

收购双方以负债或现金形式表现出来的宽松的财务状况，也有助于收购获得成功。尽管宽松的财务状况为收购提供了融资便利，但在收购之后，保持中低水平的负债以维持较低的债务成本非常重要。

▶ 5. 被收购企业保持中低程度的负债水平

为了给收购提供资金支持而承担相当数量的负债时，在成功实施收购后，企业需要迅速降低负债水平，其中一种方法就是出售被收购企业的资产，尤其是那些非相关的或业绩较差的资产。对这些企业来说，债务成本还不至于阻碍研发等长期投资，但现金流管理具有较大的回旋余地。

▶ 6. 对创新的重视

成功的收购战略的另一个特征是对创新的重视，例如对研发活动的持续投入。重大的研发投资可以显示出管理层对管理创新的强有力的承诺，这一特征对企业在全球经济中获得竞争力，以及获得收购的成功，都是非常重要的。

▶ 7. 灵活性和适应性

灵活性和适应性是成功收购的最后两个特征。如果收购双方的管理者都有管理变革以及相关收购的经验，那么它们将能更好地对能力进行调整以适应新的环境。

小结

企业在经营的过程中要做出许多决策。企业到底要做什么，不做什么？要怎么做才能赢得竞争的成功？同时，根据企业不同阶段不同业务所选择的战略力度也不一样，可能企业目前是需要稳定型战略，强调安全经营，稳定增长，不期望在各方面有大的变革；也可能企业目前的业务不利于整个企业的持续发展，就需要壮士断腕或者以退为进的方式来选择紧缩型战略；而大多数情况是企业会选择增长型战略。从总体上讲，企业谋求发展的增长型战略主要有以下四种：密集型战略、一体化战略、多元化战略和国际化经营战略。其中，前三种战略是从行业或业务领域来定义战略范畴，国际化经营战略则是从地域角度来定义战略范畴，也可以看作是多元化战略的特殊形式，实际是地域多元化。从企业战略实现的途径上来看主要有三种，即内部创业、战略联盟以及并购战略。只有清晰每种战略的适用性和各自的优缺点，才能更好地为企业做出合理战略的匹配。

章末案例

阿里巴巴的生态圈战略

阿里巴巴集团由马云等18位创始成员于1999年在杭州创立，当时阿里集团推出的是国内批发贸易市场"1688",到 2000 年在多家机构融得两千多万元资金,2003 年淘宝网正式创立。他们相信互联网能够创造公平的竞争环境,让小企业通过创新与科技扩展业务,在参与国内或全球市场竞争时处于更有利的位置。他们的使命是让天下没有难做的生意,在此基础上构建未来的商务生态系统,让客户相聚、工作和生活在阿里巴巴,并持续发展最少 102 年。为了达到这样的图景,阿里进行了一系列的战略布局行动,具体如下:

O2O 领域

(1) 2011 年阿里集团斥资 5 000 万美元投资美团网,占股约 10%。

(2) 2013 年投资快的。最终快的和滴滴打车合并。

(3) 以 16 亿美元收购高德地图。

(4) 阿里集团以 283 亿元入股苏宁,成为其第二大股东。

(5) 阿里收购饿了么,成为饿了么最大股东。

电商领域

(1) 入股宝尊电商,成立其第一大股东。宝尊电商是一家为品牌企业和零售商提供包括营销服务、IT 服务、客户服务和物流服务等在内的专业的整合式电子商务服务商,目前已在美国上市。

(2) 2010 年投资淘淘搜。淘淘搜,创立于 2010 年,是国内当时最大的独立购物搜索、电商大数据应用公司。

(3) 深圳一达通,2010 年被阿里巴巴收购,服务用户几万家,年进出口总额超过百亿美元。

移动互联网领域

(1) 收购优视(UC)。优视科技,成立于 2004 年,其优势的流量资源给阿里在移动端带来巨大帮助。

(2) 入股墨迹天气。这是一个工具类的 APP,其用户约 6.5 亿人,可以为阿里的电商导入充足的流量。

(3) 2013 年收购友盟。友盟是一家专业的移动数据分析网站,国内主流开发者大多是友盟的用户,2020 年已服务 200 万移动应用和 890 万网站。

(4) 魅族,国内知名手机品牌,2015 年 2 月阿里 5.9 亿美元投资魅族。

(5) 投资 LBE 安全大师,这是一款手机安全软件,它以免 root 简洁好用著称,拥有众多用户。

社交领域

(1) 微博,国内知名的社交平台,在美国上市,是仅次于微信和 QQ 的社交平台,拥有巨大的影响力和传播力,2013 年阿里巴巴以 5.86 亿元,收购了微博 18% 的股份。

(2) 陌陌,已在美国上市,依靠会员和增值服务盈利,也在探索 O2O 服务,2012 年阿里巴巴以 4 000 万美元投资陌陌。

(3) 钉钉(DingTalk),中国领先的智能移动办公平台。由阿里巴巴集团开发,免费提供给所有中国企业,用于商务沟通和工作协同。2015 年 1 月份正式发版上线,截至 2021 年 2 月底,用户量突破 4 亿人,其企业组织用户数突破 1 700 万个。2020 年 2 月受疫情影响，其APP下载量首超微信，一跃成为社交软件榜首。

影音娱乐领域

(1) 天天动听，知名的音乐APP，用户数量过亿人，被阿里巴巴全资收购，成为阿里星球。

(2) 虾米音乐，阿里巴巴前员工创立的音乐网站，被阿里巴巴全资收购。

(3) 优酷土豆，国内最大的视频在线网站之一，美国上市公司，阿里巴巴以12.2亿美元收购了它16.5%的股份。

(4) 华谊兄弟，中国最大的影视集团，旗下拥有众多艺人，并且投资众多影视大片，阿里占股8.8%。

(5) 恒大足球，中国著名的足球俱乐部，阿里集团以12亿元收购其50%股份。

(6) 华数传媒，在杭州地区，华数传媒直接掌管着249万户家庭的有线电视机顶盒，同时它也是全国范围内少数同时拥有IPTV运营牌照、OTT互联网电视牌照，以及3G手机电视全国集成运营牌照的单位。阿里集团对华数传媒投资10.5亿美元。

(7) 光线传媒，阿里集团以24亿元入股光线传媒并成为其第二大股东；

传媒领域

(1) 第一财经，它是国内唯一一家集广播、电视、日报、网站、杂志于一体的中国专业财经媒体品牌，阿里以12亿元，入股第一财经传媒有限公司，占股36.74%成为其第二大股东。

(2) 文化中国，阿里集团投入8.04亿美元巨资，成为其的最大股东，而该公司持有著名都市报《京华时报》的经营权。

(3) 虎嗅，国内最有质量的科技媒体，2012年上线，2014年获得阿里巴巴巨额投资。

(4) 南华早报，阿里集团于2015年12月宣布收购《南华早报》以及南华早报集团旗下其他媒体资源。

物流领域

(1) 汇通，中国最大的快递集团之一，曾在2007年获得阿里集团1 500万美元投资。

(2) 圆通，2015年5月，阿里投资圆通，占股20%。

(3) 菜鸟物流，阿里出资21.5亿元，占有43%股份。

(4) 海尔集团，2013年12月，阿里巴巴以22亿元投资海尔集团，与旗下物流日日顺达成战略协议。

金融领域

(1) 天弘基金，目前是最大的货币基金，大名鼎鼎的余额宝就出自其名下。阿里出资11.8亿元认购天弘基金51%的股份。

(2) 拍拍贷，中国最早的P2P公司，据传获得了阿里亿元级别的投资。

(3) 恒生电子，它是中国领先的金融软件和网络服务供应商，阿里以33亿元收购恒生电子。

(4) 众安保险，是国内最早的互联网保险公司，主要股东还有腾讯和中国平安，2013年时两家各占15%的股份，阿里巴巴占股19.9%。

以上盘点的是几大重要领域的知名公司，细数还有许许多多投资，如：中国雅虎、中国万网、酷盘、穷游网、银泰百货、Tango、手游研发商Kabam、新加坡邮政、11Main、美国电商公司Zulily、印度知名电商公司Paytm Mall、Snapdeal等。这些投资中有成功，也有失败，但都没有阻挡阿里巴巴的战略布局。

阿里巴巴董事局主席兼首席执行官马云曾表示"消费需要重新定义，"一个庞大的"服务型"阿里生态圈正在迅速形成。

资料来源：跨界学习——走进阿里巴巴解读最新三大战略生态圈！ 搜狐网 https://www.sohu.com/

假设你在信息产业的某企业中担任战略工作的要职，企业在快速发展中要进行战略的决策。通过对阿里巴巴的生态圈战略的案例学习，是否对你有所启发？结合所学的战略知识进行思考，你觉得对于信息产业的企业发展战略需要注意哪些要点？

复习与讨论

1. 企业有哪些战略种类？
2. 企业的增长型战略有哪些？
3. 企业战略实现的途径有哪些？
4. 密集型战略有哪些种类？其战略的使用有什么利弊？
5. 一体化战略有哪些种类？其战略的使用有什么利弊？
6. 多元化战略有哪些种类？其战略的使用有什么利弊？
7. 国际化战略有哪些类型？其战略的使用有什么利弊？
8. 并购战略与联盟战略有什么区别？使用这些战略时应注意哪些要点？

线上课堂——训练与测试

战略实践演练

扫描封底刮刮卡　在线自测　获取答题权限

第6章 业务层战略

学习导语

业务层战略又被称为竞争战略、事业部战略，是指在给定的一个业务或行业内，经营单位如何竞争取胜，或者说是企业在特定的市场环境中如何营造、获得竞争优势的途径和方法。本章从价值创造与竞争优势之间的关系入手，分析企业竞争优势的来源，并着重介绍波特的竞争战略及其适用的领域，最后会以动态的视角来深入分析竞争优势的维持。

学习目标

- 了解企业、顾客、竞争者三者的关系
- 理解顾客矩阵和生产矩阵
- 领会可察觉收益和消费者剩余的概念及与企业价值创造的关系
- 掌握并灵活运用迈克尔·波特的竞争战略主要内容
- 了解竞争优势与可持续竞争优势的定义
- 理解可持续竞争优势与企业长期盈利间的关系
- 熟练掌握企业可持续竞争优势的构筑途径和维持策略

名言

夫未战而庙算胜者，得算多也；未战而庙算不胜者，得算少也。多算胜，少算不胜，而况于无算乎。

——《孙子兵法·始计篇》

竞争战略不仅给了企业家们竞争的战略，而且为他们提供了解决面临的各种主要问题、赢得竞争优势的实际方法。

——日本电气公司（NEC）前董事长小林宏治

开篇案例

今日头条的差异化战略

今日头条成立于2012年3月，是一家隶属于北京字节跳动科技有限公司的个性化推荐引擎产品，它依赖数据挖掘技术、分析用户信息需求，从而做到个性化推荐。今日头条是国内唯一通过挖掘数据、使用推荐引擎做出独立产品的公司，这也是与其他新闻客户端产品的最大不同之处，通过其强大的技术武器为用户推荐符合其需求的信息，从而提高了客户忠诚度。移动互联网时代人们接触的信息纷繁复杂，如何选择符合自身需求的信息成了一大困扰。今日头条坚持为用户推荐有价值的个性化信息、打造人与信息连接的新型服务平台。作为国内成长较快的互联网公司代表，今日头条十分注重技术投入，其技术团队是公司的核心团队，将工作重心放在技术挖掘和数据获取之上，自身并不生产内容。截至2018年9月，其母公司子节跳动大数据中心有17万台服务器，靠硬实力来支撑今日头条产品线，从而能够以秒级速度实现对用户需求的分析以及对数据的抓取，这一技术特色使其获得了远超竞争对手的优势，并实现了公司的快速成长。今日头条的差异化战略主要体现在以下几点：

1. 技术差异化

"你关心的，才是头条"是今日头条的产品定位，也是其能够在众多新闻媒体客户端中脱颖而出的关键，而这一产品定位的实现依靠的是其个性化算法推荐。算法推荐是指基于大量的用户使用数据，运用特定的数学算法对其进行统计分析，从而生成用户画像，最后把符合用户阅读习惯与喜好的文章推送给用户，从而实现了个性化推荐。用户接收资讯等文章以后，算法会根据用户的阅读情况，如评论、转发、分享等，再次分析相关信息，通过机器反复学习为用户提供更加精准的资讯内容。正是通过这种"算法推荐＋机器反复学习"的技术实现了精准的用户画像，确定了用户的阅读习惯、偏好等问题，从而在移动互联网"信息爆炸"的环境下节省了用户搜集信息的成本，提高了用户黏性。因为今日头条获得的信息是通过网络爬虫技术在各个网站上获取的，所以这就可能涉及侵权问题，因此今日头条通过与各网站建立合作关系获得授权，从而努力规避了这一问题。

与此同时，今日头条推出"头条号""悟空问答"等产品来鼓励用户进行内容原创，丰富自身产品的内容来源。为了使其推荐技术更加精准，今日头条，实时监测获取用户行为数据，从而确保可以获得海量数据并对其进行精准计算，一方面可以准确感知用户的兴趣点，以此进行相关推送，另一方面可以精准地分析资讯本身的特征，通过资讯的主题、转发、互动等情况为其找到可能感兴趣的用户。今日头条的这项差异化技术特征的实现使其达到了"越多人用越好用、用得越多越好用"的效果。

2. 内容分发差异化

今日头条通过以数据挖掘和个性化算法为基础的信息推荐机制，在获取和客观分析用户互联网行为数据后，为用户推荐可能感兴趣的内容，同时主动地测试用户的"阅读行为"，进而不断优化推送内容，提高推送内容对用户的吸引力，大大增加了用户黏性。与此同时，该系统在用户使用频次增加时，通过交叉验证分析用户阅读内容，区分长期兴趣和短期兴趣，不断优化推荐机制，提高内容契合性，促进形成一种"召回模式"，最终实现用户体验的最佳化和真正的私人定制。

为了实现这样的目标，今日头条充分利用自己的推荐机制，为不同用户推送相关优质内容，同时也十分注重长尾内容的创作。与大规模标准化生产的内容不同，一般将那些独立制作的、拥有小部分受众群体的、非主流的内容称之为长尾内容。今日头条系统默认"热点"板块为首登页面，并且其所有板块推荐内容都是以个性化长尾内容为基础的，其中也包含把"头条号"作者产生的内容推荐给感兴趣的人。一方面，根据系统对用户的画像，预测受众对于报道的态度，提升用户体验；另一方面，鼓励自媒体创作更多优质文章。"头条号"作为今日头条旗下的自媒体平台，随着新增账号和自媒体的关注度和影响力的提升，"头条号"中不乏专门提供小众资讯的账号，以此来满足更多人的需求。也有人将"头条号"与微信公众号的运营模式相比较，发现"头条号"的优势在于能迅速将优质内容准确推送给目标用户，实现了实时推送、流量递增和阅读效率的提高。长尾内容也存在于这些头条号的创作内容中，算法系统再根据用户兴趣和阅读习惯将个性化长尾内容分发给相应用户，实现内容分发差异化。

3. 平台运营差异化

今日头条的平台运营也充满差异化特色，其通过构建大平台来实现产品运营。首先今日头条建设了其自身的自媒体平台"头条号"。用户在使用新闻资讯客户端的时候，其诉求不仅仅是接收信息，还有对发表自身观点、参与内容创作的需求，"头条号"便满足了这一点。它通过鼓励原创资讯内容和小视频的生产，使原本作为信息被动接收者的用户变成了传播主体，既增加了用户参与热情也提高了今日头条原创内容的生产率。另外，今日头条在发展初期缺乏大量用户积累，但它可以通过新浪微博、腾讯 QQ 等第三方应用账号登录，而这些第三方应用拥有大量的客户群体，这样一方面降低了用户登录的操作难度，同时也可以借助第三方应用获得用户的社交链等内容，丰富用户画像。此外通过将其内容更便捷地分享到微博、QQ 等社交媒介，活跃了用户使用、提升了用户满意度，同时也可以从这些社交媒介上将用户社交关系"迁移"过来，增加用户数量。

资料来源：潘玉雯 科技经济导刊 2018，26(34)

https://blog.csdn.net/Tw6cy6uKyDea86Z/article/details/82848043，2021.3

从上述案例可以看出，在我国竞争日益激烈的互联网产业，今日头条通过差异化战略赢得了竞争的成功，并以此引领了互联网新闻新的发展趋势。由此可见，企业的成功与正确地选择竞争战略是密不可分的。下面将详细讨论企业竞争战略与可持续竞争优势的构筑。

微课视频 6-1
业务层战略概述

竞争战略属于业务层面的战略，也称为事业部战略或经营战略。在《竞争战略》一书中，迈克尔·波特曾这样给竞争战略下定义：采取进攻性或防守性行动，在产业中建立起进退有据的地位，成功地对付五种竞争作用力（来自竞争对手、潜在进入者、替代品、供应商和购买者的作用力），从而为公司赢得超常的投资收益。从这个定义中，我们可以看出，竞争战略其实就是指：在激烈复杂的市场竞争中，企业根据外部环境和内在条件，如何制定和实施一系列克敌制胜的战略，给予顾客较之竞争对手更多的价值，从而取得相对于竞争对手的优势——竞争优势。

竞争优势就是企业拥有超过行业平均盈利水平的能力。从图 6-1 可以看出，企业的盈利性同时依赖于行业条件和它成功地创造出超过竞争对手的价值。而企业相对于竞争对手创造的价值数量，依赖于其相对于竞争对手的成本定位和差异化定位。本章将分别从竞争优势和价值创造、基本竞争战略、竞争优势的来源与维持、可持续竞争优势的构筑四个方面来介绍。

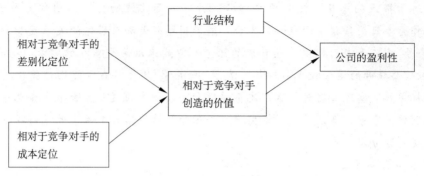

图 6-1　竞争优势框架

6.1　竞争优势和价值创造

6.1.1　竞争优势

在市场竞争中创造和充分利用竞争优势对于企业来说是至关重要的。但是，竞争优势的获得并不是轻而易举的。日本著名的战略家大前研一曾说过：残酷的竞争要求企业在战略的三角中，即企业、顾客、竞争对手之间进行非常严谨的换位思考。图 6-2 表达了这样一个战略三角关系。可见，要获得竞争优势，站在企业的角度，必须要将顾客和竞争对手两方面的行为搞清楚，必须在企业生产经营中很好地平衡企业、顾客、竞争对手三者之间的关系。

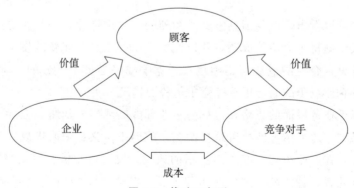

图 6-2　战略三角形

▶ 1. 顾客价值

企业生产产品是为了向顾客换取货币。这种交换能否成功，在买方市场上，不是取决于企业如何看待自己的产品或服务，为其定价，而是取决于顾客是如何看待的，也就是说产品和服务的价值是顾客感知到的。并且随着经济全球化、环境复杂化、变化加速化的趋势日益加强，使得企业所关注的竞争重点发生了明显地转移，即从关注产品本身转向了更多地关注顾客、提高顾客的价值。竞争优势的市场表现主要反映在顾客价值的创造上。准确把握顾客价值的构成，能够更好地找到企业竞争优势的来源。

顾客价值的大小取决于两方面：一方面取决于顾客认知利益，即顾客感觉到的收益总和，可以通过对于种类、价格、质量、服务、速度、信誉等方面的满足程度来衡量；另一方面取决于顾客认知价格，即顾客为获得和使用该产品与服务而付出的成本，包括货币成本、时间成本、体力成本和精神成本等方面的高低来反映。顾客的购买决策是建立在对两者理性比较的基础上的。如图 6-3 所示：

$$顾客价值 = \frac{顾客认知利益}{顾客认知价格} \begin{cases} >1 \text{物超所值，顾客满意} \\ =1 \text{物有所值，顾客满意} \\ <1 \text{物有不值，顾客不满} \end{cases}$$

图 6-3 顾客价值

当顾客价值等于 1 时，顾客会认为购买的产品物有所值，感到满意；当顾客价值大于 1 时，顾客会认为所购买的产品物超所值，会感到非常满意，甚至愿意支付更高的价格；当顾客价值小于 1 时，顾客会认为所购买的产品物有不值，这会导致顾客放弃购买。

竞争战略的实质就是如何给予顾客较之竞争对手更多的价值。对顾客价值进行认真分析，为顾客提供高品质的产品、低廉的价格、优质的服务、快速的供应，将大大增加企业的竞争优势。

但是，这里我们应该注意，在顾客价值分析中我们只考虑了只有一个企业为顾客提供产品或服务的假设，而实际情况并非如此，在市场中除了企业自身外，还存在大量的竞争对手，顾客对产品或服务的选择还与竞争对手有关。在这种情况下，顾客不仅将自己的期望与所获得的价值相比较，还会在几个企业提供的类似产品或服务之间进行比较。

▶ 2. 竞争对手

企业为顾客创造了更多的价值，但这并不意味着企业就获得了竞争优势。具有竞争优势的企业都是那些能比竞争对手创造更多、更好顾客价值的企业。正如大前研一在战略定义中所指出的一样，战略其实就是"一个公司在运用自己有关实力来更好地满足顾客需要的同时，将尽力使自己区别于竞争者"的方式。因此，企业在创造顾客价值的同时，还应该关注竞争者。通过与竞争者的比较，就能更了解自己，更了解竞争者的优劣势，企业也就更能创造出区别于其他同类产品的独特价值。

尤其是在竞争比较充分的行业，分析竞争者的行为更是至关重要。在市场容量一定的情况下，一种产品市场份额的提高，就意味着另一种产品的市场份额正在被蚕食。因此，任何企业想要保住原有市场份额或是更进一步地扩大市场份额，就必须要具有优于竞争对手的能力。要么是能在价格一定的条件下，为消费者提供比竞争者更大的产品价值；要么是能提供某种独特的产品价值，以满足消费者独特的需求。然而应该采用哪种策略，就必须视企业的资源、能力的大小和竞争者所采取的竞争战略而定。

即使是在竞争程度相对较低的行业中，关注竞争者的行为同样是重要的。只要有竞争的存在，消费者就有选择的权利，同一行业中企业的绩效就会有所不同。为了追逐更高的利润，任何企业都希望能比竞争对手做得更好，能比竞争者占有更大的市场份额。因此，不管是处于什么位置的企业都会自觉不自觉地将自己与竞争对手进行比较,而比较的结果就是不断地调整自己以创造出比竞争者更大的竞争优势。

6.1.2 企业的价值创造

一般来说,一个企业的盈利性由产业结构和它相对于竞争对手创造的价值来决定。创造更多价值的企业能在赚取更高的利润的同时,比竞争对手更多地将净收益转移给消费者。只有在这种情况下,企业才能获得竞争优势。那么企业如何创造价值呢?在定义价值创造之前,我们首先来了解可察觉收益和消费者剩余这两个概念。

▶ 1. 可察觉收益和消费者剩余

可察觉收益是指消费者主观意义上对产品价值的判断。它可以看作产品的"可察觉毛收益"(这依赖于产品的性能)减去"产品的使用成本"(包括产品的安装、保养等成本)和"交易购买成本"(除去购买价格本身,还包括产品的运输成本等)。消费者剩余是指产品市场价格与可察觉收益之差。举例来说,一个特定的产品对你来说值 100 元,如果市场价格是 80 元,你将会购买它。因为从你的观点来看,这个产品的可察觉收益(100 元)超过了它的购买成本(80 元)。你花费 80 元购买到一个更值钱的东西——可察觉收益为 100 元的产品,你的划算程度为 20(100−80)元,这就是你的消费者剩余。如果我们用 B 代表消费每单位某一产品的可察觉收益,用 P 代表产品的价格,那么消费者剩余就可以表示成 $B-P$。可以用图 6-4 来说明消费者剩余的组成。

图 6-4 消费者剩余的组成

对企业而言,成功的竞争需要给顾客带来消费者剩余。只有在 $B-P$ 大于零的情况下,消费者才会购买产品。如果企业能够为顾客提供高于其竞争对手的消费者剩余,那么可视为企业具有竞争优势。图 6-5 的价值图表明了消费者剩余的竞争影响。横轴代表产品的质量,用 Q 表示;纵轴表示产品的价格,用 P 表示。价值图上的每一点都对应于特定产品价格——质量组合,它表明了市场上企业的价格—质量定位。图中的实线是无差异曲线,表明该曲线上的产品提供相等的消费者剩余,产品之间无差异。位于无差异曲线下方的价格—质量组合点代表产品产生的消费者剩余要高于该无差异曲线上的点代表的产品产生的消费者剩余。

企业间的竞争可以看作是企业通过价格和产品特性向消费者提供消费者剩余的"出价"过程,顾客会选择消费者剩余最大的企业。如图 6-5 所示,F 产品比 E 产品更具有竞争

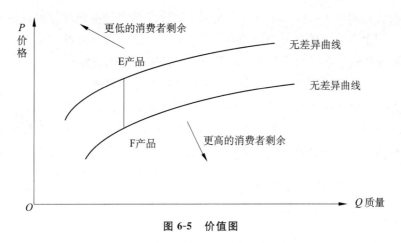

图 6-5 价值图

力。因为，在质量类似的情况下，F 产品向消费者提供的消费者剩余要高于 E 产品。

▶ 2. 价值创造

在了解了可察觉收益和消费者剩余后，我们进一步来介绍企业的价值创造。企业创造的价值等于产品价格与生产成本之差。不过为了进一步深入分析企业是如何来创造价值的，我们将这一等式进行进一步的分解得到：

企业创造的价值＝消费者可察觉收益－投入成本
$$= 消费者剩余 + 生产者剩余$$
$$=(B-P)+(P-C)$$
$$=B-C$$

式中：C 代表成本，即在原材料转变为成品过程中牺牲的价值；

B 代表消费品每单位某一商品的可察觉收益，即每单位产品对消费者而言的价值；

P 代表商品的货币价格。

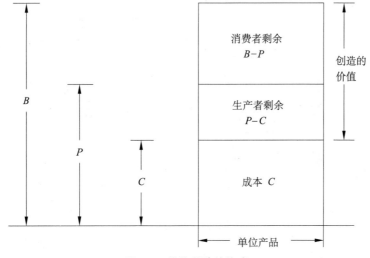

图 6-6 价值创造的构成

从上面的等式和图 6-6 可以看出，企业创造的价值其实是由两部分组成的，即消费者剩余和生产者剩余。为了使企业创造的价值变大，可以通过以下三种途径：

（1）在消费者剩余不变的情况下，降低成本，即成本领先战略；

（2）在总成本不变的情况下，提高消费者剩余，即差异化战略；

（3）在提高消费者剩余的同时降低成本，即最优成本供应商战略。

因此，从价值的创造来看，企业要想获得较高的利润率，就必须要有能创造出更大消费者剩余的能力，或是能将产品的成本降低在行业的平均水平之下的能力。

6.1.3 顾客矩阵和生产者矩阵

"顾客矩阵""生产者矩阵"是由英国学者 D. 福克纳以及 C. 鲍曼在其所著《竞争战略》一书中提出的专用于企业竞争战略研究的方法。

顾客矩阵由可察觉价格（perceived price，简称 PP）和可察觉使用价值（perceived use value，简称 PUV）两个变量构成。如图 6-7 所示，横轴表示可察觉价格 PP，指顾客预期在购买和使用时所要支付的代价，包括购买使用过程发生的全部费用。纵轴表示可察觉使用价值 PUV，这是对顾客在购买和使用或接受服务中得到的满意程度地描述，如对产品的功能、样式、性能的满意程度。这些 PUV 是顾客决定购买该产品或服务的重要因素。

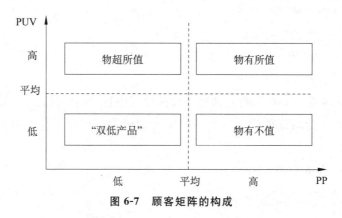

图 6-7 顾客矩阵的构成

生产者矩阵由有效性和成本效率两个变量构成，如图 6-8 所示。纵轴表示有效性，即

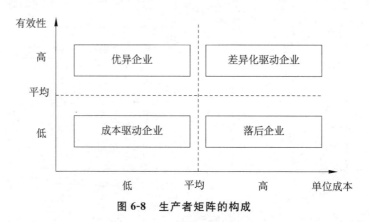

图 6-8 生产者矩阵的构成

企业要保持竞争优势应具备的能力，如产品质量保障能力，产品、服务的改进能力，产品创新能力，市场运作能力等，它们与产品的价值提升有着密切的关系；横轴表示企业相对于竞争对手所具有的产品或服务的成本效率。

由以上介绍我们可以了解到：顾客矩阵说明的是产品被顾客接受的状况，而生产者矩阵则说明的是导致产品市场地位的内在要素的状况。从这个意义上来讲，企业产品在生产者矩阵中的现实实质是对该产品在顾客矩阵中未来状况的预测。只有生产矩阵中的有效能力得到改善才有可能使顾客矩阵中的PUV提高，从而实现企业的竞争优势。

企业为了获得顾客，实现其可持续竞争优势，必须以最低的可察觉价格向顾客提供最高的可察觉使用价值。而一个企业能否做到这一点，则取决于该企业的相对有效性和成本效率。生产者矩阵就是分析企业相对有效性与成本效率的工具。通过构造顾客矩阵和生产者矩阵的组合，企业可以获得如何实现竞争优势的途径。下面将介绍几种组合方法，如图6-9所示。

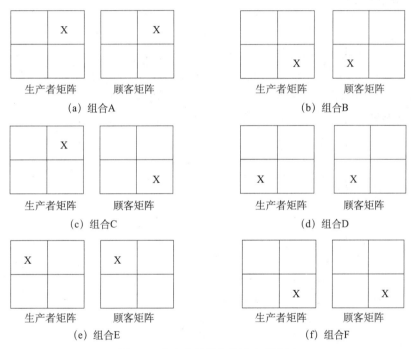

图6-9 生产者矩阵和顾客矩阵组合

组合A：企业是在提供高于平均水平PUV的基础上按溢价方式定价，与其竞争者相比较，该企业的有效性高，但是企业的效率却不高。在这种情况下，企业可以采取在继续保持其品牌或创新能力的同时，更多地关注企业的成本效率。

组合B：企业的PUV相对较低，价格超过平均水平，且企业有效能力很低，如果无法得到改善，企业将被迫定位于低档市场。在这种情况下，企业可以通过开发新的市场或与其他企业联盟来改善其有效能力。

组合C：企业成功地实现高价差异者的定位，但其有效性和效率低于平均水平。在这种情况下，企业可以通过将某些活动转包给有效的供应商，以减少企业内部的工作量，集中精力改善有效性或降低成本。

组合 D：企业按较低的价格提供较低的 PUV，以低成本提供低水平的有效性。这时，企业大多是处于细分市场中的低档市场，在行业中缺乏竞争力。在这种情况下，企业可以通过战略联盟的方式来提高企业的运行、开发能力，生产高质量产品，并增强后续开发的能力。

组合 E：这是企业应追求的目标，它提供高水平的 PUV 和极具竞争力的低价格，在生产者矩阵上具有很强的地位。在这种情况下，企业具有非常有力的竞争优势。

组合 F：企业提供较低的 PUV 而按高价格出售，处于高成本和低竞争力的劣势地位。在这种情况下，企业必须为生存奋斗，可以通过制定一套降低成本的规划，并且引进一些专门技术缩小与竞争者之间的差距。

6.2 基本竞争战略

竞争战略的目的是通过比竞争对手更好地提供顾客想要的东西，使企业能够赢得某种竞争优势，从而击败竞争对手。著名的战略学家迈克尔·波特提出五种企业竞争方式：成本领先(cost leadership)、差异化(differentiation)、聚焦成本领先(focused cost leadership)、聚焦差异化(focused differentiation)、整体成本领先/差异化(integrated cost leadership/differentiation)。如图 6-10 所示。每种业务层战略都可以帮助企业在一个特殊的竞争范围内建立并开拓一个特殊的竞争优势。企业在实施不同的业务层战略中整合活动的方式，决定了该企业与其他企业的区别。

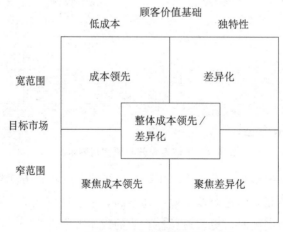

图 6-10　波特竞争战略

在选择竞争战略时，企业需要评价两种潜在的竞争优势：一是比对手更低的成本；二是差异化的能力以及对超出差异化成本的高价格的控制能力。低成本源于企业以不同于竞争对手的方式开展活动的能力，而差异化则表明了公司开展不同活动(有价值的)的能力。因此，基于内部资源、能力和核心竞争力的本质及质量，企业可以将成本竞争优势或差异化竞争优势作为实施业务层战略的基础。

这两种类型战略的目标市场分别是宽细分市场和窄细分市场。服务于宽细分市场的企业以整个行业为基础，寻求为顾客创造价值的能力。瞄准窄细分市场则意味着企业打算满足窄顾客群体的需求。通过聚焦战略，企业在行业选择一个或几个细分市场，调整战略以服务这个市场，并把其他企业排除在市场之外。具有特殊需求的顾客或者位于特殊地理位置的顾客都是窄顾客群体的例子。如图6-10所示，企业还可以开发一种将低成本与差异化相结合的价值创造方法，并以这种方法作为服务目标顾客的基础，这个目标群体往往比窄顾客群体更大，但又没有宽顾客群体（整个行业）那么复杂，也正是在这样一种顾客群体中才适合采用低成本和差异化相结合的战略。

在这五种竞争战略中，没有哪一种战略必然地或普遍地优于其他战略。每种战略的有效性都取决于外部环境中存在的机会和威胁，以及内部资源组合带来的优势和劣势。因此，在选择业务层战略时，能否与外部环境中的机会与威胁，以及核心竞争力为代表的内部环境中的优势相匹配至关重要。选择战略之后，企业还要不断强调成功地运用战略所需的一系列活动。

6.2.1 成本领先战略

成本领先战略（cost leadership strategy）是指通过采取一整套行动，以低于竞争对手的成本，为顾客提供可接受的、具有某种特性的产品和服务。采用成本领先战略的企业往往向行业内最典型的顾客销售标准化（同时又具有竞争性差异化）的产品和服务。成本优势是一切竞争战略的基础，不论采取何种战略，都离不开成本控制的能力。一个企业的成本优势，是由其价值链的构成及质量决定的。要获得成本优势，企业价值链上的积累成本就必须要低于竞争对手成本的积累。

6.2.1.1 成本优势的获得

企业通过低成本战略可以获得很好的利润回报。第一，如果企业和竞争对手处于相同的价格区间或细分市场，则成本领先者可以实现更高的利润；第二，企业可以利用成本优势定出比竞争对手更低的产品和服务的价格，以此来吸引对价格很敏感的购买者，从而提高总利润。那么，企业怎样才能成为成本领先者呢？可以通过以下两个途径来达到：控制成本驱动因素和重构企业价值链。

▶ 1. 成本驱动因素

一个企业的成本地位是企业总价值链中各项活动作用的结果。主要存在两种类型的成本动因：结构性成本动因，和执行性成本动因。结构性成本动因是与企业基础经济结构有关的成本驱动因素，其形成通常需要较长的时间，而且一旦确定就很难变动，因此对企业成本的影响是持久和深远的。它主要包括企业规模、范围、经验、技术和地理位置等。执行性成本动因是指与企业执行性作业程序相关的成本驱动因素，是在企业按照所选择的战略定位和经济结构进行生产经营的过程中，要成功地控制成本应考虑的因素。通常包括员工的参与、全面质量管理、生产能力利用、相互联系和自主政策等。

成本驱动因素主要表现在以下几个方面。

(1) 规模经济

价值链上的某项具体活动常常会受到规模经济的影响，其成本往往取决于规模的大小。一般情况下，规模经济愈大，每单位的固定成本愈低。但是当规模达到一定程度后，由于管理监控和协调的费用增加，规模经济将不再发挥效果，该活动的成本反而会上升。如图 6-11 所示。

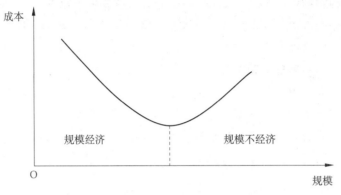

图 6-11　规模与成本的关系

大规模的生产能够实现成本优势。如果一个企业能在所处产业中形成并发挥其规模经济的优势，就能在该产业中占据主导地位，获得竞争优势。即使如此，也并不意味着越大越好，下面我们就具体来识别规模经济和范围经济的两种主要来源。

1) 固定成本的分摊。固定成本的分摊是规模经济的首要来源。当企业在生产中的投入不能随着产量的增加或减少发生改变时，就产生了固定成本。这些固定成本通常是企业进行生产活动所必须的投资，包括修建厂房、购置生产设备、研发开发费用、培训费用、广告费用等。当企业的规模较小时，生产的产品在数量和种类上都相对较少，这时分摊到每单位产品的生产成本就要高于生产规模大且产品种类多的企业。此时，就要用到范围经济。例如，在零售业中，就存在典型的范围经济。只销售单一商品的零售店几乎是没有的。由于必须承担租赁铺面、雇佣和培训商店员工等固定费用，商店经理们通常会通过销售多种商品来分摊这些费用。同样，顾客在购买商品的过程中，也要承担乘车费等固定费用。如果能在同一家商店购买到所需的商品，从而分摊这些固定费用，对于消费者来说肯定是再好不过了。通过这样的范围经济，使商家和顾客达到了双赢的局面。

2) 专业化。如果企业的生产规模够大，就能够实现劳动分工和专业化。劳动分工和专业化提高了工人的灵活性和熟练程度，避免工人在不同工种之间转换时所造成的时间浪费，并有利于机械化和自动化的推广。随着企业业务规模的扩大，工人被分配到专业化业务中去。在多样化的制造环境中，工人不断地重复单一的任务，要比进行一系列的任务更富有效率，企业的单位工人成本因而也随着产出的增加而下降。

(2) 学习曲线

学习曲线是指由于经验和专有技术的积累所带来的成本优势，如图 6-12 所示。通过组织成员的学习，不断地重复可以减少特定工作所需的时间，从而降低浪费和错误，提高不同工作岗位之间的协调性，最终削减成本。在技术型产业中，学习效应最为显著。技越是复杂,其中需要学习的东西越多,员工通过反复工作学习,掌握了完成任务的最有效的方式,从而使单位成本随之降低。像丰田汽车公司这样的日本企业就是以将学习作为运营哲学的核心而著称。

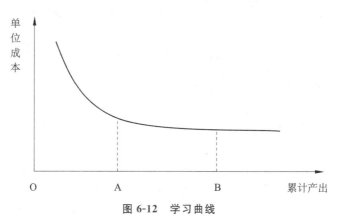

图 6-12　学习曲线

学习曲线对企业来说具有重要的战略意义,可以提高企业的产量和市场份额,进而获得比竞争对手更低的成本结构。以图 6-12 为例,在同行业中的 A、B 两家公司,由于 B 公司的单位成本低于 A 公司,则 B 公司相对于 A 公司拥有成本优势,这样 B 公司将实现更大的盈利。这种情况多出现在大规模生产标准化产品的产业中。由于产品的同质性决定了价格成为顾客购买产品时最主要的选择因素,因此,企业要想在这种情况下获得比竞争对手更多的利润,只有通过价格战来占领市场。这时如果能有效率地沿着学习曲线下行,就会实现比对手更低的生产成本,从而在竞争中获胜。

(3) 投入成本

投入是一个企业从事经营活动所需要的各种生产要素,包括劳动力、资本、土地、原材料等。如果一个企业拥有特别的要素来源渠道,就会在生产类似产品的同行企业中形成成本优势。较低的投入成本通常有以下两种来源。

1) 地区差异。在不同的国家或同一国家的不同地区,投入成本可能有所变化。地区差异在劳动力、管理、科研人员、原材料、能源和其他因素的主要成本中各不相同。其中,最典型的就是在不同的国家,企业付给工人的工资是不同的。在劳动密集型的产业中,比如服装、鞋、玩具等行业,发展中国家由于劳动力资源丰富、工资水平低,往往成为这类企业的生产地首选,以此来降低企业的生产成本。例如,NIKE 公司就将其生产地选在了中国等一些人口众多、劳动力便宜的国家,而在美国总部仅负责其产品的设计。

2) 议价能力。很多大公司,通常利用大量采购为谈判的筹码,尽可能从供应商那里获得低价格的资源。当购进产品是企业主要的投入资源时,企业出色的议价能力就成为成本优势的一个重要源泉。零售巨头沃尔玛强大的购买议价能力,使其竞争对手惊恐万分,因为它可能利用从供应商那里得到的额外折扣进行侵略性的价格竞争。

(4) 生产能力利用

在固定成本不变的情况下,充分利用生产能力可以大大减少生产成本,尤其是在固定成本占相当大的比重的价值链活动中。生产能力利用率的提高，可以使分摊折旧和其他固定费用的生产量扩大，从而降低单位固定成本。一个企业可以通过以下方式提高其生产能力利用率：

1) 为那些能够使生产能力处于最高产量的客户群组合提供服务；
2) 为其产品寻找在淡季时候的用途；
3) 寻找那种间歇性利用企业剩余生产能力，同时使用自有品牌的客户；
4) 选择那些需求稳定的购买者或者那些需求能够正好同正常的需求高潮/高估周期相反的顾客；
5) 同企业内有着不同季节性生产模式的事业单元分享生产能力。

（5）价值链联系

整个价值链中各种价值活动都是相互联系的，它们的成本受到企业价值链的影响。企业内部各价值活动的关系包括：协调性、及时性、合理性等。有效地协调这些相互联系的活动具有降低成本的作用。如果一项活动的成本受到另一项活动的影响，那么，在一种协调合作的方式下展开相关活动，就可以降低成本。如采购和销售这两个环节，如果能合理地协调起来，就可以减少库存成本。

（6）垂直一体化

一项价值活动的垂直一体化程度在一定程度上也会影响企业的成本。进行适当的一体化可以使企业避开有较强议价能力的供应商，也可以带来联合作业的经济性。如果合并或协调产业价值链中紧密相关的活动能够带来重大的成本节约，那么，进行一体化就有很大的潜力。但是，垂直一体化也可能因为丧失灵活性，将供应商能以更低成本进行的活动带入企业的内部来做，也可能导致与供应商的关系成为一种束缚，从而侵蚀追求效率的动力，或提高了退出壁垒，从而提高了成本。

（7）时机选择

一项价值活动的成本常常反映了对时机的选择。如在产业前期进入，往往需要花费大量的研发费用，承担一定的营运风险。若采取追随战略，可以通过模仿学习来获得技术，从而可以大大降低成本。有时候，先行者可以获得某些优势。市场上的第一个品牌往往能够比后来者以更低的成本得以建立和维持，先行者和巨头企业通常会形成强大的品牌认知。因此，根据价值活动，时机选择可以提高也可以降低相对于竞争对手的成本。时机选择可以带来持久性成本优势或短期成本优势，这就需要战略管理者有敏锐的洞察力，把握住有利的时机，为企业赢得优势地位。

（8）相互联系

这里所指的相互联系是指企业内部同其他组织单元或业务单元实现机会共享。共享一项价值活动，有助于获得规模经济，有助于加快学习曲线的形成，有利于促进生产能力更充分地利用，从而可以提高企业的运营效率，降低运营成本，对企业总成本的降低起到重要的作用。而且，在一个部门或一个地理单元获得的成功秘诀可以用来帮助减少另一个部门或地理单元的成本。这样，如果各项活动的诀窍很容易在部门与部门之间转移，那么，在企业内部分享成功秘诀就具有很大的节约成本的潜力。

(9) 组织运营的相关政策

企业的政策选择往往会影响到一项价值活动的成本。企业组织运营的相关政策反映了企业的战略，常常会涉及在低成本和差异化之间进行权衡。一些对成本影响较大的政策选择有以下几种：

1) 产品的性能、质量和特色；
2) 所提供的产品组合和种类；
3) 为顾客提供的服务及其水平；
4) 交货时间；
5) 市场营销和技术开发活动的费用比率；
6) 所使用原材料或购入材料的规格；
7) 相对于竞争对手而言，为雇员支付的工资和其他福利；
8) 其他人力资源政策。

一个企业的成本优势还与一些特殊的社会因素有关。如政府法规、税收政策、环境保护政策、劳动保障政策、进出口政策等。有时，政府会对某些行业或一个行业的某些企业提供某些特殊的优惠政策。这些做法会使受惠企业的成本低于竞争对手。

▶ 2. 价值链的重构

价值链重构是从价值的最大化出发，重新开始设计活动。寻找革新性的途径来改造业务中的各个过程和任务，消减附加的"无用之物"，更经济地为顾客提供基本的东西，这样可以带来巨大的成本优势。企业通过价值链重构来获得成本优势的主要方式如下：

(1) 简化产品设计；
(2) 削减产品和服务的附加，只提供基本的无附加的产品或服务，从而削减多用途的特色和选择；
(3) 转向更简便、更灵活的技术过程；
(4) 寻找各种途径来避免使用高成本的原材料；
(5) 直接销售而不是间接销售；
(6) 将各种设施重新布置在更靠近供应商和消费者的地方，以减少运输成本；
(7) 适当地进行整合，减少多余的管理费用；
(8) 通过构建全新的价值链体系，剔除那些创造极少价值而成本高昂的价值活动，可以获得巨大的成本优势。

6.2.1.2 成本优势的选择

低成本战略是一种最基本的、最重要的竞争战略，但是，通过以上的分析我们也知道它并非在任何情况下都适用。当具备以下条件时，采用成本领先战略会更具有作用和效力。

(1) 现有竞争企业之间的价格竞争非常激烈

企业所处产业的产品基本上是标准化或者同质化的。在这种条件下，由于产品在质量方面几乎没有差异，消费者购买决策的主要影响因素就是价格的高低。

(2) 实现产品差异化的途径很少

也就是说，不同品牌之间的差异化对消费者来说并不重要，多数顾客使用产品的方式相同，从而使得消费者对价格的差异非常敏感。由于消费者的要求相同，标准化的产品可以满足消费者的需求。在这种情况下，低价取代了特色或质量，成为消费者选择品牌的决定性因素。

（3）消费者具有较大的降价谈判能力。

企业实施低成本战略，除了具备以上条件之外，企业本身应具备如下技能和资源：

1) 持续的资本投资和获得资本的途径；
2) 生产加工工艺技能；
3) 认真的劳动监督；
4) 设计容易制造的产品；
5) 低成本的分销系统。

6.2.1.3 成本领先战略的优势

一旦企业在行业范围内获得成本领先地位，它将拥有以下优势。

（1）即使行业内存在很多竞争对手，具有低成本地位的企业仍可获得高于行业平均水平的利润，这将进一步强化其资源基础，使其在战略选择上拥有更多的主动权。

（2）能有效地防御来自竞争对手的抗争，因为其较低的成本意味着当其他的竞争对手由于把自己的利润消耗殆尽以后，它仍能获得适当的收益。当消费者购买力下降，竞争对手增多，尤其是发生价格大战时，成本领先地位可以起到保护企业的作用。

（3）企业的低成本地位能对抗强有力的买方，因为买方的讨价还价只能是价格下降到一个价格上最低的对手的水平。也就是说，购买者讨价还价的前提是行业内仍有其他的企业以更低的价格向其提供产品或服务，一旦价格下降到一个最有竞争力的对手的水平，购买者也就失去了与企业讨价还价的能力。

（4）无论是在规模经济还是在其他成本优势方面，那些导致成本领先的因素往往也是潜在进入者需要克服的进入障碍。例如，在某些行业，大规模生产在降低了成本的同时，也提高了行业的进入障碍。

（5）具有成本领先地位的企业可以有效地应付来自替代品的竞争。这是因为替代品生产厂家进入市场时或者强调替代品的低价位，或者强调替代产品具有那些现有产品所不具备的特性和用途。在后种情况下，具备成本领先地位的企业仍可占领一部分对价格更敏感的细分市场；而在第一种情况下，可以通过进一步降价来抵御替代品对市场的侵蚀。

（6）企业通过某种方式取得了行业范围内的成本领先地位，一般情况下就会有较高的市场份额，同时赢得较高的利润。较高的收益又可加速企业的设备更新和工艺变革，反过来进一步强化企业的成本领先地位，从而形成了一个良性循环。

6.2.1.4 成本领先战略的风险

风险与收益是并存的。采用低成本战略虽然有很多好处，但也存在着很多风险，主要包括以下几个方面。

（1）价格降低过度引起利润率降低。

（2）新加入者可能后来居上。行业中新加入者通过模仿、总结前人经验或购买先进生产设备，使得其成本更低，以更低的起点参与竞争，后来居上。这时，企业就会丧失成本领先地位。

（3）丧失对市场变化的预见能力。由于采用成本领先战略的企业把其主要力量集中于降低产品成本，从而对市场变化的预见能力降低，最终导致虽然企业的产品价格很低，但也不为顾客所欣赏和需要。

（4）技术变化降低企业资源的效用。生产技术的变化或新技术的出现有可能使得过去的设备投资或产品学习经验变得无效，变成无效用的资源。

（5）容易受到外部环境的影响。比如通货膨胀率的提高，就势必提高企业的生产投入成本，降低企业的产品成本—价格优势，从而不能与采用其他竞争战略的企业相竞争。

成本领先战略带来风险的一个典型例子是20世纪20年代的福特汽车公司。福特汽车公司曾经通过限制车型及种类、采用高度自动化设备、积极实行后向一体化，以及通过严格推行低成本化措施等取得了所向无敌的成本领先地位。然而，当许多收入较高、已购置了一辆车的买主考虑再买第二辆车时，市场开始更偏爱具有风格的、车型有变化的、舒适的和封闭的汽车而非敞篷的T型车。通用汽车公司看到了这种趋势，因而对开发一套完整的车型进行投资。福特公司由于为把被淘汰车型的生产成本降至最低而付出了巨额投资，这些投资成了一种顽固障碍，使福特汽车公司的战略调整面临极大代价。

典型案例6-1
拼多多的成本
领先战略

因此，经营单位在选择成本领先战略时，必须正确地估计市场需求状况及特征，努力使成本领先战略的风险降至最低。

6.2.2　差异化战略

差异化战略又称为别具一格战略，是指企业向顾客提供的产品或服务与其他竞争者相比更具有特色，从而使企业建立起独特竞争优势的一种战略。它是以顾客认为重要的差异化方式来生产产品或提供服务（以可接受的成本）的一系列整合行动。应当强调的是，产品和服务差异化战略并不是讲企业可忽视成本因素，只不过这时主要战略目标不是低成本而已。企业应当以具有竞争力的成本来生产差异化产品，以减少价格的不断上升给顾客带来的压力。如果企业生产的差异化产品的成本不具备竞争力，那么产品的价格将超出目标顾客愿意支付的价格。只有企业完全了解目标顾客群的价值是什么，各种不同需求的重要性如何，以及目标顾客群为什么愿意额外支付，差异化战略才能有效地帮助企业获得超额利润。通过差异化战略，企业为那些更重视产品差异化特征的顾客生产非标准化的产品。例如，超强的产品可靠性和耐用性、高性能的音响系统，都是丰田汽车公司生产的雷克萨斯汽车的差异化特征。同时，雷克萨斯的价格却比其他高档汽车更具有竞争力。对于雷克萨斯来说，并非产品价格，而是产品的一些独特属性为公司创造了价值。

要使差异化战略能够持续保持成功，公司必须不断升级顾客认可的差异化特征，并且在不明显增加成本的情况下，为顾客创造新的价值特征。这种做法需要公司不断改变产品线。另外，这些企业也许还会提供一系列互补的产品组合，从而为顾客提供更丰富的差异化，或许还可以满足顾客的一系列需求。由于差异化的产品能满足顾客的独特需求，因此实施差异化战略的企业通常能够收取额外的费用。如果能以远高于差异化成本的价格销售产品，那么企业就可以超越竞争对手，获得超额利润。企业使用差异化战略的重点不在于成本，而是不断地投资和开发能为顾客创造价值的差异化特征。总之，实施差异化战略的企业要尽可能在更多方面显示出与对手的不同之处。与对手的产品或服务的相似性越小，企业受竞争对手的行动的影响就越小。

产品和服务可以从多个方面实现差异化。与众不同的特征、及时的顾客服务、快速的产品创新和领先的技术、良好的声誉和地位、不同的口味、出色的设计和功能等，都可以成为差异化的来源。也就是说，企业拥有的任何一种能够为顾客创造真实价值或感知价值的方法，都可以作为差异化的基础。以产品设计为例，由于能为顾客带来积极的体验，它逐渐成为差异化的重要来源，而企业对设计的不断强调还有可能进一步创造竞争优势。苹果经常被认为是有能力在产品设计上设置标准的公司，iPod、iPad 和 iPhone 就很好地证明了它的设计能力。

6.2.2.1 差异化优势的获取

差异化的核心是塑造产品的独特性，为顾客创造价值，从而建立其相对于竞争对手的竞争优势。要创造有效的差异化优势，必须解决好以下四个问题：

(1) 我们的顾客是谁？
(2) 顾客需要什么样的产品和服务？
(3) 在产品或服务的哪些构成面上进行差异化？
(4) 我们怎样才能获得差异性？

下面我们将分别从这四个方面来分析差异化优势是怎样获取的。

▶ 1. 目标顾客的确定

消费者的需求是多方面、多层次和不断发展的，不同的顾客有着不同的需求，所以，任何一个企业都不可能完全占有市场，它们只能利用自身最大的优势，最大限度地去满足一定的顾客群的需求。试图满足所有顾客，势必会模糊企业的形象，弱化产品的特色。所以，在建立差异化优势之前，确定目标顾客群是至关重要的。差异化战略总是与明确的定位联系在一起的。清晰的定位，可以使企业的产品或服务有明确的方向和目标，使企业有鲜明的形象，从而有利于企业知名度的提升。

▶ 2. 顾客价值分析

确定了目标顾客群，就应该进一步分析顾客需要什么样的产品和服务。差异化优势的最终标准是顾客价值。如果独特性对顾客来说没有价值，就不可能形成差异化。企业的差异化战略必须与顾客的价值一致，才能实现其市场价值，获得竞争优势。因此，准确地分析顾客价值是企业构筑差异化优势的基础。

一般来讲，企业可以通过以下五种途径为顾客创造他们需要的价值；对于消费者来说，如果企业可以有效地做到这五个方面，那么，顾客就会心甘情愿地支付额外的价格。

(1) 降低顾客成本

这里的成本不仅包括财务成本，还包括时间或便利性的成本以及使用成本。消费者的时间成本反映在其他地方使用时间的机会成本。降低其中任一成本都可以为顾客带来价值。如耗电量低的冰箱由于为消费者带来了用电量的节省而降低了使用成本，从而获得了更高的价格，快速复印机通过提高用户的效率来降低顾客的成本。

（2）能够提高顾客从产品中得到的性能

如果同一产品能够满足顾客多方面的需求，而所付出的成本要比分别购买单一功能产品所付出的价格要低，那么，企业就可以通过这一产品得到一定的溢价。企业可以提供这样一些特色和属性来提高顾客从产品中得到的性能。

（3）提高可靠性、耐久性、方便性和舒适性

公司的产品或服务比竞争对手的产品或服务更加清洁、更加安全以及需要更少的维修；同竞争对手相比，所提供的产品或服务更能满足顾客的需求。

（4）提高顾客的效益

为顾客提高效益涉及提高他们的满意度或满足他们的各种需要。顾客的满意度可以通过提供高质量的产品、优质的服务、快速的配送速度、购买的便利性等方式来实现。例如，在飞机维修领域，高效率、快速的交货速度是航空公司最为看重的。哪家公司能够提供快速、准确的服务，显然可以得到高于竞争对手的溢价，同时也可以提高公司的信誉度和顾客的满意度。

（5）在能力的基础上展开竞争

在能力的基础上开展竞争，就是通过竞争对手没有或者不能克服的竞争能力来为顾客提供价值。成功的能力推动型的差别化战略首先必须要深刻地理解顾客需求，建立起组织能力，比竞争对手更好地满足这些需求。

▶ 3. 差异化的创造层面

差异化来源于企业所进行的各种具体活动和这些活动影响顾客的方式。实际上任何一种价值活动都是独特性的一个潜在来源。差异化战略要理解顾客看重的是什么，在价值链的哪个环节可以创造出差异化，创造差异化需要企业具备怎样的资源和能力。同时，企业管理者必须充分理解创造价值的各种差异化途径以及能够推动独特行为的各种活动，从而制定有效的差异化战略使企业获得竞争优势。

▶ 4. 差异化优势的获取

一般来说，影响产品价值的要素可以来自于产品特性、服务与支持、产品销售、产品识别与认知、组织管理等要素。从这些方面入手，我们就可以找出企业独特的地方，从而实现差异化战略。

（1）产品特性

产品特性是顾客购买产品时最直接也是最直观的选择标准。企业可以通过凸显或改变产品的特性来吸引消费者。在购买产品时，首先引起消费者兴趣的就是产品的外观。因此，那些能吸引人眼球的独特外观，总是能第一时间唤起消费者的购买欲望。其次就是产品的性能和质量，这也是消费者在购买决策过程中比较看重的方面。尤其是消费者在购买一些耐用、贵重的商品时，总是会将这两个要素置于考虑的首位。除了外观、质量和性能要素外，企业还可以从产品的使用方面着手构筑产品的特性。观察电视机的发展，可以发

现不仅它的质量、品质有了很大的提高，而且在耐用性、操作的简易程度上都有很大的改进。因此，当企业的产品的安装使用越方便，可靠性与耐用性也有所提高时，就越能说服消费者购买企业的产品。毕竟，没有人愿意为了使用一项新产品而付出大量的时间与精力。

(2) 服务与支持

当企业的产品与竞争对手的产品有很大的相似时，企业就可以在服务与支持上面下功夫。企业通过提供令消费者满意的服务与支持，同样可以树立起企业的独特形象。尤其是当产品处于成熟期，企业在产品性能、技术等方面的改进空间有限而难度又较大时，这也成为了企业实施差异化战略的有效武器。在实施过程中，可以在售前、售中、售后阶段体现企业服务的独特性。在这方面值得学习的当数海尔。一提起海尔，就会很自然地想到它完善的服务：及时送货上门、全国统一的客户服务热线、谦虚平和的服务态度，所有这些，不仅帮助海尔在消费者心中树立了良好的企业形象，更重要的是通过消费者的口碑营销，企业获得了更大的市场份额。

(3) 产品销售

考虑到渠道建设成本与管理的问题，目前绝大多数企业采用的是"生产厂商——代理商——终端销售商"模式。在此过程中，产品要经过较长的时间才能达到消费者手中，不过最让人头疼的还是企业与消费者之间的距离问题。这就为企业了解消费者需求的变化设置了较大的障碍，同时，企业响应消费者的速度也大大地受到了限制。因此，如果能拉近企业与消费者之间的距离，对于改善消费者心中的企业形象大有裨益，还能创造出有别于竞争对手的优势。

(4) 产品识别与认知

当一类产品的价格、质量等方面都很相似时，消费者往往会选择那些知名度高、品牌形象好的产品。分析消费者行为可以发现，当消费者在面对大量的产品选择时，他们已习得的关于产品品牌形象的知识会帮助其做出购买决定。当然，那些知名品牌的产品就会成为购买的对象。可见，即使产品间的差别不大，企业也可以通过强大的营销攻势，帮助产品在市场中建立起良好的声誉。

(5) 组织管理

组织管理的改善同样可以实现差异化战略，虽然它对产品价值的提升没有前面一些要素那么明显，但是其作用却是巨大的。例如通过流程的改造，不仅可以提高工作效率，还可以提升响应速度，自然也就为改善服务质量提供了有力的支持。

(6) 其他

除了以上几个获取差异化优势的来源外，还有其他更多的获取渠道。比如，在特定的时间地点，可以借助一些特殊事件来创造出差异化优势；也可以通过向消费者传播一种新的消费理念，从而建立起产品独特的竞争优势。

6.2.2.2 差异化战略的实施条件

企业要奉行差异化战略，有时可能要放弃获得较高市场占有率的目标，因为它的排他性与高市场占有率是不融合的。实施差异化战略，企业需具备以下一些条件：

(1) 具有很强的研究与开发能力，研究人员要有创造性的眼光；
(2) 企业具有其产品质量或技术领先的声望；
(3) 企业在这一行业有悠久的历史或具有吸取其他企业的技能并自成一体；
(4) 很强的市场营销能力；
(5) 产品研发和市场营销等职能部门之间要有很强的协调性；
(6) 企业要具备能吸引高级研究人员、创造性人才和高技能职员的物质设施。

6.2.2.3 差异化战略的优势和风险

▶ 1. 差异化战略的优势

与成本领先战略不同的是，差异化战略的实施所创造的竞争优势相对更容易保持。因为，一个企业的差异化战略往往都是基于其较高的创新能力和极好的企业文化，竞争对手模仿这些"软要素"的难度相对也就更大，也需要一定的时间。这也是为什么目前很多企业都在寻找一个独特的定位并实施差异化战略的原因。具体来说，差异化战略可以为企业创造以下一些优势。

(1) 可以降低环境与竞争对手的威胁

差异化战略为企业开拓了一个新的生存空间，从而绕开了同行业企业间的激烈同质化竞争。故而，此时环境的威胁及竞争对手的威胁也就大大降低了。

(2) 可以提升品牌忠诚度

实践表明，当差异化战略是基于顾客的特定需求时，往往能留住顾客，并创造较高的顾客转换成本。这样一来，就对新进入者形成了强有力的进入障碍，进入该行业则需要花费很大力气克服这种已有的忠诚性。

(3) 可以提升企业的盈利能力

差异化一般能将消费者关注的焦点从价格转移到特定需求上来。当这种需求给消费者带来心理上的压力时，他们就会心甘情愿地为此支付一定的溢价。那么，企业就可以比竞争对手有更大的盈利空间。

(4) 有利于降低消费者的议价能力

如果产品是独特的，那么消费者就无法找出类似的产品来比较价格，此时，企业也就掌握了产品定价的主动权。

▶ 2. 差异化战略的风险

但我们必须认识到，差异化战略也并不是在任何情况下都能创造出竞争优势，差异化战略还存在一系列的风险。

(1) 差异化特征超出目标顾客的需求

顾客可能会认为实施差异化战略的产品与实施成本领先战略的产品之间的价格差距较大。在这种情况下，企业提供的差异化特征会超出目标顾客群的需求，此时，企业会变得不堪一击，因为竞争对手提供的性价比更高的产品能更好地迎合消费者的需求。在经济衰退时期，奢侈品的销售遭到严重的打击，很多生产差异化产品的企业都存在上述风险。

(2) 企业的差异化方式不再能创造出顾客愿意买单的价值

如果竞争对手通过模仿而为顾客提供相同的产品或服务,但价格更低,那么差异化产品的价值会进一步减少。

(3) 不断重复的体验可能会减少顾客对差异化特征的价值的认同感

例如,若顾客对一般纸巾的感觉都不错,他们就会认为不值得为舒洁纸巾支付高价。为了应对这一风险,企业必须以顾客愿意支付的价格对产品继续进行有意义的差异化。

(4) 差异化一般都与高成本相联系

企业为了实现差异化,就必须进行深入的市场调查以及需求分析、产品设计、品牌宣传等。一旦企业差异化失败,那么这些投入都是无法挽回的。

(5) 差异化战略有可能会诱使企业过分关注不断细分的消费需求

尤其是当大部分企业都在实施差异化时,如果企业为了实施差异化而差异化,就可能走进死胡同了。这不仅不能创造优势,相反还会给企业带来损失。

典型案例 6-2
星巴克的
差异化战略

6.2.3 聚焦战略

聚焦战略(focus strategy)是指通过一系列的行动来生产产品或提供服务,以满足特定的竞争性细分市场的需求。当企业利用核心竞争力来满足特定细分市场的需求时,或者想要把他人排除这个市场时,就可以使用聚焦战略。可以运用聚焦战略的细分市场有:

(1) 某个特定的购买群体;

(2) 某一产品线的特定部分(例如专业油漆匠或DIY一族使用的产品);

(3) 某一特定地理区域的市场。

虽然目标市场的宽度实际上就是程度问题,但聚焦战略的本质在于"从均衡的行业中探索窄目标市场的差别"。使用聚焦战略的企业试图比行业内的其他企业更有效地服务于某一特定的细分市场。当企业能有效地服务于特定的细分市场,并且该细分市场的需求特殊到其他竞争者都不为这一市场提供服务,或者企业能够满足其他竞争对手无法很好地满足的需求时,使用聚焦战略才会取得成功。

企业可以通过使用聚焦差异化战略或聚焦成本领先,来为具体的或独特的细分市场创造价值。

▶ 1. 聚焦差异化战略

聚焦差异化战略(focused differentiation strategy)就是将企业服务的目标消费者锁定在某一特定领域,他们可以是某一特定地区或是具有某种特定消费需求特点的消费者。如此一来,企业就可以将有限的资源集中用于突破这一细分市场,为目标消费群体提供量身定做的专业化服务或产品。这也是在微利时代企业创造良好业绩的关键法宝之一。

与差异化战略不同的是,聚焦差异化战略追求的是在特定目标市场上的良好业绩,而不是整个产业范围的。这就使得企业的目的性相当明确,企业所有的职能工作也是紧密围绕这一目标来开展的。因此,聚焦差异化战略能将企业有限的资源都集中于一点,自然比起那些服务于整个市场而无特色的企业来讲,业绩要好很多,最重要的是,消费者对企业的忠诚度还相当高。

在实施聚焦差异化战略时,企业一般都会根据消费者的特定需求来调整企业提供的产品或服务,因此,企业一般对于消费者需求的变化就有快速的反应能力。其次,企业在实施该战略的过程中,由于一贯专注于某一特殊领域,因此在该领域一般都具有很强的专业技能。这种特殊的专业技能,对于其他的模仿者而言是一个很难跨越的鸿沟,自然也就构筑了企业竞争优势的保护屏障。

聚焦差异化战略的实施必须具备以下一些条件:

(1) 有很强的学习能力和研究能力,能根据消费者的特定需求生产出适合销路的产品;

(2) 有较强的创造能力和营销能力,能在特定领域里树立其"市场专家"的企业形象;

(3) 企业各部门能密切合作,能紧密地围绕战略目标来开展组织活动。

虽然聚焦差异化战略能树立起与众不同的专家形象,但是如果一旦企业的定位失败,不能获得市场的认可,那么企业的风险将是相当巨大的。此外,如果企业不能持续地关注这一特定领域,并适时地做出调整和创新,那么由此战略所创造出的优势也只能保持一时。

▶ 2. 聚焦成本领先战略

聚焦成本领先战略(focused cost laedership strategy)同聚焦差异化战略一样,都是满足某一具体的或特定的细分市场或利基市场的需求。其目的是比竞争对手、特别是定位于更广泛市场范围的竞争对手更好地服务于目标细分市场的顾客。聚焦成本领先战略取决于是否存在这样一个顾客细分市场,满足他们的要求所付出的代价要比满足整个市场其他部分的要求所付出的代价要小。

企业采取聚焦成本领先战略,通过专注于某一特定的细分市场或特定的产品可以获得规模经济,而分散资源超出它所专注的市场或产品就不能得到这种规模经济。那么,在什么样的情况下聚焦成本领先战略最具有吸引力呢?

(1) 目标市场足够大,可以盈利。

(2) 小市场具有很好的市场潜力。

(3) 小市场不是主要竞争厂商成功的关键。

(4) 采取聚焦成本领先的企业拥有有效服务目标。

(5) 采取聚焦成本领先战略的企业凭借其建立起来的顾客商誉和产品服务来防御产业中的挑战者。

▶ 3. 聚焦战略的竞争风险

无论采取何种聚焦战略,企业都面临与成本领先战略或差异化战略相同的一般性风险。此外,聚焦战略还面临另外三种风险。

(1) 竞争对手可能会聚焦于更窄的竞争性细分市场,从而使企业的聚焦战略变得"不再聚焦"。如果有其他企业向宜家的顾客提供更多的差异化产品,而价格保持不变,或者以更低的价格提供同样差异化的产品,那么宜家公司就面临这种风险。

(2) 在行业范围内开展竞争的企业可能会认为执行聚焦战略的企业所服务的细分市场很有吸引力，值得一争。

(3) 随着时间的推移，窄细分市场的顾客需求会与整个行业的顾客需求趋于一致，此时，聚焦战略的优势就会减少或者消除。

6.2.4 整体成本领先/差异化战略

▶ 1. 整体成本领先/差异化战略的概念

在购买产品或服务时，顾客总是抱有很高的期望，希望能买到物美价廉的产品。鉴于顾客的这些期望，很多公司参与价值链的主要活动和辅助活动，以同时寻求低成本和差异化。在这种情况下，企业使用的就是整体成本领先/差异化战略（integrated cost leadership/differentiation strategy）。使用这种战略的目的就是高效率地生产差异化产品。效率是维持低成本的源泉，而差异化则是创造独特价值的来源。成功实施这种战略的企业通常能够对技术的变化和外部环境的变化做出快速的调整。另外，由于同时专注于两种竞争优势（低成本和差异化）的开发，企业必须增加具有竞争力的主要活动和辅助活动的数量。这类企业通常与参与主要活动和辅助活动的外部合作者有着牢固的关系。反过来，企业掌握的处理大量活动的技巧又进一步增加了它的柔性。

为了更好地专注于核心顾客群的需求，塔吉特公司使用了整体成本领先/差异化战略。该公司的品牌承诺"期待更多，付出更少"就很好地体现了这一战略。塔吉特的年报曾这样描述该战略："公司持之以恒的品牌承诺'期待更多，付出更少'，让我们能够为顾客提供更多便捷、省钱和个性化的购物体验。"2010 年，塔吉特改建了 341 家店，提供种类更多的商品，包括各种食品杂货和创新产品。截止到 2018 年 2 月 3 日，塔吉特公司在美国共设有 1 822 家商店。它还建立了自有品牌，以提供价格更低的产品，还设计了新的手机应用程序，实施独特的网络战略为顾客提供差异化服务，目前已成为美国第二大零售商，拥有美国最时尚的"高级"折扣零售店。

总部位于欧洲的 ZARA 是服饰公司中"廉价时尚"潮流的先锋，它使用的也是整体成本领先/差异化战略，以低价提供流行时尚产品。有效地实施这一战略需要经验丰富的设计师和高效的成本管理方法，而这些正好与 ZARA 的能力相匹配。ZARA 可以在短短三周内设计和生产一种新款产品，这表明公司的组织结构具有高度的柔性，能够轻而易举地对市场和竞争对手的变化做出调整。

企业在完成价值链的主要活动和辅助活动时需要具有柔性，这样才能利用整体成本领先/差异化战略来生产低成本的差异化产品。中国的汽车制造商开发了一种产品设计方法，使组织结构更具有柔性，从而能够以较低成本进行生产，同时又可以设计出与竞争对手不同的汽车。柔性制造系统、信息网络和全面质量管理是柔性的三个来源，它们对于整合战略所要求的不断降低成本和不断巩固差异化这两个主要目标的平衡是非常有帮助的。

▶ 2. 整体成本领先/差异化战略的竞争风险

成功运用整体成本领先/差异化战略而获得超额利润的潜力是非常具有吸引力的。然而，这也是一个有风险的战略，因为企业发现，通过价值链的主要活动和辅助活动来生产相对便宜同时又能为顾客创造价值的差异化产品，是一件非常困难的事情。另外，企业想要长期适当地使用这一战略，就必须在减少成本的同时增加产品的差异化。

如果不能以理想的方式完成主要活动和辅助活动，那么企业将处于两难的境地。这意味着企业的成本结构没有低到可以为产品制定一个有吸引力的价格，而产品也没有足够的差异化特征为目标顾客创造价值。在这种情况下，企业无法获得超额利润，除非其参与竞争的行业结构非常有利。因此，实施整体成本领先/整体差异化战略的企业必须能够以较低的成本，为目标顾客提供具有差异化特征的产品。

企业有时也需要与其他企业建立联盟以实现差异化，然而，联盟的伙伴也可能会因为使用了它的资源而收取额外的费用，这使企业想要降低成本变得更加困难。企业也可以通过收购来进行创新，或者向产品组合中添加竞争对手没有的产品实现差异化。最近的研究表明，使用单一战略的企业比使用混合战略的企业表现得更为出色。这进一步说明了整体成本领先/差异化战略的风险性。

6.3 竞争优势的来源与维持

不同的行业有着不同的盈利能力，即使在同一个行业内，企业的盈利能力也有所不同。那么，到底是什么导致了这种差异的出现呢？对此，现有的战略管理理论做出了不同的解释。

6.3.1 竞争优势的来源

在第1章中已对此做了详细的介绍，通过超额利润的资源基础模型和超额利润的产业模型两种不同的战略理论分别道出了竞争优势来源于内部的变化因素和外部的变化因素，如图6-13所示。综上所述，竞争优势主要有三种：环境的变化导致新的市场机会的出现、价值链的重构改变了现有的市场竞争规则、企业的内部变革使得企业更具有竞争优势。

▶ **1. 环境的变化带来新的市场机会的出现**

企业作为市场经济中的主体，其发展很大程度上受到现有环境的影响。环境的变化通常被视为企业创造新的竞争优势的有利契机。但是这种变化并不是简单地将机会赋予某个企业。只有那些能迅速地识别出变化并做出及时调整的企业，才能抓住机会成为获胜者。正如当2016年2月国务院发布《关于深入推进新型城镇化建设的若干意见》时，这种政策性环境的变化为许多企业带来了新的市场机会。但是当新的市场机会出现时，却并不是所有的企业都能将其转化为企业的竞争优势。

在瞬息万变的现代市场经济中，市场机会的出现都是稍纵即逝的。要想成为享有先动优势的行动者，企业就必须最大可能地占有市场信息，并时刻警惕着环境的变化。此外，还必须要具有灵敏的反应能力，能及时地利用环境变化所带来的有利方面，尽量避免由于环境的变化所招致的不利方面。为此，企业应该建立起完善的预警机制，以预测环境的变化。同时，还应该尽量增强企业的灵活性，以应对不断变化的市场环境。

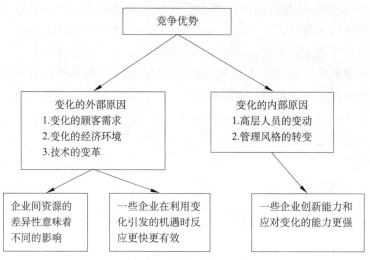

图 6-13　竞争优势的来源

▶ 2. 价值链的重构改变了现有的市场竞争规则

现有的产品市场通常都是竞争激烈的,甚至在一些高度同一化的市场中,企业不惜以降低获利空间来换取较高的市场份额。因此,如果能够创造出新的产品价值,那么企业就可以绕过现有的激烈竞争,成为新市场的获利者。

麦肯锡咨询公司的研究表明,"新游戏"和"老游戏"战略的区别在于对行业价值链的重构。通过构造新的价值链,企业就可以在新的市场中建立起新的"游戏规则",以充分地发挥自己的竞争优势,同时还能为其他进入者设置竞争壁垒。如此一来,企业的竞争优势就可以更长久地保持。

▶ 3. 企业的内部变革使得企业更具有竞争优势

环境的变化要求企业被动地适应,但是,如果企业能在内部进行变革,则能主动地创立起自己独特的竞争优势。然而实际情况却是,正式的组织结构使得企业在创新方面缺乏活力,组织惯性也使得好多大企业对于目前环境的变化熟视无睹。这也是企业不断丧失现有竞争优势的主要原因之一。

为此,企业应该主动地进行变革,努力地营造出适合于创新的灵活宽松的企业环境。企业通过对自身的改革和创新,不仅可以提升竞争力,改变在市场竞争中的角色,甚至还能影响行业环境,进而改变竞争规则。例如,阿里巴巴从传统电商到现在新零售电商的转变,无一不是在一次次做出自我内部之不断探索和变革,并引领了整个电商行业的发展。但是企业要进行大胆的改革和创新,除了具备勇气和信心之外,还必须有强大的想象力和创造力。同时也必须要时刻保持清醒的头脑,能以"旁观者清"的姿态来客观、全面地对企业进行审视。

6.3.2　竞争优势的维持

正如美国学者理查德·达维尼教授所归纳的那样,当代竞争具有以下三个特点:
(1) 产品生命周期缩短,技术更新速度加快;

(2) 密集、快速的竞争行动，使企业无法长期维持其已有的优势；

(3) 竞争互动导致产品价格不断下降，质量不断提升，而企业的利润空间越来越狭窄。

在这种情况下，任何竞争优势的维持都是困难的。为此，企业必须对已有的竞争优势加以保护，以保证企业良好的盈利能力。

为了避免其他企业通过模仿而获得与自身相匹敌的竞争优势，企业一般都会设置一定的模仿壁垒。通过分析竞争者模仿的过程，可以将其分为四个阶段，即辨认—激励—分析—资源的获取。

▶ 1. 辨认

企业在采取模仿行动时，首先必须分辨出哪些企业在产业中具有获取超额利润的能力，找出与超额利润获取相关的竞争优势，然后再有针对性地加以模仿。然而在当今市场竞争如此激烈的时代，利润率、市场情况等信息都被视为商业机密而加以保护。因此，在分析辨认阶段，企业只能通过其他途径（如上市公司的年报、财务信息的披露等）来获得相关信息，并分析找出那些绩效明显高于行业平均利润率的企业。因此，如果企业在信息披露时将关键的信息加以隐藏，那么就对竞争对手的辨认设置了无法跨越的障碍。此外，有些企业为了保护自己能够拥有长期的利润率，甚至会以牺牲短期利润为代价，即采取限价战略，将价格刚好限定在一个无法吸引新进入者的水平上。

▶ 2. 激励

当竞争者成功地辨认出了企业超额利润来源后，就会分析如果采取模仿战略，是否会招来被模仿者的报复行为，并权衡采取模仿策略的成本和收益，再确定是否采取模仿策略。因此，如果能减少对竞争对手的模仿激励，企业也能避免来自竞争者的冲击。当竞争对手意识到，即使采取了模仿战略它们也不可能会获得超额利润，那么竞争对手就会放弃。因此，企业可以对竞争对手进行威慑，告诉它们一旦进行了模仿，企业就会采取报复行为。如此一来，竞争对手就不敢再对企业发起挑战。为了让竞争对手相信企业确实会这样做，企业可以保持过度的生产能力或过多的存货。

▶ 3. 分析

竞争者想要模仿其他企业的竞争优势，则必须了解这种竞争优势究竟来源何处，采取什么样的战略才能获得这种竞争优势。而企业作为一个复杂的系统体系，要找出与竞争优势息息相关的关键要素条件实属不易。例如，海尔强大的创新能力除了与企业内部适合创新的企业文化相关以外，创新人才的获取、培养及激励措施也与创新能力有很大的关联性，甚至还有很多我们所不了解的其他因素。因此，竞争对手在采取模仿策略时，由于有限资源的限制，必须有所取舍，选取那些与竞争优势的培育直接相关的因素加以模仿。正是如此，企业就可以制造因果模糊性，将与竞争优势相关的要素多样化，减少对单项资源和单项能力的依赖程度，从而增加竞争对手分析成功决定因素的难度。

▶ 4. 资源的获取

一旦竞争者成功地找出了与竞争优势相关的要素，那么企业只能在最后关口——资源获取上为竞争者设置障碍。通常企业获取资源的途径不外乎有两个：外购或自己发展。对于通过外购来获取资源的竞争者来说，只要企业控制了关键性资源获取的渠道，那么竞争对手就无法获得关键性资源，即使获得了也是以较高的价格为代价的。在这种情况下，竞争者模仿的成本将增大，当然也就会有效地抑制它们采取模仿行为。如果企业打算依靠自己的能力来发展所需的资源，那么企业则可以采取延长竞争者获得这种能力的时间，例如利用专利保护，或增加竞争者的模仿难度。

6.4 可持续竞争优势的构筑

6.4.1 构筑可持续竞争优势的原因

无论在什么经济环境下，任何企业想要长期地维持其竞争优势都是困难的。尤其是在市场经济条件下，企业作为利益驱动者，为了获得更高的利润率，自然就会主动学习、模仿优秀企业的成功之处。特别是在竞争激烈的行业中，企业的竞争优势从一开始就备受瞩目，成为竞争对手们竞相模仿的对象。在这种情况下，企业要想长期保有竞争优势，就必须建立起一定的保护机制，以减缓竞争优势消亡的速度。

其次，企业目前的成功通常都是与某些特定因素相关联的，一旦特定因素消失时，这种优势也将受到影响甚至随之消失。例如，早期的中国电信依赖于国家的政策保护，因此获得了超额利润率。但是，当国家为了增强通信行业的竞争力而将其拆分后，电信的政策性优势也就随之消失了。因此，企业除了要保护现有竞争优势外，还应该积极地创新，以创造出新的竞争优势来使企业始终立于不败之地。

最后，任何竞争优势都有其生命周期，都遵循着"优势的形成——优势的维持——优势的侵蚀"的发展轨迹，如图6-14所示。因此，企业必须不断地创造新的竞争优势，同时尽量地延长每一个竞争优势的维持期。唯有如此，企业才能长期地分享由可持续竞争优势所带来的"超额利润"。

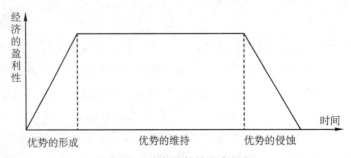

图6-14 竞争优势的生命周期

当竞争优势发展时，经济利润增长。然后当优势维持时，经济利润保持不变。最终优势被侵蚀掉，经济盈利性下降。达维尼教授认为，在许多市场中，优势维持阶段在缩短。在这种情况中，公司只有不断发展优势新来源，才能保持经济利润。

6.4.2 可持续竞争优势的获取与维持

在快速变化的环境中，企业原有的核心能力可能会成为阻碍企业发展的包袱。此时，企业洞察环境、适应环境、应变环境的能力成为企业制胜的关键。但现实中的情况却是，要让企业主动改变过去已做得很好的事，其成本十分昂贵。就如约瑟夫·熊比特所强调的一样，企业一直以特定方法生产给定系列的产品也许不会生存下去。

企业保持和改变其作为竞争优势基础的能力，被戴维·迪斯、加里·皮斯诺和艾米·舒恩称为动态能力。实践表明，那些具有有限动态能力的企业，通常都无法培育出独特的优势以适应动态竞争；而那些具有较强动态能力的企业却能在资源、能力允许的范围内随环境的变化而不断改变，而且能利用新的市场机会来创造竞争优势的新源泉。

在动态竞争中，企业间的竞争实际上就是企业整合、变革、创新能力的竞争。那些在适应、整合和重组企业内外技能、资源方面具有一定能力的企业，通常都具有较强的灵活性，能快速地适应不断变化的环境。动态能力强的企业通过资源整合与学习、创新，往往能创造出高于市场价值的战略，并获得持续性竞争优势。而其他任何现有和潜在的竞争对手都无法在短期内成功地实施这些战略，这种能力具有独到的、短期内不可模仿和复制性，它是企业成长过程中积累性学习、长期获取能力以及持续创新的结果。由此可见，在动态竞争下企业动态能力的强弱直接决定着企业可持续竞争优势的大小。

▶ 1. 可持续竞争优势的获取

正如达维尼给出的建议一样，企业要想获得可持续的竞争优势，就应该：先摧毁自己的优势；不按牌理出牌才是合理地方法；企业必须能够快速行动，以建立优势，并瓦解对手的优势。因此，要创造可持续的竞争优势，就应该不断地创新，不断地移动"靶位"，让模仿者跟不上我们的脚步；或者迅速地行动以抢占先动者优势。

（1）移动靶位策略

随着信息传播速度的加快以及企业学习能力的提高，企业模仿的速度有了明显的加快。因此，在竞争优势创造的速度不断加快的同时，其保持时间也在逐步地缩短。达维尼将这种"竞争优势的来源正以逐渐加快的速度被创造出来并被侵蚀掉"的现象称为超级竞争。

达维尼认为在超级竞争环境中，如果企业将全部精力用于如何维持现有竞争优势上，那么可能将会出现致命的失误。他指出，现代企业应该以破坏已有的竞争优势，并创造出新的竞争优势为主要目标。通过不断地创造一系列的短暂优势，企业就可以比产业中其他企业领先一步（图6-15）。

通过这种不断地创新，企业还可以模糊竞争对手的视线，让其找不出究竟是什么因素导致了企业的成功。一旦竞争对手无法确定关键性成功因素，它们也就无从模仿。这比起前面被动地建立防护机制更有效。

波特把这种"使得其他战略集团难以采用的战略行为"定义为移动壁垒，并进一步指出，构成移动壁垒的因素有：规模经济、产品差异性、转移成本、资金需求、分销渠道、绝对成本优势等。移动壁垒源于企业不断设定自身的移动"靶位"并不断对自身超越，正是

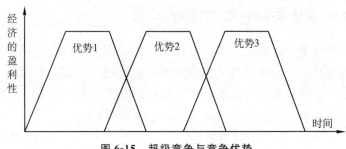

图 6-15　超级竞争与竞争优势

这种超越构成了竞争者难以逾越的终极障碍。

(2) 抢占先动优势

事实表明，那些能迅速响应市场变化的企业总是能获得更高的市场回报率。通常当新的需求出现时，能抓住市场机会并迅速地提供市场所需的新产品的企业都是极少数的。此时，在全新的领域里市场竞争的激烈程度还相当的低，更重要的是消费者此时的议价能力还比较低。因此，在这种情况下都能获得超额利润。

更重要的是，率先行动者往往能左右市场竞争规则的建立。加上"先入为主"的优势，先行动者能比后进入者享有更大的市场份额和品牌知名度。由此也在无意中为后来加入的竞争对手设置了很大的障碍。

1) 学习曲线。由于提前行动，企业往往在生产、营销等方面积累了更多的专业知识。尤其是当先进入者由于先动优势而享有更大的市场份额时，更能实现规模经济，从而能比后进入者更早沿着学习曲线向下移动，实现更低的生产成本。因此，积累了丰富经验的厂商就能在同等条件下享有更多的利润，从而进一步增加累积的产量，并提高其成本优势。

2) 网络外部性。当新的用户加入用户网络时，他们就会给网络中现有用户带来正的外部收益，经济学家把这种现象称为网络外部性。对于进入新领域的企业来说，随着用户数量的不断增长，消费者对新产品的相关知识就能更容易地在周围群体中传播。一旦遇到产品使用问题，他们也更容易向周围的朋友寻求帮助。因此，网络外部性的存在使得先进入厂商由于更大的顾客基数而处于优势地位。

3) 购买者不确定性。面对新产品时，消费者往往由于缺乏相关经验而对其持有怀疑态度。而此时，已习得的产品知识及使用经验就成了影响消费者购买决策的主要因素。因此，比起后进入者，先进入者已建立起的品牌声誉也成了一种有效的隔绝机制。一旦厂商树立起了品牌声誉，那么它在获取新客户时就有了优势。

4) 购买者转换成本。购买商品时，消费者除了考虑商品价格外，还会考虑购买后的使用成本。如果消费者已有的消费习惯和积累的产品使用知识不能运用于新产品上时，他们就必须改变自己的习惯或是学习新的知识，而此时也就出现了购买者转换成本。因此，当先进入者已培养了有关购买者的特定技能时，如果后进入者无法将这种技能转移到替换品牌上，那么后进入者将处于劣势地位。

▶ 2. 可持续竞争优势的维持

正如前面所提到的那样，在超级竞争中，企业竞争优势的维持都是艰难的。在实际中也不难发现这样的情况，当一家企业因为拥有稀缺资源或是独特的知识与技术而享有高额利润时，其竞争对手必然会学习模仿领先者的行为，此时企业的竞争优势就会受到侵蚀。竞争对手可以通过资源创造的活动来模仿或削弱企业的竞争优势，而原企业则可对之进行限制，理查德·詹姆特把企业的这种限制竞争优势被模仿或被削弱的经济力量称为隔绝机制。

下面我们将给出三种隔绝机制，以维持可持续竞争优势。

(1) 拉大与竞争对手的差距

当企业与竞争对手间的差距不大时，竞争对手通过努力就能很容易迎头赶上。但是，当这种差距扩大到一定程度后，被抛在后面的竞争对手想要跨越这段遥远的距离就会有很大的心理负担，甚至给竞争对手以望而生畏的感觉。此时，行业"领跑者"的地位将坚不可摧。

不过，这也要求企业必须要具有不断改进、不断创新的勇气和能力。这对于很多"大企业"来说，具有很大的难度。毕竟长期处于领导地位，很容易满足于现有的业绩，从而缺乏变革的动力。再加上"大企业"的组织惯性，也为企业的变革带来了很大的阻力。

(2) 防止竞争者进入或模仿

如果无法拉大与竞争者之间的差距，那么企业就只能采取防御战略来保护自己。

正如上面分析的那样，对于潜在进入者，企业可以在它们拟将进入的决策过程中设置种种障碍，以阻止其进入。为了阻止它们进入，企业可以采取这样一些措施：阻挠获利消息的泄露，增加进入成本和退出成本，采取进入阻绝战略。

对于已有的竞争者，如果它们打算通过模仿来获得与企业相匹敌的竞争优势，那么企业则可以在其模仿的不同阶段有针对性地采取隔离机制。例如，在辨认阶段，向竞争者发出报复信息，让其放弃模仿的念头；在激励阶段，则可以采取威慑行为，让竞争者相信即使模仿成功了也不可能获得它们所期望的利润；在分析阶段，则可以制造因果模糊性，增加竞争者模仿的难度；在资源获取阶段，企业就可以采取"将竞争优势建立在难以复制的资源和能力上"的战略，以降低竞争者模仿成功的概率。

(3) 不断寻求新产品

如果企业无法成功地实施以上两个策略，那么就只能通过不断地寻求新产品，以维持企业的竞争优势。虽然每一种新产品的竞争优势只能维持一段时间，但是如果企业能不断地研发出新产品，那么就可以将这种短暂的优势长期化。该策略的实施必须以企业强大的研发能力、市场开拓能力为基础。

以上三种策略能有效地阻击竞争者的模仿行为。但是，要想维持可持续竞争优势，企业必须双管齐下。一方面，要努力地创造独特的竞争优势；另一方面，还要建立有效的隔绝机制，以保护竞争优势不被侵蚀。唯有如此，才能实现竞争优势的可持续性发展。

小结

企业在选择一定的竞争战略来构筑或维持竞争优势时，必须首先要明确一点——企业的竞争优势源于何处，为此，本章首先从价值创造与竞争优势间的关系入手，分析了企业竞争优势的来源，并给出了企业竞争战略研究的方法——顾客矩阵和生产者矩阵。随后对几种竞争战略作了深入的分析，并给出了每种竞争战略的适用条件、优劣势分析，指出了如何通过这些基本竞争战略来获得相应的竞争优势。其目的是帮助大家更好地掌握和运用这些基本竞争战略。然后分析了竞争优势的来源和维持。为了更好地保护企业现有的竞争优势，企业可以从竞争者模仿机制入手，在不同的阶段为竞争者设置障碍以保护企业的现有竞争优势。最后，企业想要长久地维持竞争优势，就必须采用以下策略——移动靶位、抢占先动优势和设置隔绝机制。

┃章末案例┃

突围酒店业"红海"，亚朵酒店如何做到与众不同？

根据中国饭店协会数据，全国有限服务连锁酒店客房数增速在2005年达到200%的高点，随后开始放缓，2013年开始增速降至30%以下，2016—2017年降至15%以下。尽管该数据难以反映酒店行业的全部供给，但某种程度上可以反映出，我国酒店行业已经从高速扩张步入了平稳发展的阶段。

自2013年7月在西安开出第一家酒店，亚朵酒店（以下简称亚朵）截至2020年12月，开业门店数600多家，签约1 000多家酒店，分布于175个城市，拥有超2 000万名亚朵会员。作为后发者，亚朵抓住高频商旅用户和新兴中产的消费升级需求，凭借人文酒店定位、超预期的服务、热门IP的加持，在早已是红海的酒店行业找到差异化的发展路径，迅速做大规模。

亚朵迅速发展的背后，是国内消费升级大背景下，市场对高性价比的中端酒店的增速需求。过去15年里，中端酒店发展相对迟缓，而经济型连锁酒店凭借"地段为王、价格为王、高度标准化"的三板斧，占据了国内酒店市场的半壁江山，但在规模扩展下囿于成本和价格因素，普遍品质不高，尤其对追求品质出行的商旅用户而言更是如同鸡肋。与此同时，高端酒店虽然软硬标准皆属上品，但价格门槛也将大部分住客拒之门外。

反观介于两种形态之间的中端酒店，在2013年迎来了发展机遇，也吸引来资本的密切关注——一方面它承接了市场整体消费升级的规模需求；另一方面对投资人而言，中端酒店相对经济型酒店具有较高的盈利水平和RevPAR（每间可供出租客房收入），而在坪效（每坪面积可以产生的营业额）和人员效率方面，又比高端酒店具有更大的优势，在当下供给尚且不足的基本面下有更强的投资回报空间。从行业上看，中端酒店的崛起，既有部分传统经济型酒店依托自有物业网络向中端"升级转型"，也有国际酒店品牌"放下身段"，向本土酒店管理公司开放旗下中端品牌特许经营权。相比之下，亚朵代表的则是初创品牌"平地起高楼"的案例，而其崛起所依靠的战略，可以大致总结为"与其更好，不如不同"。

2013年，亚朵依托"人文酒店"的概念创立品牌，对标星巴克第三空间的概念，打破酒店行业单纯"卖房间"的做法。在空间上强调文化体验，通过征集顾客的优秀摄影作品放置于客房内、在酒店大堂提供7×24小时营业、可免费借阅并跨店还书的阅读空间等文化作法，吸引到第一批用户的关注；在服务方面，亚朵强调"标准的个性化"，将客人从第一次入住到再次入住的整个过程分为12个关键节点，在对一线员工充分授权的基础上，在每个节点上打磨出一套提供个性化服务的软性流程和标准，从而兼顾服务效率和个性化体验；在市场进入策略方面，亚朵选择从西部市场、二线城市发力，从尚未饱和、商旅资源丰富的西安、重庆等城市切入，在做出影响力后再渗透入强势品牌聚集的华东、华南和北京市场。2016年完成C轮1亿美元融资，同时获得近4亿元人民币银行授信额度后，补足了"弹药"的亚朵进入了发展的关键节点，开始在两个方向上发力布局。

一是以扩大门店规模和覆盖网络为核心逻辑，进行规模的扩张。这不仅进一步加快了亚朵酒店的开店速度，更针对消费者的不同细分出行住宿需求，布局包括亚朵轻居（社交型酒店）、中长期公寓、度假项目等全住宿产业产品，横向拓宽亚朵旗下的空间场景。这是亚朵模式的"横轴"。

二是以强化品牌形象、提升品牌价值为核心逻辑，关注通过"住"聚集起人群后出现的各种"非住宿需求"。亚朵在平台上引入第三方资源，推出了包括B2C电商、消费金融、属地旅游服务等多种增值业务，纵向丰富空间场景所承载的内容。通过跨界合作的方式打造IP酒店是亚朵在此方面的主要打法。IP酒店模式，意在通过主题房的方式将亚朵酒店与各领域的头部IP进行强关联，一方面将亚朵客房和酒店公共空间做成IP的线下展示场景，另一方面将IP自带品牌价值向亚朵品牌迁移。以2016年11月与吴晓波合作推出"亚朵·吴酒店"为开端，亚朵当前已经引入超过10个IP合作方，包括知乎、网易云音乐、腾讯QQ超级会员、沉浸式戏剧《Sleep No More》等，这些IP酒店对亚朵酒店RevPAR的提升约为20%。这是亚朵模式的"纵轴"。

横向规模，纵向品牌，亚朵在初步形成围绕"住"的小型网络后，正在探索将平台价值变现的途径。在互联网领域，积累了一定网络效应的平台，常常会走向零售变现的路径，基于住宿空间的零售场景是亚朵目前可以看到的一个方向，也是亚朵最先落地的非客房业务。对此，亚朵创始人兼CEO耶律胤的构想是，亚朵酒店是重要的流量入口和天然的线下产品体验场景，人、货、场三元素将在亚朵空间里完成重构，形成新零售空间。亚朵向到店消费者提供旅行箱、U型枕、化妆品旅行套装等有一定调性且符合住宿场景特点的高频消费品。目前，非客房业务在亚朵整体收入中占比约20%，由亚朵内部一支60人的"XBU"团队负责。

而最体现互联网精神的是亚朵推出的"众筹"策略，即把筹备中的酒店项目作为众筹对象，吸引投资人以小笔投入（1万～10万元不等）的方式参与新亚朵酒店的股权融资，并获得经营分红。这种打法最有意思的是，参与众筹的投资人很大一部分也是亚朵的消费者，双重身份的叠加不仅解决了资金问题，更是将用户和平台牢牢绑定，即提高了平台黏性，也使得亚朵用户成为平台最主动的口碑传播者。

然而，无论想象空间如何，从长期看，亚朵仍需关注其能否在"横轴"上维持一定的行业竞争优势。回归酒店行业的本质，连锁型酒店成功的关键要素仍是对核心商圈地段的"卡位"，这是一项高CAPEX（资本性支出）的大工程，业内酒店品牌通常依赖加盟商模式，亚朵也不能免俗。随着中端酒店赛道日益拥挤，亚朵在争取地方加盟商方面尚缺乏足够的品牌知名度和加盟商服务输出能力,如何进一步夯实后台能力,如何在讲好人文、IP和零售故事的同时落实酒店业务本身的盈利能力,或将成为亚朵未来发展的关键所在。

资料来源:节选自长江商学院案例中心胶囊案例 03 期

假设你是某企业的智囊团,借鉴亚朵酒店的发展案例,你能否为你所在的企业进行竞争战略分析,并给出竞争战略建议。

复习与讨论

1. 什么是竞争优势,价值创造和竞争优势之间有什么关系?
2. 如何理解成本领先战略?
3. 如何理解差异化战略?
4. 如何理解聚焦战略?
5. 企业应该如何建造可持续竞争优势?

线上课堂——训练与测试

战略实践演练

在线自测

第7章 战略匹配与选择

学习导语

"孙子曰：昔之善战者，先为不可胜，以待敌之可胜。不可胜在己，可胜在敌。故善战者，能为不可胜，不能使敌之必可胜。故曰：胜可知，而不可为。不可胜者，守也；可胜者，攻也。守则不足，攻则有余。善守者，藏于九地之下，善攻者，动于九天之上，故能自保而全胜也。"军事中的战略变化莫测，可攻可守，如同军事中的战略一样，企业的战略选择亦是如此。企业要先做出正确的形势判断，然后再制定合理的战略决策。即要客观理性地判断当前的环境，而后结合自身的情况来做出最优的选择。那么如何来判断战略形势，如何来匹配最优的战略，并做出企业的战略选择？这就需要企业借助战略分析方法和战略选择工具来达到选择理想战略的目的。由此，本章将重点介绍影响战略选择的因素、战略选择的分析框架以及战略选择的方法。

学习目标

- 了解战略选择的影响因素
- 掌握战略选择的分析框架
- 熟练掌握战略选择的方法

名言

凡用兵之法，将受命于君，和君聚众，交和而舍，莫难于军争。军争之难者，以迂为直，以患为利。

——《孙子兵法·军争篇》

攻而必胜者，攻其所不守也。

——《孙子兵法·虚实篇》

昔之善战者，先为不可胜，以待敌之可胜。

——《孙子兵法·形篇》

开篇案例

阿里巴巴的战略选择

回顾中国互联网发展20年，这么多年观察下来，阿里巴巴有着清晰的战略方向并坚定地走下来。这其中,阿里巴巴更多地体现了人的判断与意志,开始是马云个人的预见与梦想,后来则体现为在马云领导下的、由全体合伙人主导的、整个阿里巴巴的集团战略。

从最近几年看,这种清晰提出战略并全面落实的就是新零售的发动。2016年10月杭州云栖大会马云横空出世提出"新零售"的观点,又提出阿里要去电商化。

随即,阿里在当年"双11"就立刻大展拳脚,实施新零售战略,斥巨资展开对实体零售业的大收购,培育盒马等新物态,打通线上线下……在整个中国掀起一场新零售大潮,带动中国的电商企业向线上线下融合趋近,市场上后来又有苏宁的智慧零售,京东的无界零售等新概念,但不得不承认,其都是脱胎于马云的新零售概念。

从企业战略到影响社会和改变生活,新零售应该是近年来这方面中国最典型的案例之一。战略一旦确定,整个集团就像战争机器一样迅速发动,这就是阿里战略的厉害之处。现在回头看,马云在2016年云栖大会上提出去电商化,提出拥抱"五新"——新零售、新制造、新金融、新技术、新能源,实际上是在为阿里巴巴未来30年的发展定了战略方向,而战略一旦明晰,之后的一系列技术、人才和跨国投资大决策就相对变简单了。

中国的互联网业竞争之惨烈世界罕见,新老巨头们都在抢"赛道",这使得投资决策学变得越来越重要,但相当一部分投资是不理性的、应对性的、防御性的、被迫的或者盲目的,而马云强调的却是"要在阳光灿烂的日子秀屋顶",要进行前瞻性投资,但这谈何容易,以战略投资为核心的投资布局首先就要有清晰的战略。

新零售只是阿里长于战略的一面,实际上多年来,在大方向已定后,阿里每隔一个时间段就有新的战略被制定和推出。如果说从阿里巴巴到淘宝还有无心插柳之因素的话,那么后来对天猫的投入,对阿里云、蚂蚁金服、菜鸟、e-WTP(电子世界贸易平台,Electronic World Trade Platform,e-WTP)的投资都是计划之内的,在阿里内部,这被称为"履带式前进"规划,即旗下业务轮流领跑,以保持整个生态系统的领先地位,驱动阿里巴巴作为商业基础设施的迭代和升级。按照该计划,2017—2019年蚂蚁金服领跑,2019—2021年阿里云接棒,2021—2024年菜鸟领头。而这个"履带式前进"战略,总的投资方向就是"五新"(新零售、新技术、新制造、新金融、新物流)。

在2019云栖大会上,阿里巴巴现任董事局主席兼CEO张勇又提出"百新"概念。他说在3年后回看"五新",背后的共同点就是数和智,而"五新"发展到今天已全面走向"百新"。

他表示,现在无论是企业、工厂、医院或者城市,各行各业都在走向数字化产业的升级,所有的商业元素和社会元素,都在全面走向数字化和智能化。在"五新"走向"百新"的过程中,用户的消费在发生巨大变化,现在,用户需求可以通过消费者的欲望和行为被感知被预见,促进新的供给侧改革和升级。例如,在造物节上,带来的很多新的产品和创造,他们都是从用户的需求出发衍生的。"新的供给创造、带来的新的消费,这不是原有消费的数字化,而是创造新的增量,这也是走向体验消费的巨大催动力。"

资料来源:

经济参考 2017/11/16 http://jjckb.xinhuanet.com/2017-11/16/c_136756235.htm

网易科技报道 2019/9/26 https://tech.163.com/19/0925/10/EPTO9VGL00097U7R.html

以上案例表明，如何根据企业的内外环境选择行之有效的战略，常常是许多企业高层管理者面临的一个重要问题。有效的战略既需要感性的洞察，又需要理性的分析。一方面，企业要想有智慧、有勇气地做正确的事，就要靠企业高层管理者所具备的战略思维能力；另一方面，还要对企业所面临的内外环境加以全面而深入的分析，能够利用外部市场的机遇来减少不利因素的影响，并利用自身的优势来克服劣势。在充分发挥企业战略决策者的战略性思维与洞察力的前提下，定量分析工具无疑有着重要的帮助。借助恰当的定量分析工具，对众多战略备选方案加以选择，并将选出的方案具体化，形成相应的战略方案。

微课视频 7-1
战略匹配与选择（一）

企业战略方案的选择是企业一项重大的战略决策，是战略决策者通过对若干可供选择的战略方案进行比较和优选，从中选择一种最满意的战略方案的过程。但是多数情况下未必如此，往往被选择的最满意方案在与企业实际情况相结合时，由于企业存在种种困难而不得不选择比较满意的战略方案而将最满意方案作为今后的长远目标去争取。

微课视频 7-2
战略匹配与选择（二）

7.1 影响战略选择的因素

总体而言，影响企业战略选择的因素可以分为外部因素和内部因素。外部因素是一个企业进行战略选择的间接因素，内部因素是一个企业进行战略选择的直接因素。一个企业在最终的战略选择时，往往是内、外因素共同作用的结果。

7.1.1 企业战略决策者的影响

▶ 1. 企业战略决策者对待外部因素的态度

没有任何企业能够离开外部环境而独立存在，因此，企业的战略选择必然要受到股东、竞争对手、顾客、政府、社会等外部环境的影响。由于外部环境中的关键因素会对企业各战略方案的相对吸引力产生较大的影响，所以企业战略决策者在进行最终战略方案的选择时，不得不考虑来自于企业外部环境中各利益集团的压力，考虑企业的顾客、股东、职工、地方社团、一般公众、供应商以及政府机构等对企业的期望与态度。

同时，外部环境这一客观现象又依赖于决策者的主观理解。因此决策者对外部环境的态度影响着战略的选择。处于同一环境的同一企业，如果由不同的战略决策者来进行战略选择，战略方案的选择可能会截然不同。

比如，在计算机刚刚问世不久，几乎所有人包括 IBM 总裁都认为只有硬件才能赚钱，而盖茨却看到了软件市场的前景，于是创建了微软公司，其发展远远超过硬件巨头"蓝色巨人"IBM 等大型电脑公司。

2. 企业战略决策者对待风险的态度

由于战略是对未来的一种规划，所以未来的不确定性便决定了任何战略在实施完成之前都会有风险，战略决策者对风险的态度也影响着战略选择的决策。

如果战略决策者乐于承担风险，企业通常会采取进攻性的战略，投资于高风险的项目以此来获得较高的收益，企业也因此会得到发展的机会。现在涌现的众多民营航空公司的战略决策者多数都属于这一种类型。而史玉柱也恰恰是凭借着敏锐的洞察力和敢于承担风险的心态豪赌与高科技生物产品最终创造了辉煌的巨人集团。

如果战略决策者认为所涉及风险太大会对企业造成较大的损失，需要减小或回避风险的话，企业通常会采取保守型的战略使企业在稳定的产业环境中发展，而拒绝承担那些高风险的项目。中国的很多老字号企业诸如北京同仁堂，就是始终如一的奉承保守型的竞争战略来使企业长盛不衰的。

3. 企业战略决策者的需要和价值观

战略决策者的需要和价值观对企业战略方案的选择也起着重要的作用。大部分的管理者尤其是战略决策者都有自己对发展战略的观点和看法，这些观点很大程度上是与管理者的价值观和需要相互联系的。

一个极有吸引力的战略方案如果不能满足决策者的需要或者违背了其价值观，被选中的可能性就很小；相反，即使是一个较差的战略方案，如果能够很好地满足战略决策者的需要或者与其价值观相符，也有可能被选中。

例如，某航空公司由于某种原因造成了航班的延误，航空公司竟然扔下由于没有得到合理解释而拒绝登记的乘客独自开往目的地，造成了不良的社会影响。由此可以看出该航空公司的价值观是公司利益至上，因此其战略选择完全是公司利益为中心，即便公司的社会形象受到损害也在所不惜。

7.1.2 企业过去战略的影响

对于大多数企业而言，新的战略往往是在过去的战略基础上进行选择的，由于企业在实施原有战略时，曾投入了大量的时间、精力和资源，因此在选择新的战略时会自然地倾向于选择与过去战略相似的战略。

明茨伯格认为现在的战略是从过去某一有影响力的领导者所制定的战略演化而来的，目前的战略由于条件变化而开始失误时，企业总是将新的战略嫁接到过去的那个战略中，仅在以后才探索一种全新的战略。

这说明过去的战略对于企业未来战略方案的选择相互关联，战略方案的选择在一定程度上也是一种战略演变的过程。

北大方正集团以高科技产品起家，先后向生物工程、精细化工、原材料工业领域进行扩张。每一次战略的调整，都以自己拥有的核心高科技技术为依托，根据现有的战略来选择未来的发展战略。

7.1.3 企业文化的影响

企业所选定的战略方案与企业文化是否能够很好地相容匹配,对于该战略方案的成功实施关系重大。在定量战略计划矩阵(Quantitative strategic Planning Matrix,QSPM矩阵)中权重的确定,就渗透了大量组织文化的因素,同时也反映了企业对待战略问题的价值观。

战略方案的选择如果与企业文化完全匹配,虽然会对战略的成功实施产生极大的支撑作用,但同时会阻碍那些具有创意和盈利潜力的方案的选择。越成功的企业,对其成功经验越迷恋,对环境变化的适应性也就越差。

如果战略方案的选择与企业文化不相适应,虽然可以应对环境的变化,但是共同的信念、强大的组织文化会大大增大成功实施该项战略的风险。不注意方案与企业文化的关系,脱离企业文化的要求而进行战略管理,特别是企业选定的战略与企业文化可能发生强烈冲突的情况下,对战略方案的选择也一定要慎而行之。

很多企业在进行战略调整时,往往会陷入一种或是外聘专业人才或是提拔内部人员这样一种困境。靠自身培养出来的人才虽然对公司十分了解,但是由于其自身也深受企业固有的企业文化的影响,瞻前顾后,很难有所突破,最后使得企业进行战略调整的意义不大,而外聘人才虽然能够摆脱企业文化的影响,但是如果选择的战略方案和企业文化的紧密性越小,在实施中受到的阻力就会越大,成功的可能性也就越小。

7.1.4 企业内外不同利益主体的影响

企业是一个有多个利益主体组合起来的组织,其战略的选择必然要考虑到企业内外不同利益主体的相关利益。

从企业外部来讲,政府和其他社会团体希望其承担更多的社会责任,顾客希望能够得到物美价优的产品和服务。

从企业内部而言,股东们希望采取扩张型的战略来获得更多分红;高层管理者希望采取保守型的战略来使企业稳步发展,他们追求的是最大的合理效用,希望付出一份劳动便得到一份报酬;中层管理人员往往受到其个人事业以及其所在单位的目标和使命的影响,通过推荐那些低风险、渐进式推进的战略来获得升迁的机会;职能人员追求的是改善劳动条件,提高工资待遇,增加福利,所以他们的选择总是更适合于自身的目标,上报那些可能被上司接受的方案而扣下不易通过的方案。

事实上,不同的利益主体在一定程度上都会利用自己手中的权力来影响最后的战略选择,最后选定的战略是一个各利益主体权利权衡的结果。在高度集权的企业里,一个权力很大的高层管理者往往会利用手中的权力来促使其倾向的战略方案得以实施,有时很多关键的决定都是由一把手力排众议而做出来的;而在分权程度较高的企业中,战略的选择通常都会广泛地参考各方面的意见。

此外,围绕战略决策的关键问题将会存在很多不同的基于共同利益而形成的正式与非正式团体,这些团体在战略的选择上往往倾向于首先关心小团体目标,其次甚至最后才考虑企业的整体目标。这样原有的战略方案经过讨还价,形成一个新的方案,在企业内部形成了一个新的力量均衡点。

到最后,各种内外压力都集中在企业战略管理者身上,从而影响他们对战略的选择。

自从联想收购了 IBM 公司的个人 PC 部门后,如何更好地对全球客户服务进行整合便成为联想的当务之急。经过仔细的权衡后,联想高层终于决定外聘有着较多经验的职业经理人主管此项重要业务而不是从联想内部进行提拔,也正是因为此,其主要竞争对手戴尔的 4 位高管相继跳槽到联想并担任重要职务。

7.1.5 其他因素的影响

▶ 1. 时间因素

时间对战略选择的影响主要表现在三个方面:第一,有些战略必须在某个时限前做出,由于受信息和能力的影响,这种选择往往是很急促的;第二,战略出台的时间问题,实践证明,一个本来很好的战略,如果出台的时间不当,也不会出现很好的效果;第二,战略产生效果的时间是不同的,企业越着眼于长远的前景,战略选择的超前时间越长,如果企业管理者关心的是最近三年的经营问题,他们就不会去考虑五年以后的事情。

▶ 2. 社会义务和道德因素

企业在选择战略时,还必须考虑伦理、社会和道德因素。毫无疑问,消费者权益保护、均等就业机会、员工的健康和安全问题、产品的安全性、控制污染以及其他以社会因素为基础的问题,都会对企业的战略选择产生或多或少的影响。

例如,由非政府组织 SAI"社会责任国际"(Social Accountability International,SAI)制定的 SA8000(社会责任标准)就是用来规范企业生产行为的标准,虽然对企业来说并没有强制性的约束力,但它正被欧美国家越来越多的采购商所看重,并以此作为选择供应商所供应的产品符合社会责任标准的要求。该标准主要规定了 9 个方面的内容:童工、强迫性劳工、健康安全、结社自由、集体谈判、歧视、惩戒性措施、工作时间、报酬及管理体系等。在国内,很多供应商都受到这个标准的限制而得不到更多发展的机会。

7.2 战略选择分析框架

7.2.1 战略的建立与选择过程

战略决策者必须从众多战略方案和实施途径中确定一组具有吸引力的备选战略,其中包括各自的优势、劣势、利弊、成本和收益。

战略选择过程的参加者包括先前参与过企业任务制定和企业内、外部分析的管理者和一线员工。这样不仅可以增进互相了解,而且也可以产生激励作用。在充分掌握了企业的内、外部信息后,参加者通过若干次会议来考虑和讨论所建议的备选方案,并根据自己的综合判断来对这些被选战略进行排序,最后得出一个综合的按重要程度排序的最佳战略组合。

7.2.2 战略制定框架

战略制定框架(strategy-formulstion framework)可以帮助企业战略决策者在若干个可供选择的战略方案中进行确定、评价和选择。

战略制定框架的第一阶段被称作"信息输入阶段"(input stage)，概括了制定战略所需要输入的信息，方法包括外部因素评价矩阵(EFE 矩阵)、内部因素评价矩阵(IFE 矩阵)和竞争态势矩阵(CMP 矩阵)，第二阶段被称为"匹配阶段"(matching stage)，通过将关键内部及外部因素排序而制定可行的战略方案，第二阶段所采用的方法包括，优势—劣势—机会—威胁矩阵(简称 SWOT 矩阵)、战略地位与行动评价矩阵(Strategic Position and Action Evaluation，SPACE 矩阵)、波士顿咨询集团矩阵(BCG 矩阵)、内部—外部矩阵(IE 矩阵)、产品—市场演变矩阵(P/MEP 矩阵)和大战略矩阵(GS 矩阵)；第三阶段为"决策阶段"(decision stage)，所用的方法为定量战略计划矩阵(QSPM 矩阵)。QSPM 矩阵利用第一阶段输入的信息和第二阶段得出的若干个备选战略进行评价，根据各种备选战略之间相对吸引力的大小，为最终战略的选择提供客观的基础。如图 7-1 所示。

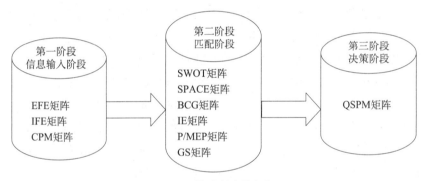

图 7-1 战略制定的框架

由于第一阶段的内容在前面章节中已有详细介绍，所以本章在此仅介绍第二阶段和第三阶段的方法。

7.3 战略选择的方法

一个企业可供选择的战略方案一般来讲有若干种，企业如何在众多的战略方案中进行取舍？理想的战略应当能够充分利用企业的外部机会和自身优势，来克服企业的外部威胁和内部劣势。正如孙子所总结的，用兵的规律是避开敌人坚实之处而攻击其虚弱的地方。水因地势的高下而制约其流向，用兵则要依据敌情而决定其取胜方针。所以，用兵作战没有固定不变的方式方法，就像水流没有固定的形状一样，能依据敌情变化而取胜的，就称得上用兵如神了。

在市场经济的经营活动中，每个企业就像在战场上作战的士兵一样，每一次交手都是权衡了对手和自己的优势、劣势、机会和威胁后，从而做出战略选择，这就好像是双方甚至多方的一次博弈过程。在市场经济这个游戏当中，精明慎重的玩家们相互揣摩、互相牵制，分析双方的本质特征，在一定规则之下各进行决策较量。本文在考虑了众多影响因素的前提下提供几种战略选择的方法。

7.3.1 优势—劣势—机会—威胁矩阵分析法(SWOT矩阵分析法)

本书第4章曾对SWOT矩阵分析法进行了详细阐述，而本章则着重介绍SWOT矩阵在战略匹配中的应用。

SWOT矩阵分析法是综合考虑了企业所面临的外部环境因素和内部资源能力因素，进而分析企业的优势(strengths)，劣势(weakness)及其所面临的机会(apportunities)和威胁(threats)的一种方法。其中，优劣势分析主要将注意力放在企业自身的实力及其竞争对手的比较上，而机会和威胁分析中有着广泛的应用，还可以推而广之应用到其他决策之中。

SWOT分析法是建立在企业的资源能力和外部资源良好匹配的基础上的。因此，SWOT分析法的核心就在于战略"匹配"，即根据企业的优势，使企业在行业中取得有利的地位。

(1) 优势—机会(SO)战略是一种发挥企业内优势同时注重把握企业外部机会的战略；

(2) 劣势—机会(WO)战略是通过利用外部机会来弥补企业的不足，或者通过改变自己的劣势从而提高把握外部机会的能力的一种战略；

(3) 优势—威胁(ST)战略是利用本企业的优势回避或减少外部的威胁的一种战略；

(4) 劣势—威胁(WT)战略是通过减少劣势来回避外部威胁的一种防御性战略。

通常情况下，企业首先采用WO、ST或WT战略从而达到能够采用SO战略的状况，当企业存在重大劣势时，将努力克服这一劣势从而充分发挥优势的效应；当企业面临巨大威胁时，将努力回避这些威胁以便集中精力利用机会。如表7-1所示。

表7-1 SWOT矩阵战略匹配表

	优势(S)	劣势(W)
机会(O)	SO战略：依靠内部优势，利用外部机会	WO战略：利用外部机会，克服内部劣势
威胁(T)	ST战略：依靠内部优势，回避外部威胁	WT战略：减少内部劣势，回避外部威胁

建立SWOT矩阵通常包括以下八个步骤：

(1) 列出公司的关键外部机会；

(2) 列出公司的关键外部威胁；

(3) 列出公司的关键内部优势；

(4) 列出公司的关键内部劣势；

(5) 将内部优势与外部机会相匹配，把结果填入SO的格子中；

(6) 将内部劣势与外部机会相匹配，把结果填入WO的格子中；

(7) 将内部优势与外部威胁相匹配，把结果填入ST的格子中；

(8) 将内部劣势与外部威胁相匹配，把结果填入WT的格子中。

其中，前四个步骤是信息输入工作，即将环境分析环节中的结果输入到相应的分析框架内，后四个步骤则是进行战略匹配的阶段。值得注意的是，进行战略匹配的目的在于产生可行的备选方案，而不是选择或确定最佳方案。同时，并不是所有在SWOT矩阵分析法中得出的战略都要被实施，企业应根据自身的需要来选择适合企业自身发展的战略。

现以重庆市某房地产企业2019年的情况为例，来具体说明SWOT矩阵的分析方法。矩阵包含4个因素格、4个战略格，如表7-2所示。

表7-2 某房地产企业的SWOT矩阵

因素—战略	优势(S) 1. 反应比较灵活，制定决策时速度比较快 2. 整合资源的能力较强 3. 和外来的企业相比，深知重庆市的城市特色、人文历史、能够更加准确把握客户的心理 4. 企业文化有助于提高员工的工作热情和能力，能使员工为企业目标承担业务 5. 引进了科学的管理思路，聚集了一批既懂商业又熟悉房地产开发经营的人才	劣势(W) 1. 由于规模较小，融资困难，开发实力有限 2. 土地不能连续开发 3. 企业研究开发意识比较薄弱，研究开发经费投入不足 4. 尚未形成科学、完整、清晰的发展战略以及科学有效的内部控制机制 5. 家族主义、官僚主义的不良遗风充斥整个企业，缺乏活力 6. 管理的提升只停留在口号阶段，致使对管理的进展产生误导
机会(O) 1. 重庆市经济的快速发展增加了对房产的需求 2. 城市化进程和城乡一体化进程的加快使房地产企业具有更大的发展势头 3. 商品房住宅存在着大量的需求缺口 4. 国外资金的大量进入提供了更多的融资渠道 5. 外来企业的进入可以提高本土企业的管理开发能力	SO战略： 1. 发展主业特色优势，开发商品房住宅业务，寻找生存空间（S1、S2、O1、O2、O3） 2. 实行租赁服务的前向一体化战略（S1、S2、S3、S5、O4、O5） 3. 实施品牌战略(S2、S3、S4、S5、O4、O5)	WO战略： 1. 开发新市场、实行多元化战略（O1、O2、O3、W1、W2、W3） 2. 改进组织结构，重新整合内部关系，建立战略联盟（O4、O5、W1、W2、W3、W4） 3. 引进国外先进技术和经验，提高管理能力、创新能力（O4、O5、W4、W5、W6）
威胁(T) 1. 房地产业持续以较快的速度增长吸引了大量业外企业进行房地产投资 2. 人民币汇率的提高使得大量外国资本进入房地产开发领域，带来新的竞争 3. 新一轮以品牌、资金、人才为焦点的房地产行业竞争正在展开 4. 银行对房地产企业贷款融资要求越来越高 5. 政策向大型房地产企业倾斜，使得中小企业面临着出局的局面	ST战略： 1. 集中优势以专取胜、以特色取胜（S1、S2、S3、S4、S5、T1、T2、T3） 2. 实行定制服务的差异化战略（S2、S3、S5、T1、T2、T3、T4、T5） 3. 价值链重组（S2、S4、S5、T3、T4、T5）	WT战略： 调整组织结构，使组织结构扁平化，优化激励机制，提高组织效率（W4、W5、W6、T1、T2、T5）

SWOT分析方法具有应有灵活、分析系统和表述清晰等特点,所以在实际工作中有着极强的应用价值。但是,由于此分析方法在很大程度上都依赖于分析者的经验和直觉,并且对优势、劣势、机会和威胁是相对于竞争对手而言的,为更加准确地评估企业的综合优势、劣势、机会和威胁,可以结合EFE矩阵和IFE矩阵中的分析方法,把其中的定量数据作为权重引入SWOT分析方法中,将权重与专家评分之积作为比较的准则。这样可以有助于分析者重点关注权重较大的因素,从而为SWOT分析方法中的战略匹配提供决策上的指引与指示。

7.3.2 战略地位与行动评价矩阵分析法(SPACE矩阵分析法)

战略地位与行为矩阵(strategic position and action evaluation matrix,简称SPACE矩阵)分析法,是第二阶段另一种重要的匹配方法。SPACE矩阵的轴线采用了两个内部因素——财务优势(FS)和竞争优势(CA),以及两个外部因素——环境稳定性(ES)和产业优势(IS),在建立SPACE矩阵时应该把前文所讲述的EFE矩阵和IFE矩阵中所包括的各种因素都考虑进去。矩阵的横、纵坐标分别由竞争优势(CA)、产业优势(IS)和财务优势(FS)、环境稳定性(ES)所构成,它们将整个矩阵分成了进取、保守、防御和竞争四个象限,如图7-2所示。

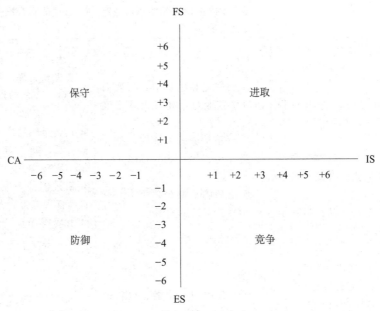

图 7-2 战略地位与行动评价矩阵

其中,财务优势(FS)可以用投资收益、杠杆比率、偿债能力、流动资金、现金流动、退出市场的方便性和业务风险等指标来衡量;环境稳定性(ES)可以从技术变化、通货膨胀率、需求弹性、竞争产品的价格范围、市场进入壁垒、竞争压力和价格需要弹性等方面来考虑;竞争优势(CA)可以从市场份额、产品质量、产品生命周期、用户忠诚度、竞争能力利用率、专有技术知识以及对供应商和经销商的控制等方面来评价;产业优势(IS)可以用增长潜力、盈利潜力、财务稳定性、专有技术知识、资源专用、资本密集性、进入市场的便利性、生产效率和生产能力利用率等指标来评价。

建立SPACE矩阵包括以下几个步骤。

(1) 分别选定构成财务优势(FS)、竞争优势(CA)、环境稳定性(ES)和产业优势(IS)的影响因素，即构成变量。

(2) 对构成FS和IS轴的各个变量给予从+1(最差)到+6(最好)的评分；对构成ES和CA轴的各个变量给予从-1(最好)到-6(最差)的评分。

(3) 分别将各个数轴的变量评分相加，再分别除以变量总数，从而得出FS、CA、IS和ES各自的平均分数。

(4) 将CA和IS的平均分数相加，并在X轴上标示出来；将FS和ES的平均分数相加，并在X轴上标示出来。

(5) 在SPACE矩阵中自原点至X、Y轴数值的交叉点画一条向量。这一向量所在的象限表明了企业可采取的战略类型：进取型、竞争型、防御型或保守型。

在进取象限里，企业可以利用自身内部优势和外部机会，来克服自身的劣势，同时回避外部的威胁，可以采取市场渗透、市场开发、产品开发、后向一体化、前向一体化、横向一体化、混合多元化、集中多元化、横向多元化或组合式战略；在保守象限，企业更适合采取市场渗透、市场开发、产品开发和集中多元化经营的战略；在防御象限里，可以采取后向一体化、前向一体化、横向一体化、市场渗透、市场开发、产品开发及合资等战略。

现以某航空公司为例来具体说明SPACE矩阵的运用，如表7-3、图7-3所示。

表7-3 某航空公司SPACE矩阵评分表

	评分人				平均得分
	总经理	人力总监	财务总监	营销总监	
财务优势(FS)					
投资收益	4	3	4	3	3.5
偿债能力	2	2	2	3	2.25
现金流动	3	4	3	3	3.25
退出市场	2	3	2	3	2.5
业务风险	4	5	4	4	4.25
合计					15.75
竞争优势(CA)					
市场份额	-3	-3	-2	-2	-2.5
产品质量	-2	-2	-2	-3	-2.5
用户忠诚	-3	-3	-4	-4	-3.5
专有技术	-5	-5	-5	-4	-4.75
控制	-5	-6	-6	-5	-5.5
合计					-18.75

续表

	评分人				平均得分
	总经理	人力总监	财务总监	营销总监	
环境稳定性(ES)					
竞争压力	−4	−3	−4	−4	−3.75
进入障碍	−3	−3	−2	−2	−2.5
需求弹性	−2	−3	−3	−3	−2.75
通货膨胀	−1	−1	−1	−1	−1
技术变化	−1	−2	−2	−2	−1.75
合计					−11.75
产业优势(IS)					
资金密集	5	5	5	4	4.75
财务稳定	4	5	4	5	4.5
增长潜力	5	6	5	5	5.25
盈利潜力	5	5	5	5	5
专有技术	4	5	4	5	4.5
合计					24

结论:

(1) FS 平均值: $15.75 \div 5 = 3.15$

CA 平均值为: $-18.75/5 = -3.75$

ES 平均值为: $-11.75/5 = -2.35$

IS 平均值为: $24/5 = 4.8$

(2) X 轴: $4.8 + (-3.75) = 1.05$

Y 轴: $3.15 + (-2.35) = 0.8$

从图 7-3 可以看出,该航空公司应该采取进取性的战略

SPACE 工具非常适合风险较大的行业及非常敏感的企业使用。它对风险予以了特别的关注,SPACE 矩阵将财务优势与环

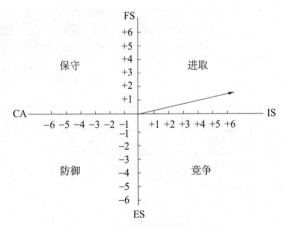

图 7-3 某航空公司的 SPACE 矩阵

境稳定性这一对指标独立出来作为一个纵轴,并把风险因素作了单独的分析与考虑。

7.3.3 波士顿咨询集团矩阵分析法(BCG 矩阵分析法)

波士顿咨询集团公司(Boston Consulting Grop,BCG)是一家顶级的管理咨询公司,它首创和推广了波士顿咨询集团矩阵(Boston Consulting Grop Matrix,简称 BCG 矩阵),也被称之为业务增长/市场份额矩阵。BCG 矩阵分析法关注企业多元化业务组合的问题,

通过考察各个经营单位的其他竞争者的经营单位的相对市场份额地位和产业增长速度而管理其业务组合。

▶ 1. 两个分析变量

在BCG矩阵图中,将市场增长率和相对市场占有率(relative market share position)两个因素作为企业内每个经营单位的战略选择的依据。

BCG矩阵的横坐标表示相对市场占有率。这里采用相对市场占用率而不是采用绝对市场占有率,是为了使各种经营单位的业务更容易进行比较,也能够比较准确地反映企业在竞争中的地位和实力。计算公式为:

$$相对市场占有率 = \frac{企业在本行业中的绝对市场占有率}{该行业最大竞争者的绝对市场占有率} \times 100\%$$

矩阵的纵坐标表示该行业的市场增长率。计算公式为:

$$市场增长率 = \frac{当年本行业销售额 - 上年本行业销售额}{上年本行业销售额} \times 100\%$$

▶ 2. 四个分析类型

将两个因素分为高低两个档次,就可以划出四个象限的矩阵。横坐标表示相对市场占有率,通常以1.0为界限,表示企业的市场份额为本产业领先企业的一半;纵坐标表示产业增长率,通常以10%作为高低产业增长率的分界线。需要注意的是,这些数字的范围可能在使用的过程中根据实际情况的不同进行修改。

BCG矩阵法将一个企业的业务分成四种类型:问题、明星、现金牛和瘦狗。一个企业的所有经营单位都可列入任意象限中,并依据它所处的地位采取不同的战略。

(1) 问题业务(Question Marks)

这类业务是指产业增长率较高、市场前景较好,但是相对市场占有率却比较低的业务,表明实力不强,不具优势。这往往是一个企业的新业务,通常对资金的需求量大而资金创造力小。只有那些符合企业长远发展目标、企业具备资源优势、能够增强企业核心竞争力的业务才可以采用扩张性的战略(包括市场渗透、市场开发和产品开发),追加投资,使之转变成明星业务;而对剩下的问题类单位应采取收缩和放弃的战略。

(2) 明星业务(Stars)

这类业务是指产业增长率高,有进一步发展的机会,同时相对市场占有率也比较高,企业在该行业中具有较强的竞争力。这是由问题业务继续投资发展起来的,可以视为高速成长市场中的领导者,它将成为企业未来的现金牛。明星业务应该得到大量投资,企业可以采取市场渗透、市场开发、产品开发等扩张型战略,也可以采取前向一体化、后面一体化或横向一体化等多元化战略,将这一优势扩展到整个产业链,还可以采取合资经营的战略,加强对这一业务的控制。如果企业没有明星业务,未来发展的前景将十分暗淡,但是,群星闪烁也可能使决策者做出错误的决策。企业应该将有限的资源投入在能够发展成为现金牛的业务上。

(3) 现金牛业务(Cash Cows)

指产业增长缓慢,占有较高的市场占有率的业务。企业在该业务中具有较强的竞争优势,也是企业现金牛的主要来源。此时,应尽可能的使现金牛业务长时期地保持其优势地位,对于弱势现金牛业务,更加适合采取收缩、剥离战略。值得注意的是,企业的现金牛业务享有规模经济和高边际利润的优势,往往被用来支付账款并支持其他三种需大量现金的业务,尤其是明星类业务,因而无须继续加大对这些业务的投入。

（4）瘦狗业务(Dogs)

这类业务指产业增长缓慢,而且企业又无竞争优势的业务。瘦狗业务既不能成为企业资金的来源,又无发展前途,是业务组合中最无价值的业务,应该采取收缩战略,通过大规模的资产和成本的削减,可能会使瘦狗类业务成为有盈利能力的现金牛类业务。然而在现实中,人们往往出于感情上的因素,虽然瘦狗类业务占用了公司大量的资源,但还是不忍放弃,这往往成为企业沉重的负担,如图7-4所示。

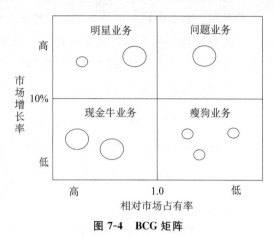

图 7-4　BCG 矩阵

▶ 3. 建立 BCG 矩阵的步骤

建立 BCG 矩阵通常包括四个步骤:

（1）将企业分成不同的经营单位,并用圆圈在矩阵中表现出来;

（2）圆圈的位置表示这个经营单位的市场增长和相对市场占有率的高低,面积的大小可以用经营单位的收入占市场总业务收入的比例或经营单位的资产在企业总资产中的占有率来表示;

（3）确定每一个经营单位的产业增长率和相对市场率占有率;

（4）依据每一个经营单位在整个经营组合中的位置而选择适宜的战略。

▶ 4. 局限性

与 SWOT 分析相比,BCG 矩阵以两个具体指标的量化分析来反映企业的外部环境与内部条件,有了进步,也有利于加强业务单位和企业管理人员之间的沟通,及时调整企业的业务投资组合,收获或放弃萎缩业务。但是同时也存在很多局限性:

（1）市场占有率只不过是企业总体竞争的一个方面,产业增长率也只是表明市场前景的一个方面,而且仅仅按高、低来划分四个象限,过于简单;

（2）计算相对市场占有率只考虑了最大的竞争对手,而忽视了那些市场占有率在迅速增长的较小的竞争者;

（3）市场占有率和盈利利率不一定有密切的关系,低市场占有率也可能高盈利;

（4）由于评分等级过于宽泛,可能会造成两项或多项不同的业务位于不同的象限中;

（5）由于评分等级带有折中性,使很多业务位于矩阵的中间区域,难以确定使用何种战略,同时也难以顾及两项或多项业务的平衡。

7.3.4 内部—外部矩阵分析法(IE 矩阵分析法)

内部—外部矩阵(Internal-external matrix,简称 IE 矩阵),是由通用电气公司的业务检查矩阵发展而来的。同 BCG 矩阵一样,IE 矩阵也是用矩阵图标识企业的各个经营单位的工具,以此来检查企业的业务组合状态,因此也被称作组合矩阵。

IE 矩阵以 IFE 矩阵的评分(或加权评分)作为横坐标,以 EFE 矩阵的评分(或加权评分)作为纵坐标,按照强、中、弱和高、中、低的水平把整个矩阵分为 9 个区域。其中 1.0~1.99 代表弱势地位,2.0~2.99 代表中等地位,3.0~4.0 代表强势地位。

如果经营单位落入到第Ⅰ、Ⅱ、Ⅳ象限中,表明该经营单位的内外环境评价分数较高,其处于增长和建立的区域,适宜采取的战略有加强型战略(市场渗透、市场开发和产品开发)和一体化战略(后向一体化、前向一体化和横向一体化)。

如果经营单位落入到了第Ⅲ、Ⅴ、Ⅶ象限中,表明该经营单位的内外环境评价分数在中等水平,其处于坚持和保持的区域,在这一区域的经营单位最好采取收获型战略或剥离型战略。如图 7-5 所示。

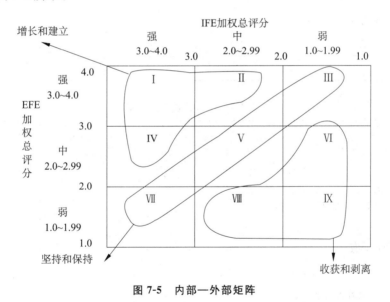

图 7-5 内部—外部矩阵

现以在 SWOT 分析中所提到的重庆某房地产公司为例,来说明 IE 矩阵在现实当中的实际应用。

这家房地产公司现有三个正在进行的项目:A 住宅小区、B 购物广场以及 C 别墅项目。专家们通过采用德尔菲法,对其内部评价因素和外部评价因素进行打分,最后得出 IFE 矩阵和 EFE 矩阵的加权分数和总分数。

表 7-4 和表 7-5 中权重和得分数据的确定是根据该房地产公司的具体情况略作改动而制作的,仅供参考。

表 7-4　内部因素评价矩阵

关键内部因素	权重	A 评分	A 得分	B 评分	B 得分	C 评分	C 得分
优势							
1. 灵活地反应机制	0.06	3	0.18	4	0.24	4	0.24
2. 较强的资源整合能力	0.08	4	0.32	3	0.24	4	0.32
3. 准确把握客户心理	0.07	3	0.21	4	0.28	2	0.14
4. 较好的盈利能力	0.06	3	0.18	2	0.12	4	0.24
5. 人才众多	0.1	3	0.3	4	0.4	3	0.3
弱势							
1. 规模较小，融资困难	0.14	1	0.14	3	0.42	4	0.56
2. 研究开发经费投入不足	0.12	1	0.12	4	0.48	2	0.24
3. 内部管理制度不是很完善	0.14	2	0.28	2	0.28	1	0.14
4. 管理的提升只停留在口号阶段	0.13	1	0.13	3	0.39	1	0.13
5. 内部凝聚力不高	0.1	1	0.1	3	0.3	1	0.1
总计	1.0		1.96		3.15		2.41

表 7-5　外部因素评价矩阵

关键外部因素	权重	A 评分	A 得分	B 评分	B 得分	C 评分	C 得分
机会							
1. 重庆市经济的发展增加了对房产的需求	0.11	2	0.22	3	0.33	4	0.44
2. "十四五"规划的实施	0.13	4	0.52	3	0.39	3	0.39
3. 住房消费信贷业务的迅猛发展	0.12	2	0.24	4	0.48	2	0.24
4. 商品房住宅存在着大量的缺口	0.11	3	0.33	4	0.44	2	0.22
5. 国外资金的进入提供了多种融资渠道	0.08	2	0.16	4	0.32	3	0.24
威胁							
1. 房地产业市场竞争加剧	0.09	2	0.18	3	0.27	4	0.36
2. 消费者的品位要求进一步提高	0.07	3	0.21	3	0.21	2	0.21
3. 银行对贷款融资条件越来越高	0.13	1	0.13	2	0.26	2	0.26
4. 外来开发商的进入	0.07	2	0.14	3	0.21	2	0.14
5. 人民币汇率的提高增加了建筑成本	0.09	1	0.09	2	0.18	3	0.27
总计	1.0		2.22		3.09		2.77

由 IE 矩阵分析可知，A(1.96，2.22)项目处于第 Ⅵ 象限，最适合采取收获型或剥离型的战略；B(3.15，3.09)项目处于第 Ⅰ 象限，适宜采取加强型战略，如市场渗透、市场开发和产品开发等；C(2.41～2.77)项目处于第 Ⅴ 象限，处于坚持和保持的区域，适合采取收获型战略或剥离型战略市场渗透和市场开发战略也在考虑的范围之内。

同 BCG 矩阵相比，IE 矩阵的评价指标更加科学，不同于 BCG 矩阵那样采用单一指标来衡量业务的内、外部因素，IE 矩阵采用加权评分这种复合式的指标来考察经营单位的内、外部因素。然而，IE 矩阵采用 EFE 评分作为外部环境因素的评价指标，忽略了不同的经营单位的不同的关键因素，使得 EFE 评分不具有可比拟性。如一家社区内的便利店最主要的关键外部因素是邻近同业态的行业竞争，如果同时投资了房地产行业，则房地产行业的最主要的关键外部因素却是国家政策的导向，两者不具有可比性。

7.3.5　产品—市场演变矩阵分析法（P/MEP 矩阵分析法）

美国战略管理学者查尔斯·霍夫(Charles W. Hofer)教授在波士顿矩阵、通用矩阵和利特尔的生命周期法的基础上，提出了产品—市场演化矩阵（produce-market evolved）。这种矩阵以竞争地位作为横坐标，分为强、中、弱三个阶段，以产品—市场演变阶段作为纵坐标，分别为开发阶段、成长阶段、扩张阶段、成熟度饱和阶段和衰退阶段。整个矩阵共划分为 15 个区域，企业可以根据各个经营单位成长阶段和竞争地位的不同而在图中定位，其中画圈的大小代表行业的相对规模，圆圈中阴影部分的面积表示经营单位在其行业中的市场份额。

虽然不同的企业有着不同的经营单位的组合，但查尔斯·霍夫和邓·斯肯德尔提出，企业大多数经营单位的组合都是成长型、盈利型、平衡型三种理想矩阵的变形体。如图 7-6 所示。

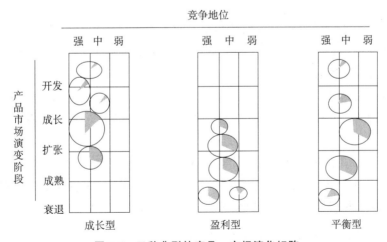

图 7-6　三种典型的产品—市场演化矩阵

不同的类型表明了企业在资源分配时追求的目的和目标也有所不同。成长型矩阵中，其经营单位多集中在产品—市场演变的前几个阶段，在竞争中也处于比较优势的竞争地位，其市场前景也比较好，但很可能会遇到资金短缺的困难；盈利型矩阵中经营单位的业务组合多处于产品—市场演变的后几个阶段，虽然其资金比较充裕，但不具备长远发展的潜力，需要寻找新的增长点；平衡型矩阵中的经营单位比较均衡地分布于产品—市场演变的各个阶段，既有大量的现金流入的经营单位，未来也有较好的发展能力。

另外，还有两位学者希尔和琼斯运用霍夫的方法直接将企业应该采取的战略写入了各个区域，供决策者参考。

现以某制药公司为例，该企业共有 7 个经营单位，根据市场和产品的生命周期分析，可得到一个产品—市场演化矩阵图，并给出了相关的战略选择建议，如图 7-7 所示。

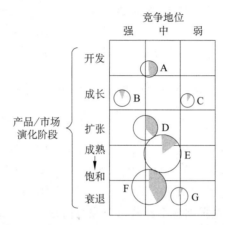

图 7-7 某制药公司的产品—市场演化矩阵图

经营单位 A 是一颗潜在的明星。它的市场份额很大，又处于产品—市场演变阶段的开发期，再加上强大的竞争力，企业应该对其加大投资，大力扩张。

经营单位 B 也可以看作一颗潜在的明星。但是从图中来看，B 的竞争地位比较强大，但是其市场份额却比较小，因此，对 B 的投资应该实施一种能扩大其市场份额的战略，以便争取得到更多的投资。

经营单位 C 处于成长阶段但是规模却相对较小，不仅竞争地位弱，而且市场份额小。如果 C 能够迅速增强，则应该采取扩张性的战略，对其追加投资；否则 C 就是一个放弃的对象，以此来节约资源为 A 和 B 提供支持。

经营单位 D 处于扩张阶段，不仅市场份额较大，而且竞争地位也比较强，对 D 类经营单位应该进行适量的投资来保持其强大的竞争地位。从发展的角度来看，D 应该发展成为一头现金牛。

经营单位 E 和 F 都是企业的现金牛，是企业公司资金的主要来源。

经营单位 G 处于衰退阶段，竞争地位较弱，就好像是 BCG 矩阵中的瘦狗类业务，如果尚能维持，应该尽可能多地创造现金，从长远的角度来看，更应该被放弃。

7.3.6 大战略矩阵分析法（GS 矩阵分析法）

大战略矩阵（grand strategy matrix，简称 GS 矩阵）是另一个战略匹配的重要工具，它以竞争地位和市场增长作为两个评价的数值，把整个矩阵分为四个象限，各类企业均可按照评价的数值来确定企业所处的象限，从而选择适合企业发展的战略。多元化企业可按照其主业在行业中的竞争优势和行业增长率来进行分析,如图7-8所示。

企业处于第Ⅰ象限时,行业的市场增长非常迅速,竞争力也很强。此时企业更适合采用加强型的战略,如市场开发、市场渗透和产品开展等战略;如果企业的资源没有被充分利用,则考虑进行后向、前向和横向一体化;如果企业的产品过于单一,也可以考虑进行集中多元化战略。

企业处于第Ⅱ象限时,表明目前的市场增长迅速,但企业处于比较劣势的竞争地位,如果企业选择继续加强此业务的经营,则可以采取加强型的战略,如市场开发、市场渗透和产品开发,如果企业选择放弃此项业务,则可以采取剥离和结业清算的战略。

企业处于第Ⅲ象限,则表明企业在增长缓慢的产业竞争中处于不利的竞争地位,企业必须脱离此项业务以避免损失的进一步恶化,可考虑的战略有收缩战略、集中多元化战略、横向多元化战略、混合式多元化战略、剥离和结业清算战略。

企业处于第Ⅳ象限,则表明企业处于强势竞争地位,但企业所处的行业增长缓慢,企业可考虑采取相关多元化战略、非相关多元化战略和合资战略等。

如在GS矩阵分析中的某航空公司,其在增长迅速的市场中处于中等竞争地位,比较适合第Ⅰ、第Ⅱ象限的战略。

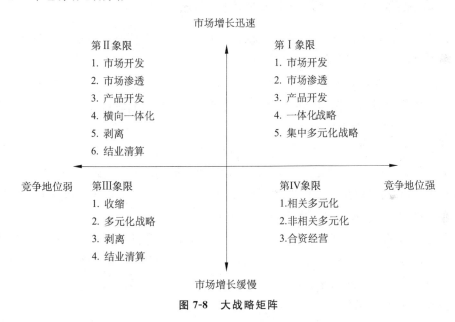

图7-8　大战略矩阵

7.4　战略评价的方法

运用上述战略选择方法初步选出的战略方案,还需要一套比较完整的体系或标准来对其进行检验和评价,最后被付诸实施的战略方案往往都是经过了多重的检验。

一般来讲,检验标准的制定往往要考虑战略同目标、外部环境、企业内部资源和能力以及战略实施之间的协调一致性问题。只有经过检验,能够发挥出优势、抓住机会、克服劣势、避开威胁的战略方案才是优选的战略。

7.4.1 战略的定性评价方法

通过战略选择的方法可知，一个企业根据外部环境的机会、威胁和自身条件的优势、劣势，可能会有很多种可供选择的战略方案。然而现实情况的复杂性使得企业在制定战略时要考虑众多因素，这其中有很大一部分是无法量化的，因此，战略评价主要是采用定性评价法。

定性评价法的主要步骤如下：
(1) 根据检验标准，拟定若干具体问题；
(2) 回答上述这些问题以考虑战略符合标准的程度；
(3) 评价优劣并决定其取舍。

然而，实际中的困难是即使问题问的再多，也不可能包罗所有，而且也不是对每个战略都适合回答所有这些问题。如何对这些问题进行取舍，完全凭借着战略决策者对影响战略的各种因素进行权衡和把握，这也是战略定性评价法最大的缺点。

7.4.2 战略的定量评价方法（QSPM 矩阵法）

在有些情况下，也可以对战略方案进行定量化的评价，从而选择出最有效的战略。美国一位学者就提出了定量战略计划矩阵法。

定量战略计划矩阵（quantitative strategic planning matrix，QSPM 矩阵）是对备选方案的战略行动的相对吸引力做出评价，从定量的角度来评判其战略备选方案的优劣程度。经过由第二阶段的 SWOT 矩阵、SPACE 矩阵、BCG 矩阵、IE 矩阵、P/MEP 矩阵和 GS 矩阵的战略矩阵匹配阶段后，得到了一系列战略方案的组合，那么，它们的重要程度如何？企业应如何根据自身条件的限制来选择最合适企业发展的战略（或战略组合）？处于决策阶段的 QSPM 矩阵便是解决这一问题的工具，也是一种使战略制定者根据先前分析过的关键外部、内部因素（EFE、IFE）来客观评价备选方案的工具。

QSPM 矩阵的左栏包括了从 EFE 矩阵和 IFE 矩阵得到的信息，而 QSPM 矩阵顶部包括从第二阶段战略匹配分析中得出的备选方案，此外还包括了关键因素分析的权重及其评分、吸引力评分、吸引力总分等要素。

建立 QSPM 矩阵通常包括以下几个步骤。

(1) 在 QSPM 矩阵的左栏上，根据先前分析过的 EFE 矩阵、IFE 矩阵中得到的关键外部机会与威胁、内部优势和劣势，并给出相应的权重。

(2) 将得出的匹配的战略备选方案填到矩阵顶部的横行中。

(3) 确定每一组备选方案的吸引力分数（attractiveness scores，AS）。根据所考虑的关键因素与备选战略的关系给出评分。评分值在 1~5 之间，根据机会、威胁、优势和劣势来分别确定，具体定义如表 7-6 所示。

(4) 计算吸引力总分（total attractiveness scores，TAS）。根据所考察的关键因素与备选战略的关系给出评分。

(5) 吸引力总分是关键因素的权重和吸引力评分二者的乘积,即:

$$TAS = 权重 \times AS$$

计算吸引力总分和。它是通过将 QSPM 矩阵中各个备选战略的 TAS 总分相加而得。分数越高,表明战略越具有吸引力。

表 7-6 吸引力分数说明

	机 会	威 胁	优 势	劣 势
5 分	充分抓住机会	很好地应对威胁	充分利用优势	很好地弥补劣势
4 分	较好把握机会	较好地应对威胁	较好地利用优势	较好地弥补劣势
3 分	把握机会程度一般	应对威胁能力一般	利用优势程度一般	弥补劣势程度一般
2 分	不能较好把握机会	不能较好应对威胁	不能较好地利用优势	不能较好弥补劣势
1 分	完全没有抓住机会	完全不能应对威胁	完全不能利用优势	完全不能弥补劣势

现以 SWOT 分析中提到过的某房地产公司为例,来具体说明 QSPM 矩阵的应用,如表 7-7 所示。表中数据权重的引用为上文所述 IFE 矩阵和 EFE 矩阵中的数据,而吸引力的分数根据该房地产公司具体的战略选择方案进行评价,同时为方便学习略有改动,仅作参考。

表 7-7 某房地产公司定量战略计划矩阵表

	关 键 因 素	权重	市场开发		市场渗透		产品开发	
			AS	TAS	AS	TAS	AS	TAS
机 会	1. 重庆市经济的发展增加了对房产的需求	0.11	4	0.44	4	0.44	4	0.44
	2. "十四五"规划的实施	0.13	3	0.39	4	0.52	4	0.52
	3. 住房消费信贷业务的迅猛发展	0.12	3	0.36	4	0.48	4	0.48
	4. 商品房住宅存在着大量的缺口	0.11	4	0.44	3	0.33	4.5	0.495
	5. 国外资金的进入提供了多种融资渠道	0.08	2	0.16	4	0.32	3.5	0.28
威 胁	1. 房地产业市场竞争加剧	0.09	3	0.27	2	0.18	3.5	0.315
	2. 消费者的品位要求进一步提高	0.07	4	0.28	3	0.21	3	0.21
	3. 银行对贷款融资条件越来越高	0.13	3	0.39	3.5	0.455	4	0.52
	4. 外来开发商的进入	0.07	3	0.21	3	0.21	2.5	0.175
	5. 人民币汇率的提高增加了建筑成本	0.09	3	0.27	2.5	0.225	3.5	0.315
	总计	1.0						
优 势	1. 灵活地反应机制	0.1	5	0.5	4.5	0.45	3	0.3
	2. 较强的资源整合能力	0.15	4	0.6	4.5	0.675	3.5	0.525
	3. 准确把握客户心理	0.08	4	0.32	4	0.32	4.5	0.36
	4. 较好的盈利能力	0.11	4	0.44	4	0.44	3	0.33
	5. 人才众多	0.09	4	0.36	4	0.36	3.5	0.315

续表

关键因素		权重	市场开发		市场渗透		产品开发	
			AS	TAS	AS	TAS	AS	TAS
劣势	1. 规模较小，融资困难	0.2	3	0.6	3	0.6	2.5	0.5
	2. 研究开发经费投入不足	0.07	2	0.14	4	0.28	3	0.21
	3. 内部管理制度不是很完善	0.07	2	0.14	3.5	0.245	3	0.21
	4. 管理的提升只停留在口号阶段	0.06	3	0.18	3.5	0.21	3	0.18
	5. 内部凝聚力不高	0.07	3	0.21	2.5	0.175	3	0.21
总计		1.0		6.7		7.125		6.89

从表7-7可以看出，各战略方案的优劣的排序为：市场渗透(7.125)、产品开发(6.89)、市场开发(6.7)。

值得注意的是，由于QSPM矩阵是对备选方案进行对比评价，因此AS评分应该横向进行，即对某一因素在各个备选方案进行比较。此外，并不是每一个在战略匹配阶段所涉及的可行性的战略都要在QSPM战略中得到评价，战略制定者应该凭借自身良好的直觉性判断选择进入QSPM矩阵中的战略。

QSPM矩阵涉及了战略上重要的取舍问题，企业应该充分利用有限的资源来达到最大的输出效果，对长、短、利、害等要素进行综合的评价，同时可以评价多种战略或战略组的数量，而且要求战略制定者在决策过程中将有关的外部和内部因素结合在一起考虑。在这里，由于外部因素和内部因素的总权重都为1，所以可以看作外部因素和内部因素同等重要，这是一种风险中性的反映。决策者可以根据风险偏好，通过调整权重的大小来调整内、外部因素的关系，如果企业集团倾向于进取型可以将外部因素权重设的高一些，相反如果企业内部倾向与稳重型，则可以将内部因素权重设的高一些。

此外，QSPM矩阵把战略决策者们的主观判断定量化，使各方观点、判断都在一个平台上完好地呈现出来，更有助于帮助决策团队达成共识。

然而，QSPM矩阵总是要求做出直觉性判断和经验性假设，因为权重的设定和吸引力的分数往往要靠经验来判断。同时，由于QSPM是建立在第一阶段、第二阶段的基础上的，所以QSPM的准确性往往要依据前两个阶段的准确度，这也限制了QSPM结果的准确性。

小结

企业不仅要把事情做正确，更重要的是要做正确的事。战略制定的目的就在于评价企业目前是否正在做正确的事。随着时代的不断进步，时代变革的速度在加快，这就要求企业的战略必须因时因势而不断调整，只有明确了自己的发展方向和保持一贯的经营战略的企业才有可能更长久地生存下去。影响战略制定的因素有很多方面，本章着重挑选了企业战略决策者的因素、企业企业过去战略影响的因素、企业文化因素、企业内外不同利益主体因素、时间及社会义务和道德因素等几个方面进行了描述,并用一个实用的三阶段框架系统对这些方法与思想进行了综合。SWOT 矩阵、SPACE 矩阵、BCG 矩阵、IE 矩阵、P/MEP 矩阵、GS 矩阵都是可以在进行战略选择时所参考的工具,同时可以用 QSPM 矩阵来进行战略决策。

| 章末案例 |

京 东 战 略

京东于 2004 年正式涉足电商领域,2019 年,京东集团市场交易额超过 2 万亿元。2019 年 7 月,京东集团第四次入榜《财富》全球 500 强,位列第 139 位,是中国线上线下最大的零售集团。2014 年 5 月,京东集团在美国纳斯达克证券交易所正式挂牌上市,是中国第一个成功赴美上市的大型综合型电商平台。2015 年 7 月,京东凭借高成长性入选纳斯达克 100 指数和纳斯达克 100 平均加权指数。2019 年全年,京东集团净收入达 5 769 亿元,归属于普通股股东的净利润达 122 亿元,创历史最高纪录;研发投入达 179 亿元,跃升为中国企业中对技术投入最多的公司之一。

京东集团定位于"以供应链为基础的技术与服务企业",奉行客户为先、诚信、协作、感恩、拼搏、担当的价值观,目标是成为全球最值得信赖的企业。

坚守正道成功,以为社会创造价值为己任

京东坚守"正道成功"的价值取向,坚定地践行用合法方式获得商业成功,致力于成为一家为社会创造最大价值的公司。自创立之初,京东就秉持诚信经营的核心理念,坚守正品行货、倡导品质经济,成为中国备受消费者信赖的零售平台;京东坚定"客户为先"的服务理念,大力发展自建物流,保障用户体验,成为领先全球的新标杆;依托于所有京东人的拼搏和激情,京东持续 16 年保持超过 110% 的年均复合增长率。京东以丰富的应用场景和精准的大数据为根基,创新性地在数字科技等领域大胆探索,一次又一次地创造了发展奇迹!

京东零售集团:备受用户信赖、以供应链为基础的友好交易零售平台

京东零售集团坚持"以信赖为基础、以客户为中心的价值创造"的经营理念,持续创新,不断为用户和合作伙伴创造价值。截至 2020 年 8 月,京东零售集团拥有 4 亿多名活跃用户,致力于在不同的消费场景和连接终端上,通过强大的供应链、数据、技术以及营销能力,在正确的时间、正确的地点为客户提供最适合他们的产品和服务。

京东零售打造 50 余种服务项目,覆盖购物、售后、送装全链条,为消费者提供高品质的服务。京东客服始终坚持"客户为先"的服务理念,目前已拥有 1 万多名员工及中国电商行业规模最大、服务和技术能力领先的客服团队,成为京东零售的核心竞争力之一。2019 年底,京东宣布在过去 10 年累计为客服投入超过 150 亿元的基础上,将继续加大对客服的投入,为消费者提供更加优质的购物体验。

京东数字科技集团:科技助力产业数字化

京东数字科技集团以数据技术、人工智能、物联网、区块链等时代前沿技术为基础,建立并发展起核心的数字化风险管理能力、用户运营能力、产业理解能力和B2B2C模式的企业服务能力。京东数字科技集团经营的宗旨是从数据中来，到实体中去，通过数字科技来服务金融与实体产业，助力相关产业实现互联网化、数字化和智能化，通过实现成本降低、效率提高、用户体验提升和模式升级，最终实现新的增长，并在这个过程中创造公平与普惠的社会价值。

截至目前，京东数字科技集团完成了在智能城市、数字农牧、金融科技、资管科技、数字营销、数字乡村、智能机器人等领域的布局，服务客户纵贯个人端、企业端、政府端。截至2020年10月，京东数科已经累计为各类金融机构服务近4亿个人用户，带来超7 000亿元存款和超过17 000亿元个人、小微企业短期贷款。在政府数字化服务层面，服务40余家城市公共服务机构。

京东物流集团：成为全球供应链基础设施服务商

京东集团自2007年开始自建物流，2012年注册物流公司，2017年4月25日正式成立京东物流集团。京东物流以降低社会物流成本为使命，致力于将过去10余年积累的基础设施、管理经验、专业技术向社会全面开放，成为全球供应链基础设施服务商。

目前，京东物流是全球唯一拥有中小件、大件、冷链、B2B、跨境和众包（达达）六大物流网络的企业，凭借这六张大网在全球范围内的覆盖以及大数据、云计算、智能设备的应用，京东物流打造了一个从产品销量分析预测，到入库出库、再到运输配送各个环节无所不包、综合效率最优、算法最科学的智能供应链服务系统。

打造软硬件一体化的互联网技术体系

京东是一家以技术为成长驱动的公司，从成立伊始，就投入大量资源开发完善可靠、能够不断升级、以应用服务为核心的自有技术平台，从而驱动零售、数字科技、物流等各类业务的成长。京东已经形成了鲜明的技术驱动发展战略，打造出独特的软硬件一体化的互联网技术体系，引入国际性人才，夯实核心研发能力，建立多个开放平台，积极对外服务。

在核心技术领域，京东是人工智能技术最深入广泛的应用者和推动者；京东拥有全行业价值链最长、最优质的大数据，并以此展开了全面应用。京东云正成为京东对外开放赋能的重要窗口，推动大量核心技术、方案和服务输出，助力零售行业成长。

资料来源：京东官网，www.about.jd.com

请运用所学的战略分析与选择工具来对京东的战略进行分析与评价。

复习与讨论

1. 影响战略选择的因素有哪些？
2. 战略制定框架分为几个阶段？分别包含什么方法？

线上课堂——训练与测试

战略实践演练

在线自测

第8章 战略实施

学习导语

企业一旦选择了合适的战略，战略管理活动的重点就从战略选择转移到了战略实施阶段。但战略实施并不是轻而易举的过程，它涉及公司治理的完善、组织结构的调整、内外部资源的配置、企业文化的建设以及战略控制与变革一系列问题。公司治理决定企业为谁服务、由谁控制、风险和利益如何在各个利益集团中分配等一系列根本性问题，而这些问题直接关系到整个企业的经营效率，关系到企业战略实施的成败。战略的成功实施又需要得到组织上的保证，组织设计是战略实施中必须面对的基本问题。在企业文化的建设中，领导力一直起着至关重要的作用也是战略有效实施的基础。因此，只有当企业的各种因素相互适应和相互匹配时，战略实施才更有可能取得成功。这就意味着，为了达到战略目标，成功的管理者必须取得战略与其内部因素之间的匹配。这些因素之间越是相互适应和匹配，战略则越会有效。本章从公司治理、组织设计、战略领导力三个大的方面来进行讲解。

学习目标

> 掌握战略实施的概念和四个阶段
> 知晓企业战略实施的基本原则
> 了解公司治理的概念与模式
> 掌握组织结构的基本类型与最新发展
> 理解战略领导力的概念、领导风格与关键战略领导行动

如果不能很好地实施，再好的战略也注定会失败。

——伯纳德·赖曼

战略制定者不应该将大多数时间花费在制定战略上，而应用在实施战略上。

——亨利·明茨伯格

开篇案例

字节跳动公司的组织升级

2020年3月12日，字节跳动在成立八周年之际，宣布组织全面升级。

3月12日起，张利东担任字节跳动（中国）董事长，作为中国职能总负责人，全面协调公司运营，包括字节跳动中国的战略、商业化、战略合作伙伴建设、法务、公共事务、公共关系、财务、人力；抖音CEO张楠将担任字节跳动（中国）CEO，作为中国业务总负责人，全面协调公司中国业务的产品、运营、市场和内容合作，包括今日头条、抖音、西瓜视频、搜索等业务和产品。两人向张一鸣汇报。

作为字节跳动CEO，张一鸣将聚焦公司全球战略和发展，更专注于长期重大课题的探索和战略思考，包括全球化企业管理研究，企业社会责任以及教育等新业务方向。同时，张一鸣会花更多精力完善字节跳动全球管理团队。

此次调整，旨在适应字节跳动全球业务的发展，加强中国业务的团队建设，提升管理效率。

张一鸣在给字节跳动员工的全员信中表示："过去8年，字节跳动飞速发展，我们已经从一个小产品，成长为给全球用户提供多个产品服务的大平台，全球员工人数今年也将达到10万人。在成长道路上，我们遇到很多的挑战。这些挑战要求我们公司的组织方式有更多变化。"

字节跳动公司的快速发展带来更大的组织管理挑战。张一鸣把改进超大型全球化企业的管理，列在了字节跳动公司长期重大课题的第一位。他在全员信中表示："为了应对业务的变化，我们一直在公司组织和合作方式上不断优化调整。比如，明确主要业务的CEO和管理团队；建立各业务虚拟的P&L（损益表），帮助各业务更好的做决策；绩效管理和OKR（目标和关键成果）工具也在不断更新。但如何建立好一个超大型全球化企业，对我们来说，还是新的课题。"截取其片段如下：

"研究如何更好地改进超大型全球化企业的管理

坦白讲，管理一个在30个国家，180多个城市，有超过6万名员工的公司，并不容易。这还不包括，我们教育业务在北美的5 000位外教，公司行政体系的外包员工等。过去一年，我们已经看到了不少管理问题，最直接的反馈是员工敬业度和满意度统计结果下降了。

我争取在未来三年走遍所有有办公室的地区，了解公司也学习当地文化。我们的目标不仅是建立全球化的业务，更是建立全球化的多元兼容的组织。通过更好的组织，激发每个人的潜能和创造力，服务全球用户。

我们一直说develop a company as a product，理解公司这个产品的本质是什么，对改进管理很重要。

2016年之前我看了很多东西，也有很多思考，并且在我们公司管理中进行实践。字节范中的坦诚清晰，来源于我试图理解杰克韦尔奇在《赢》中反复强烈的强调——坦诚降低组织交易成本。'知识型组织中,每一个人都是管理者',这是德鲁克关于管理者的重新定义。他对于目标管理的思考,启发了我们对于组织有效性的重视和OKR的实践。他和科斯的想法,促使我思考企业边界是什么,以及如何从外部视角衡量组织内部的交易成本。我们坚持的'context, not control'的理念,受到Netflix的直接影响。当然也很大程度上跟哈耶克关于理性的自负的论述有关,我认识到信息透明、分布式决策和创新的重要性。

科技公司组织方式变化,会带来很多新的变化,在业务、财务、人力方面都有体现。财务上,如何把UG①中的LTV②引入内部财务报表,各个业务之间应该如何结算成本。人力上,在职能、业务、市场三个维度交叉下应该如何组织人才。当然相应的,企业内部工具也需要新的研发优化。对我们来说,过去两年,其实是问题多思考少。我之后会花更多时间学习研究,也和ES的同事一起讨论提升。"

资料来源:字节跳动官网

企业战略的成功落地需要组织的保障,组织设计是战略实施中必然要面对的基本问题。随着字节跳动公司的逐步发展,其多元化战略和国际化战略的落地必然要求组织进行变革和升级,才能更好地促进公司战略的有效实施。不同的战略需要不同的战略匹配。字节跳动公司不断地随着业务的发展来变化自己的组织方式,其许多方面都值得学习。

微课视频 8-1
战略实施概述

8.1 战略实施概述

8.1.1 战略实施的概念

战略实施就是将企业战略付诸实施的过程。企业战略的实施是战略管理过程的行动阶段,因此它比战略的制定更加重要。

战略实施是一个自上而下的动态管理过程。所谓"自上而下"主要是指,战略目标在企业高层达成一致后,再向中下层传达,并在各项工作中得以分解、落实。所谓"动态"主要是指战略实施的过程中,常常需要在"分析—决策—执行—反馈—再分析—再决策—再执行"的不断循环中达成战略目标。

企业战略在尚未实施之前只是纸面上的或人们头脑中的东西,而企业战略的实施是战略管理过程的行动阶段,某种意义上说,它比战略的制定更加重要。

8.1.2 战略实施的阶段

企业战略实施包含四个相互联系的阶段,包括战略发动阶段、战略计划阶段、战略运作阶段、战略的控制与评估阶段。

---

① UG:产品工程解决方案(Unigraphics NX, UX)。
② LTV:生命周期总价值(Life time value, LTV)。

▶ 1. 战略发动阶段

在这一阶段，企业的领导人要研究如何将企业战略的理想变为企业大多数员工的实际行动，调动起大多数员工实现新战略的积极性和主动性，这就要求对企业管理人员和员工进行培训，向他们灌输新的思想、新的观念，提出新的口号和新的概念，消除一些不利于战略实施的旧观念和旧思想，以使大多数人逐步接受一种新的战略。对于一个新的战略，在开始实施时相当多的人会产生各种疑虑，而一个新战略往往要将人们引入一个全新的境界，如果员工们对新战略没有充分的认识和理解，它就不会得到大多数员工的充分拥护和支持。因此，战略的实施是一个发动广大员工的过程，要向广大员工讲清楚企业内外环境的变化给企业带来的机遇和挑战，旧战略存在的各种弊病，新战略的优点以及存在的风险等，使大多数员工能够认清形势，认识到实施战略的必要性和迫切性，树立信心，打消疑虑，为实现新战略的美好前途而努力奋斗。在发动员工的过程中要努力争取战略的关键执行人员的理解和支持，企业的领导人要考虑机构和人员的人事调整问题，扫清战略实施的障碍。

▶ 2. 战略计划阶段

将企业战略分解为几个战略实施阶段，每个战略实施阶段都有分阶段的目标，有每个阶段相应的政策措施、部门策略以及相应的方针等。要定出分阶段目标的时间表，要对各分阶段目标进行统筹规划、全面安排，并注意各个阶段之间的衔接，对于远期阶段的目标方针可以概括一些，但是对于近期阶段的目标方针则应该尽量详细一些。对战略实施的第一阶段，更应确保新战略与旧战略有很好的衔接，以减少阻力和摩擦，因而第一阶段的分目标及计划应该更加具体化和操作化，应该制订年度目标、部门策略、方针与沟通措施等，使战略最大限度的具体化，变成企业各个部门可以具体操作的业务。

▶ 3. 战略运作阶段

企业战略的实施运作主要与下面六个因素有关，即各级领导人员的素质和价值观念、企业的组织机构、企业文化、资源结构与分配、信息沟通、控制及激励制度。通过这六项因素使战略真正进入到企业的日常生产经营活动中去，成为制度化的工作内容。

▶ 4. 战略的控制与评估阶段

战略是在变化的环境中实践的，企业只有加强对战略执行过程的控制与评价，才能适应环境的变化，完成战略任务。这一阶段主要是建立控制系统、监控绩效和评估偏差、控制及纠正偏差三个方面。

8.1.3 战略实施的基本原则

企业在战略实施的过程中，常常会遇到许多在制定战略时未估计到或者不可能完全估计到的问题。针对于此，在战略实施中有三个基本原则，可以作为企业战略实施的基本依据。

▶ 1. 适度合理性的原则

由于经营目标和企业战略的制定过程中，受到信息、决策时限以及认识能力等因素的限制，对未来的预测不可能很准确，所制定的企业战略也不一定是最优的。而且在战略实施的过程中由于企业外部环境及内部条件的变化较大，情况比较复杂，因此只要在主要的战略目标上基本达到了战略预定的目标，就应当认为这一战略的制定及实施是成功的。在客观现实中不可能完全按照原先制订的战略计划行事，因此战略的实施过程不是一个简单机械的执行过程，而是需要执行人员大胆创造、大量革新。因为新战略本身就是对旧战略以及旧战略相关的文化、价值观念的否定，没有创新精神，新战略就得不到实施。因此，战略实施过程也可以看作是对战略的创造过程。在战略实施中，战略的某些内容或特征有可能改变，但只要不妨碍总体目标及战略的实现，就是合理的。

另外，企业的经营目标和战略总是要通过一定的组织机构分工实施的，也就是要把庞大而复杂的总体战略分解为具体的、较为简单的、能予以管理和控制的小目标，由企业内部各部门以至部门各基层组织分工去贯彻和实施。组织机构是适应企业经营战略的需要而建立的，但一个组织机构一旦建立就不可避免地要形成自己所关注的问题即本位利益，这种本位利益在各组织之间以及和企业整体利益之间会发生一些矛盾和冲突。为此，企业的高层管理者要做的工作是对这些矛盾冲突进行协调一致、折中妥协，以寻求各方面都能接受的解决办法，而不可能离开客观条件去寻求所谓绝对的合理性。只要不损害总体目标和战略的实现，还是可以容忍的，即在战略实施中要遵循适度的合理性原则。

▶ 2. 统一领导、统一指挥的原则

对企业经营战略了解最深刻的应当是企业的高层领导人员，一般来讲，他们要比企业中下层管理人员以及一般员工掌握的信息要多，对企业战略的各个方面的要求以及相互联系的关系了解得更全面，对战略意图体会最深，因此战略的实施应当在高层领导人员的统一领导、统一指挥下进行。只有这样其资源的分配、组织机构的调整、企业文化的建设、信息的沟通及控制、激励制度的建立等各方面才能相互协调、平衡，才能使企业为实现战略目标而卓有成效的运行。

同时，要实现统一领导、统一指挥的原则，须要求企业的每个部门只能接受一个上级的命令，但在战略实施中所发生的问题，能在小范围、低层次解决，就不要放到更大范围、更高层次去解决，这样做所付出的代价最小。因为越是在高层次的环节上去解决问题，其涉及的面也就越大，交叉的关系也就越复杂，当然其代价也就越大。

统一领导、统一指挥的原则看似简单，但在实际工作中，由于企业缺少自我控制和自我调节机制或这种机制不健全，因而在实际工作中经常违背这一原则。

▶ 3. 权变原则

企业经营战略的制定是基于一定的环境条件的假设，在战略实施中，情况的发展与原先的假设有所偏离是不可避免的，战略实施过程本身就是解决问题的过程。但如果企业内外环境发生重大变化，以至原定战略的实现成为不可行，显然这时需要把原定的战略进行重大调整，这就是战略实施的权变问题。其关键就是在于如何掌握环境变化的程度，如果当环境发生并不重要的变化时就修改了原定的战略，这样容易造成人心浮动，带来消极后果，缺少坚韧毅力，最终只会导致一事无成。但如果环境确实已经发生了很大的变化，仍然坚持实施既定的战略，将最终导致企业破产，因此关键在于如何衡量企业环境的变化。

权变的观念应当贯穿于战略实施的全过程，从战略的制定到战略的实施，权变的观念要求识别战略实施中的关键变量，并对它做出灵敏度分析，提出这些关键变量的变化超过一定范围时，原定的战略就应当调整，并准备相应的替代方案，即企业应该对可能发生的变化及其造成的后果，以及应变替代方案，都要有足够的了解和充分的准备，以使企业有足够的应变能力。当然，在实际工作中，对关键变量的识别和起动机制的运行都是很不容易的。

知识链接 8-1
战略落地七要诀

8.2 公司治理

在供不应求的卖方市场时代，企业凭借大规模的机械化生产来获取利润；在产品越来越多样化的买方市场时代，企业依靠强大的营销攻势来赢得竞争；那么在科技越来越发达、产品生产周期越来越短的信息时代，企业又应该采取什么样的措施来提升竞争力呢？知识可以学习，成功的商业模式可以模仿，但是各企业的公司治理模式却无法被简单地借用。因为公司治理模式的形成总是与企业的成立、发展、经历息息相关。而作为企业战略管理的支撑平台，公司治理模式的好坏不仅彰显着企业的理念、宗旨、文化，更重要的是，公司治理水平的高低直接决定着企业的战略管理水平，从而影响着企业的市场竞争力。

8.2.1 公司治理的概念

公司治理又名公司管治、企业管治，是一套程序、惯例、政策、法律及机构，影响着如何带领、管理及控制公司。公司治理方法也包括公司内部利益相关人士及公司治理的众多目标之间的关系。主要利益相关人士包括股东、管理人员和理事。其他利益相关人士包括雇员、供应商、顾客、银行和其他贷款人、政府政策管理者、环境和整个社区。

从公司治理的产生和发展来看，公司治理可以分为狭义的公司治理和广义的公司治理两个层次。

狭义的公司治理，是指所有者（主要是股东）对经营者的一种监督与制衡机制，即通过一种制度安排，来合理地界定和配置所有者与经营者之间的权利与责任关系。公司治理的目标是保证股东利益的最大化，防止经营者与所有者利益的背离。其主要特点是通过股东大会、董事会、监事会及经理层所构成的公司治理结构的内部治理。

广义的公司治理是指通过一整套包括正式或非正式的、内部的或外部的制度来协调公司与所有利益相关者之间（股东、债权人、职工、潜在的投资者等）的利益关系，以保证公司决策的科学性、有效性，从而最终维护公司各方面的利益。

8.2.2 公司治理中存在的博弈问题

公司治理过程其实就是权力、责任、利益和风险等在不同利益相关者之间分配的过程，最后的结果也是不同利益主体间相互博弈的结果。由于不同的利益相关者的目标有所不同，为了保护自身利益不被侵害，各利益主体在权衡得失之后，都会采取一定的行为措施以保证自己的利益能实现最大化。例如，一个从事化工业的企业，其所有者为了使利润最大化，必然会竭尽全力地扩大生产规模。而政府出于环保的考虑，则希望能将由生产带来的污染程度减至最低，这也就出现了利益目标不一致的问题。为此在企业所有者和政府之间就会有一个相互博弈的过程，而最终解决方案的确定也就是双方博弈的结果。

分析企业中不同的利益主体，我们可以发现，在公司治理中一般都存在以下几种博弈关系。

▶ 1. 股东间的利益博弈关系

就我国上市公司的情况来看，绝大部分属于两种类型：一种是股权有一定集中度、有相对控股股东，并且有其他大股东存在；另一种是股权高度集中，如一些国有企业。在这种情况下，大股东和小股东之间的博弈关系就属于典型的"智猪博弈"。在公司治理中决策与监督是需要成本的，在成本相同的情况下，大股东得到的利益显然比小股东的要多得多。因此，大股东相对于小股东更有动力负起决策、监督之责，而小股东当然就成了搭便车的人。但是此时也容易出现大股东侵占小股东利益的问题。由于大股东处于公司治理的关键性地位，在公司治理中大股东对于企业的决策具有相当大的影响力。因此，只要利益诱惑足够大，那么这种优势就有可能转变为大股东为了一己私利而侵占小股东利益的有力工具。

▶ 2. 股东与高级管理层之间的博弈关系

股东与高级管理层通过契约建立起了委托代理关系，即股东将企业的经营管理权委托给高级管理层来实施。正如前面所分析的那样，由于契约本身的不完整性，使得契约对代理人的激励和监督还存在一定的缺陷。尤其是在我国经理人市场还在形成和完善的过程中，这种契约关系对于高层管理者的激励监督所起的作用就更有限。高层管理者的薪酬一般都与企业的绩效紧密相关，高层管理者们追求短期利益的动机相当大，而企业的长远利益往往被忽视掉。因此，在股东与高层管理层之间的博弈过程中，必须要妥善地处理企业长远利益与短期利益之间的关系。

▶ 3. 独立董事与大股东之间的博弈关系

当存在完善的监督和惩罚制度时，独立董事与大股东之间的博弈就可以达到纳什均衡。也就是说，只要大股东有侵占小股东利益的行为出现，就会立刻被发现，并处以严厉的惩罚。在这种情况下，独立董事也就真正地发挥了其独立监督的作用。然而在实际中，我国的独立董事却是缺乏效率的。一方面由于企业掌握了独立董事的任免权，因此导致独立董事不独立的问题出现；另一方面，在独立董事的激励问题上没有一个较好的解决方案，而由激励不足所导致的必然结果就是，独立董事的作用没有得到很好的发挥。

8.2.3 我国公司治理的影响因素

企业作为市场经济的主体，好比整个经济网上的一个结点，它的发展不仅离不开内部资源的合理整合，还与外部环境有着紧密的关联。从企业发展所需的资源来看，企业离不开股东（投资者）、债权人提供的资金，离不开企业员工的人力资源的支持，当然供应商提供的原材料也是不可或缺的。当产品生产出来后，只有当顾客认可了企业的产品并购买其产品，企业的生产才能顺畅进行。此外，企业除了争取良好的生存条件外，还要受到法律、法规、道德习俗等方面的规范，当然，这就离不开涉及政府、工会、社会对企业的监督和影响。由此可见，企业的发展受到了大量不同利益主体的关注。这些主体的利益与企业的利益息息相关，但是不同利益主体对于企业的期望却有所差异，由此也导致了这些利益主体对于企业发展的关注点有所不同。为了进一步分析这些主体对于公司治理的影响，下面将这些主体分为外部利益相关者和内部利益相关者，具体分类如图 8-1 所示。

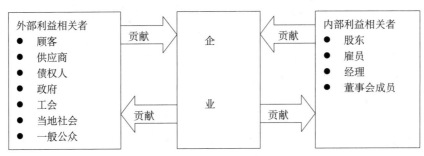

图 8-1　利益相关者与企业

由图 8-1 可以发现，公司的利益相关者是如此之多，不管哪一个对企业的发展都有着举足轻重的作用，这就不得不思考这样一个问题：公司治理的目标到底应该如何来设置？对此，具有代表性的观点主要有两种，即股东利益至上理论和利益相关者理论。从表 8-1 的比较分析中可以发现，这两种观点都有自身的局限性。到底应该如何来取舍，还需要依据实际情况来定。

表 8-1　股东利益至上理论与利益相关者理论的比较

比较项目	股东利益至上理论	相关利益者理论
理论依据	企业的所有权归投资者（即股东）所有	企业是整个社会体系中的一部分，企业的存在和发展离不开股东，也离不开其他的利益相关者
主要观点	企业经营应以股东利益最大化作为目标	企业经营目标不应只关注股东利益最大化，同时还要考虑其他利益相关者的利益
局限性	1. 企业的存在和发展除了依靠股东资本投入外，同样也需要其他生产要素的投入； 2. 人力资本是企业价值增值过程中具有能动性的关键性资源，应该充分调动员工的积极性来发展企业； 3. 股权的分散性和流动性使得股东对于企业经营的关注程度有所下降； 4. 经营环境的变化使得越来越多的人和全体受到企业业绩影响	1. 不同利益相关者对于企业的期望有所不同，因此，加强利益相关者的关注，很可能导致企业在不同利益目标间徘徊，最终使得企业实际上根本无目标而言； 2. 如果企业的利益相关者都参与到公司治理中来，这不仅会致使决策效率低效，还会使得企业治理成本高昂； 3. 强调满足各利益相关者的利益，要求企业管理者对所有利益相关者都负责任，相当于让他们对谁都不负责任

8.2.4 公司治理模式

如前所述,公司治理是一系列的制度安排,因而不同的国家和地区由于文化传统、行为习惯、经济政治条件的不同,导致各公司治理模式的差异也较大。如在崇尚自由、创新的美国,公司的治理模式就偏向于市场控制模式;在重视家族关系,崇尚"和"文化的日本,公司治理模式就偏向于银行导向的治理模式;而在东南亚地区,公司治理则偏向于家族控制模式。本节就从内部和外部来探讨一下公司的治理。

▶ 1. 外部治理

外部治理主要是利用产品市场、经理人市场、资本市场等市场机制,给企业以竞争压力,迫使企业建立起适应激烈的市场竞争的公司治理。在这里,产品市场就涉及企业的顾客,他们对于企业的生存和发展具有最终的决定权。只有那些具有好的公司治理的企业,才能生产出顾客真正需要的产品,才能激励员工生产出好的产品。而经理人市场,不仅为企业管理人员的聘用提供了一个宽广的平台,同时也给管理人员以压力,促使他们努力地工作。资本市场则能对企业实行"优胜劣汰"的选择。

分析美国、英国、澳大利亚等一些以市场控制为主的公司治理模式可以发现,它们一般都具有高度发达的市场经济,金融市场也相当成熟。企业的融资渠道主要为股票市场、证券市场等,因此投资者对于公司治理的影响力相当大。尤其是那些绩效不好的企业,好多投资者都会选择"用脚投票"的方式,即抛售股票走人。一旦发现企业经营不佳,在金融市场上立刻就能反映出来,这也就给经营管理者以压力,督促他们努力提升企业的价值。除了市场对公司治理的影响具有举足轻重的作用,严格的市场监管制度、信息披露制度、相关法律制度等对公司治理的影响也相当大。

再来看我国的实际情况,目前还没有实施以外部控制为主的治理模式的条件。

(1) 股票市场、证券市场的发展还不够成熟,企业的融资渠道还主要依靠贷款,因此金融市场中的股东在公司治理中发挥的作用还很有限。

(2) 到目前为止,我国尚未形成一个流动良好的职业经理人市场,而企业高层管理者的任用大多来自企业内部,甚至有些国有企业的高层管理者还是通过行政任命的。因此,经理人市场实际上对于高层管理者机会主义行为的约束还不如西方国家。

(3) 我国的市场监督制度、信息披露制度和相关的法律制度还有待完善。只有当市场能真实及时地反映企业经营管理的真实情况时,投资者采取"用脚投票"的方式才能对企业的公司治理起到一定的作用。

▶ 2. 内部治理

内部治理是《公司法》所确认的一种正式的制度安排,构成公司治理的基础,主要是指股东会、董事会、监事会和经理之间的博弈均衡安排及其博弈均衡路径。简单来说,就是权力与责任在股东会、董事会、监事会和经理之间的分配问题。

在日本、德国等以内部治理为主的国家,它们大多具有这样一些特点:公司的融资大多偏向于向银行贷款或是企业间相互持有法人股,股权集中的程度较高,股权结构也相对较稳定。在这种公司治理模式中,尤其强调主银行的约束和企业间的相互约束。

以内部治理为主的企业同样也存在一些潜在的风险。首先，在法人相互持股的情况下，企业间的分红可以彼此支付、抵消，持股者为了夸大其业绩就有可能采取抬高股价的方式，进而损害法人企业的利益。其次，这种模式下企业管理者一般以增长率和市场份额的扩大为目标，这种重企业快速增长而轻股东利益的做法，显示出了股东对企业经营管理的不到位，也说明了企业监管体制的不完整性。

从企业的内部治理来看，我国的企业普遍存在这样一些问题。

(1) 股权结构不合理。尤其是在国有企业中，"一股独大"的现象还比较严重。

(2) 法人治理结构不完善。股东会、董事会、监事会、高级管理人员间相互监督、相互制衡的机制还处于发展完善中，企业的内部控制系统还需进一步加强。

(3) 股东会、董事会、监事会高层管理者之间的关系尚未理顺。虽然一些上市公司设立了董事会，监事会，但在实际中"两会"的监督作用却未得到充分的体现，甚至出现了总经理将"两会"权力架空的现象。

(4) 董事会与高级管理人员的组成高度重合，成为了"内部人控制"问题滋生的温床。如此一来，企业治理机制中的监督功能就被严重地弱化，甚至使得某些部门形同虚设。

(5) 考核、激励机制不够健全。目前我国企业普遍存在激励不足的问题，要么是由于考核制度无法做出全面的、客观的、公正的考核，要么就是由于激励措施僵化，而导致工作效率不高，增加了机会主义行为发生的概率。

(6) 缺乏风险管理。经济的快速发展，企业的竞争环境也在迅速地发生着改变，然而企业的经营风险意识不足，致使企业在风险管理方面还相当欠缺，企业抵御风险的能力也比较差。

总的来看，经过改革开放后四十多年的发展，我国企业的改革取得了相当大的进展。但是，如果从公司治理的角度来衡量我国企业的现状，则普遍存在产权不清、责任不明、公司治理结构不完善等问题。其次，我国市场经济的发展也还不够充分，市场在公司治理中的作用还未得到应有的发挥。加上法律环境、信用机制等方面的缺陷，使得我国企业的外部治理效果差、内部人控制、控股股东侵犯中小股东利益的现象也时有发生。

8.3 组织设计

战略的变化往往要求组织结构发生相应的变化。其主要原因有两个：第一，组织结构在很大程度上决定了目标和政策如何建立。例如，在地域型组织结构中，目标与政策往往以地域性术语表述；在基于产品类别的组织结构中，目标与政策很大程度上用产品术语描述。制定目标与政策所依赖的组织结构形式，会对其他所有战略实施活动产生显著影响。第二，企业的组织结构决定了资源的配置方式。如果组织是按用户群构建的，那么资源配置亦然。除非新的或修改后的战略同原战略侧重的职能领域相同，否则，调整组织结构常常会成为战略实施的重要内容。

战略变化将导致组织结构的变化，组织结构应该服务战略，追随战略。离开了战略或使命，企业要设计有效的组织结构十分困难。钱德勒发现在企业成长和战略调整过程中，企业组织结构随时间发生变革的一般顺序，如图8-2所示。

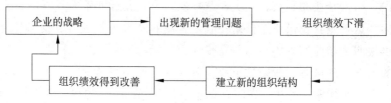

图 8-2　钱德勒的战略—组织结构图

对特定战略或特定类型的企业而言，不存在一种最优的组织结构设计。适用于一家企业的组织结构，未必适用于另一家类似的企业，尽管特定产业中成功的企业倾向于采用相似的组织结构。例如，生产消费品的企业倾向于按产品设置组织结构；小企业常按职能设置组织结构（集中化的）；中型企业一般实行分部式的组织结构（分散式的）；大型企业则采用战略业务单元（SBU）或矩阵型组织结构。随着企业的不断成长或多种基本经营战略的相互结合，其组织结构将经历由简单到复杂的发展过程。

企业组织受到多种外部和内部力量的影响，没有一家企业可以针对所有变化调整组织结构，这样将导致混乱。当企业战略改变时，现行的组织结构也可能失效。无效的组织结构症状包括：过多的管理层次，过多的人参加过于频繁的会议，过多的精力用于调解跨部门冲突，过宽的控制范围，过多的目标尚未实现等。组织结构的变化有助于战略实施，但不能指望组织结构的变化可以将坏战略变成好战略，或将糟糕的管理者变为优秀的管理者，或使滞销品变为畅销品。

8.3.1　组织结构的基本类型

毋庸置疑，组织结构可以并且的确影响企业战略。战略必须切实可行，如果新战略要求大规模的组织结构调整，那么该战略就不具有吸引力。因此，组织结构影响战略选择，更重要的是，要确定战略实施需要何种组织结构，以及如何最好地实现这些变化。

组织结构是部门划分、管理层次与管理幅度的确定、集权与分权关系的确立等一系列管理决策的产物和结果。确立组织结构各要素的不同方式，会使组织结构呈现出不同的形式，即组织结构形式。如图8-3所示。

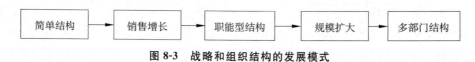

图 8-3　战略和组织结构的发展模式

▶ 1. 简单结构

简单结构又称直线制结构，如图8-4所示，其所有者兼经营者直接做出所有主要决定，并监控企业的所有活动。这种结构涉及的任务不多，分工也很少，规则也很少，整个结构很简单。一般来说简单结构适合提供单一产品、占据某一特定地理市场的企业。我国很多民营企业在创办初期都曾采用过这一组织形式，因为这些企业在创办时有的只有几个人，多是亲朋好友，采用这种结构不仅提高了工作效率，而且降低了管理费用。一般来说，具有简单结构的企业会选择聚焦成本领先或聚焦差异化战略。

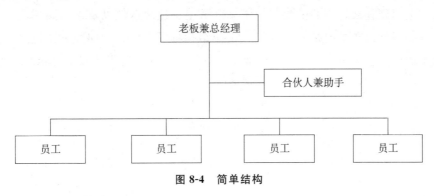

图 8-4　简单结构

▶ 2. 职能型结构

职能型或集中式结构是使用最为广泛的一种组织结构，如图 8-5 所示。职能型组织结构将任务和活动按业务职能进行分类，如生产/运营、营销、财务、研发和管理信息系统等。除了简单和经济外，职能型结构还可以推动劳动的专业化分工，促进有效地使用和管理技术人才，减少对复杂系统的控制，并有利于迅速做出决策。

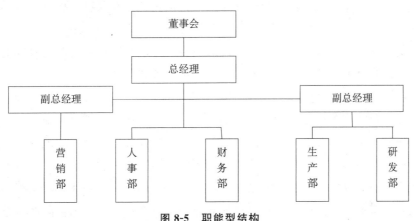

图 8-5　职能型结构

职能型组织结构的缺点包括：责任全在最高层，员工职业发展的机会很少；有时还会导致士气低下，部门与人员间的冲突，授权不够，产品和市场计划性不强等。职能型组织结构常常还会导致目光短浅、思路狭隘、各自为政，可能损害企业的整体利益。例如，研发部门可能超要求地设计产品和零件以达到完美，而制造部门则会支持低要求的产品从而更容易实现规模生产。因此，职能型结构内部通常难以进行有效交流。沙因指出了职能型组织结构中的沟通问题：对于工程师，营销意味着产品开发；对于产品管理者，营销意味着市场调研了解消费者；对于销售人员，营销意味着推销；对于制造管理者，营销意味着持续改进设计。所以，当这些管理者试图共同努力工作时，他们经常会将分歧归咎于个性，而没有注意使每个部门有自己想法的更深层次的共性问题。

▶ 3. 事业部型结构

事业部型（分部式）组织结构或分权式组织结构是仅次于职能型组织结构而普遍采用的

组织结构形式，如图8-6所示。随着自身的成长，中小企业在管理不同市场中的不同产品和服务时，会遇到越来越多的困难。为了激励员工、控制运作以及在不同地区成功竞争，有必要采取某些分权式组织结构。分权式组织结构可以按照如下四种方式设置：按地区、按产品或服务项目、按用户和工序，按业务过程。在分权式组织结构中，职能业务活动不仅在总公司集中进行，还在各事业部分别进行。

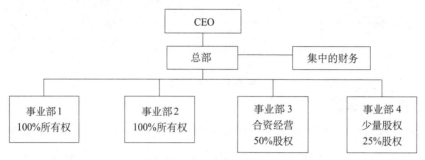

图8-6 事业部型组织结构

事业部型组织结构具有一些明显的优点。首先且最重要的是责任清晰，事业部经理要对销售和利润负责。由于事业部型结构基于充分授权，管理者和雇员可以很容易地看到自己业绩的优劣。其结果是，事业部型中员工的士气通常要比集中式组织中的员工高。事业部型的其他优点还有：为管理者提供职业发展机会，可以根据各事业部的具体情况进行自主控制，在组织内部形成竞争氛围，更易于增加新业务和新产品等。

然而，事业部型结构并非没有局限性，其最大的局限性恐怕就是代价高。究其原因，一是，各事业部都要有各种业务职能领域的专业人士，对他们必须支付酬金。二是，在人员保障、设施和人事方面存在一些重复。例如，为了协调各事业部的职能活动，企业总部也需要有各职能领域的人员。三是，这种权利下沉的结构势必需要更高素质的管理者，而高素质的管理意味着高报酬。事业部结构造成复杂的总部驱动控制体系，运行该体系的成本不菲。四是，事业部之间的激烈竞争可能导致企业内部不和谐，也会限制创意和资源的共享，这对企业的发展不利。

战略管理领域的顶尖学者戈沙尔和巴雷特指出：正如其名称所言，分部式结构分散了企业的资源。它创造的纵向沟通渠道不仅将各个业务部门分隔，而且阻碍相互之间的共享力量。因此，整个企业往往小于各个部门的总和。分部式设计的另一个缺陷是，某些区域、产品和用户有时可能会受到特殊待遇，因此难以保持企业管理的一致性。不过，对绝大多数大公司和很多小公司而言，分部式结构的利大于弊。

事业部型组织结构可分为地区事业部型、产品事业部型、用户事业部型和生产过程事业部型。

（1）地区事业部型

适合那些战略需要适应不同地区用户的不同需求和特性的企业，它尤其适用于在分布广泛的区域有类似分支设施的企业。该结构可以使当地管理者参与制定决策和改善区域内的协调。例如，好时食品公司采用的就是地区事业部型结构，它的分部设在美国、加拿大、墨西哥、巴西以及其他地区。

(2) 产品事业部型

产品事业部型是需要对特殊产品或服务给予特别关注时,最有效的战略实施方式。此外,当企业只提供少数几种产品,或者企业的产品和服务差异很大时,这种组织结构也广泛应用。该结构可以对产品线进行严格的控制和监督,但也要求有更高的管理技能,同时可能削弱最高管理层的控制。通用汽车公司、杜邦公司和宝洁公司都采用产品分部式结构实施战略管理。

(3) 用户事业部型

当企业拥有非常重要的用户并向这些用户提供多种服务时,用户事业部型对战略实施最为有效。这种结构可以使企业有效满足被明确划分的用户群体的需求。例如,图书出版商经常针对大专院校、中学和私立商业化学校组织业务活动。一些航空公司有两个主要的事业部:客运服务和货运服务。

(4) 生产过程事业部型

生产过程事业部型与职能型结构类似,其业务活动根据实际运作过程而被分类组织。然而,生产过程事业部型和职能型组织结构的关键不同之处在于,职能部门不对盈利或收入负责,而生产过程事业部门则要核算各项指标。按生产过程设置事业部的一个例子是,某制造公司按工序——电气、玻璃切割、焊接、磨光、上漆及铸造分设 6 个事业部,凡是与某工序相关的业务活动都归入对应的事业部。各工序事业部独立核算收入和盈利。当特定生产工序成为产业竞争焦点时,生产过程事业部型结构对于实现企业目标尤为重要。

▶ 4. 战略业务单元结构

随着企业中事业部或分公司的数量、规模和类型的增加,战略制定者对事业部的控制和评价愈加困难。销售的增长往往不能导致盈利的同步增长,企业最高层的控制幅度也变得过大。例如,美国康尼格拉公司的事业部曾有 90 个之多,这家巨型企业的 CEO 甚至难以记住所有事业部经理的名字。在多事业部公司中,战略业务单元结构(strategic business unit structure)可以极大地促进公司战略的实施。如今,康尼格拉公司将众多事业部划分为三大战略业务单元:餐饮服务业、零售(杂货店)和农业产品。

战略业务单元结构将同类的分公司或事业部归并成战略业务单元,委任高层管理者对其负责并直接向集团公司 CEO 报告。该结构通过协调各类业务事业部,明确各战略业务单元职责,促进企业整体的战略实施。在一个拥有 100 个事业部的超巨型企业中,这些事业部可以依据某种共同特征,比如参与竞争的产业、所在的区域或面对的用户而组织为 10 个战略业务单元。

战略业务单元结构有两个缺点,一是多增加了一个管理层次,从而增加了工资开支;另一个是它使集团副总裁的职责不够明确。然而,战略业务单元结构的优点非常显著:不仅促进协调,强化责任,还可以使企业总部制定和控制的任务更易于管理。

▶ 5. 矩阵型结构

矩阵型组织结构(matrix structure)最为复杂,因为它同时依赖纵向和横向的权力关系与沟通。相比之下,职能型和事业部型结构主要依靠纵向的权力关系与沟通。由于设置了更多管理职位,矩阵型结构的管理费用很高。矩阵型结构的另一个缺点是,它提高了企业的复杂程度,比如,双重预算授权(违背了指令一致性的原则)、双重奖惩系统、权力共享、双重报告系统以及多维沟通系统。尽管存在上述复杂性,矩阵型结构仍广泛应用于众多产业,包括建筑、保健用品、研究及国防等。如图 8-7 所示,矩阵型结构的优点包括:项目目标清晰,沟通渠道众多,员工可以看到自己的工作成果,取消项目相对容易等。矩阵型结构的另一个大优点是,它可以促进专业人员、设备和设施的充分利用。功能资源在矩阵型结构中可以得到共享,而不像在事业部结构中那样重复配置。在矩阵型结构中,具有高度专业知识的人员可以按项目所需来灵活分配时间,从而有助于在项目过程中提高自身的技能和竞争力,在这一点上明显优于其他结构。迪斯尼公司就采取了矩阵型结构。为了使矩阵型结构更有效,员工需要在制定计划时充分参与,需要参加培训,需要对彼此的角色和责任明确理解,同时需要充分的内部沟通和相互信任。由于广泛追求增加新产品、新用户群和新技术的战略,美国公司正越来越多地采用矩阵型组织结构,由此产生了更多的产品经理、职能经理和地区经理,他们都负有重要的战略责任。当各种因素,如产品、用户、技术、地理、职能领域和产业等的重要性都大致相同时,采用矩阵型结构将十分有效。

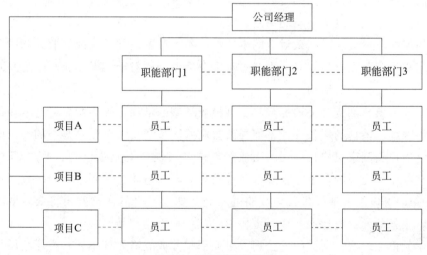

图 8-7 矩阵型组织结构

8.3.2 组织结构的最新发展

自 20 世纪 90 年代以来,企业竞争环境发生了很大的变化,企业为了寻求竞争优势采用了全球化、信息化、全面质量管理、再造工程、时间管理等方法改进项目以提高企业的生产率、产品质量和竞争能力,在这样的国际大环境下,企业的结构形态也变得更加的多样化,下面就简单地介绍一下目前最为流行的几种组织结构。

▶ 1. 虚拟组织

20 世纪 90 年代的一个重要趋势是:一些企业决定只限于从事自身擅长的活动,而将剩余的部分交给外部专业机构或专家来处理,这种做法称为"资源外取"(outsourcing)。虚拟组织采用的是网络型的组织结构，如图 8-8 所示。在一些快速发展的行业，如服装或电子行业，这种结构甚为流行，在诸如钢铁、化工等行业中，一些企业也向这个方向在转变。

虚拟组织的建设有个逐渐深化的过程，可分为三个阶段：第一个阶段表现为组织内部工作单元的调整；第二个阶段则上升到组织级别；第三个阶段扩展跨越多个组织，开始利用组织外的资源、专长促进自身的技术创新。

虚拟组织一般通过电子手段保持各部门之间的联系，在外包的职能部门，企业会保留为数有限的员工，企业总部主要的工作是制定战略计划、政策以及协调与承包企业的关系。这种组织结构的优点是减轻了行政成本，应变能力很强，但缺点是对各承包企业的控制有限。

现在互联网的构建形式类似于未来虚拟组织的结构，可以肯定未来的组织结构将会更多趋向于采用这种模式。与 20 世纪金字塔形的组织结构相比较，21 世纪的组织结构就好像一张网，一张扁平、纵横交错的网，将伙伴、雇员、签约人、供应商和不同企业的客户紧密地联系在一起，参与者将越来越互相依赖。

图 8-8　虚拟组织结构图

▶ 2. 蚁群组织

蚁群组织的特点是将企业的员工组合成一个 20～50 人的族群，每个族群包括不同职能的员工，他们紧密结合，通过团队全力负责一个项目。蚁群组织的基本单位是自我管理型团队（self-management team），这种自我管理型团队是 20 世纪 70 年代一些半独立的工作团队方式进一步发展的产物。

自我管理型团队，也称自我管理团队，其队员拥有不同的专业技能，轮换工作，生产整个产品或提供整个服务，接管管理的任务。自我管理型团队也包含永久性团队，然而，这种组织结构对员工的要求很高，员工之间的搭配与领导素质至关重要。

目前，蚁群组织在互联网企业中十分流行，主要有以下几点原因。

（1）移动互联网使得我们身边的世界加速了好多。今天的信息流速度可能是过去的百倍和千倍，因为有了社会化媒体和社交网络。资金流速度也是过去的十倍和百倍，因为移动支付使得每人身上就带了几十家银行。物流的速度也很快，因为多了太多的弹性和社会化物流公司。过去金字塔式层层管理的组织形式已经不能应对新的外部环境。

（2）手机的普及和渗透让我们好像有点人机合体，好像成为半成品机器人了。我们处理信息和工作的能力大大加强。原先，只有专业的出租车司机才能拉活，现在人人可以成为司机，因为有了导航，有了订单分配系统，等等。

（3）共享经济的大潮也推动了自组织的发展。原先是企业购买资产，雇用一些人进行管理，没有其他选择，只能建立复杂的组织架构来管理企业。现在，资产是共享的，知识是共享的，人力资源的提供者当然也可以是共享的。例如：全世界最大的出租车公司Uber自己没有一辆车，却通过调配系统和规则管理着全世界几百万的汽车司机。Uber的"3人模式"很出名，进入新城市只有3名员工：市场经理负责营销，了解客户痛点，了解服务质量，同媒体和客户打交道；运营经理负责招募司机，管理与司机有关的事情；另一个人负责处理其他事务。

▶ 3. 学习型组织

管理大师杰克·韦尔奇创造了"无边界"组织，他描述说这样的组织能提供知识、分享知识并能充分地使用知识创造最高的价值。要想赢得全球范围内的竞争优势，创建学习型组织变得越来越重要。学习型组织认为不断地开拓进取、改变结构的目的在于创造新的核心能力。组织的变革需要有利于学习、知识共享、创造机会，同时还能自我更新。如宝洁公司，其新的组织结构就把核心产品工作团队、经理智囊团等机构包括在内，而且能够保证员工有充裕的时间行使他们的各种职能，这样就能够实现跨职能部门的合作，因而有助于开发新产品，激发创造力。

21世纪的组织将更具有灵活性，组织成员将跨越正式组织结构形式的限制进行频繁的非正式沟通，这也就要求所建立的组织结构应该满足这种沟通需求，并强调其价值和重要性。

8.4 战略领导力

8.4.1 战略领导力的概念

战略领导力（strategic leadership）是指预测事件、展望未来、保持灵活性并促使他人进行所需要的战略变革的能力。战略领导力在本质上是多功能而非单一功能的，包括管理他人、管理整个组织，以应对全球经济中不断增加的变化。由于全球经济的复杂性，战略领导者必须学会如何在不确定的环境下有效地影响他人的行为。通过言传身教以及预见未来的能力，有效的战略领导者可以对与自己一起工作的人的行为、思想和情绪产生深刻的影响。

吸引并管理人力资本的能力是战略领导者需要具备的最关键技能，因为人力资本的匮乏将制约企业的成长。在经济全球化背景下，越来越多的领导者正在学习或已经掌握了这一技能。例如，有些人认为，中国企业的一些领导者已经熟悉市场经济的竞争规则，并且正在培养企业的人力资本。

在 21 世纪，企业人力资本中拥有的智力资本包括管理知识、创造并将成果商业化的能力，这些都影响着战略领导力的成败。有效的战略领导者还可以建立有助于利益相关者（如员工、顾客和供应商）的高级运作环境。战略领导力的核心是有效地管理企业的运营以及持续保持企业高绩效的能力，这足以证明战略领导力的重要性。

当战略领导者无法在复杂的全球竞争环境中做出恰当且迅速的反应时，企业获取竞争优势和超额利润的能力就会下降。不能对竞争环境做出反应并且认识不到进行变革的需要，是 CEO 失败的原因之一。2018 年，当大润发被阿里巴巴收购时，大润发创始人黄明端离职的时候说："我们战胜了所有对手，却输给了时代。"这很明显就是没有对当时的竞争环境做出有效的反应。因此，战略领导者必须学会如何应对复杂多变的环境形势。领导者的个人判断是了解和分析企业竞争环境的重要手段之一。尤其是，战略领导者通过与外部利益相关者建立良好的关系，来获得有关外部环境事件的信息和建议。

企业获取有效战略领导力的主要责任由高层管理者特别是 CEO 承担。其他公认的战略领导者包括董事会成员、高层管理团队以及部门总经理。事实上，任何对人力资本的业绩或企业某一部分的业绩承担责任的个人都是战略领导者。不管头衔和组织职能是什么，战略领导者都承担着大量的决策制定责任，并且这些责任是不能推卸给他人的。战略领导力是一种复杂且非常关键的领导力形式。如果没有有效的战略领导力，企业就无法形成、实施战略并获得超额利润。

8.4.2 领导风格

领导风格会影响被领导者的工作产出。变革领导力是最有效的战略领导风格。这种风格激励员工不断超越别人对他们的期望，不断增加自己的能力，并将企业利益置于个人利益之上。变革领导者为组织勾画愿景并将其传达给员工，而且会形成一套战略来实现这一愿景。他们使员工意识到自己对组织产出的贡献，并鼓励员工不断实现更高的目标。这种风格的领导者具有正直和诚实的品格，如麦当劳的创始人罗伊·克罗克就是一位以正直著称的战略领导者。说到品格，一位 CEO 曾经这样说："领导者是以品格来塑造和定义的，领导者能鼓舞和帮助他人出色地完成工作，并充分挖掘他人的潜力。因此，他们能够建立并保持组织的成功。"此外，变革领导者还具有很高的情商。高情商的领导者往往对自己有充分的了解，具有强烈的动机，善解人意，并拥有良好的沟通技能。由于具有这些特征，变革领导者在加强和培育企业创新方面表现得尤其出色。

8.4.3 关键的战略领导行动

一些特定的行动代表了有效的战略领导力，例如，开发人力资本、确定战略方向、培育有效的文化、开发核心竞争力，以及建立道德准则等。最有效的战略领导者在制定决策时，会针对每一个关键的战略行动制定可行的备选方案。

▶ 1. 确定战略方向

确定战略方向是指包括详细地规划愿景，以及随着时间推移为实现愿景而采取相应的战略。战略方向需要在一定条件下确定，并且这些条件是战略领导者预计企业在未来 3~5

年内将要面对的状况。

理想的长期战略方向由两部分组成：核心意识形态和愿景。核心意识形态通过企业的传统来激励员工，愿景却鼓励员工不断超越自我。同时，愿景的实现需要有重大的变革和进步。愿景从多个方面指导着企业的战略实施过程，包括激励、领导、授权以及组织设计。当企业进入新的国际市场以及向价值链增加新的供应商时，战略的方向就应该包括这些行动。

一个具有魅力的 CEO 可以促使利益相关者支持新的愿景和战略方向。但是，在新战略方向的引领下进行变革时，需要特别强调的是，绝不能忽视组织的优势和劣势。企业必须充分利用资源优势，同时避免针对企业劣势的行动。为了做到这一点，高层管理者必须提高分析复杂条件的能力以及理解相互关系的能力，从而设计出最有效的战略。在当前全球竞争格局下，高层管理者还需要接受多元化。换句话说，他们需要识别最好的战略和管理措施，无论文化的渊源是什么，不管企业在全球哪个地方运营，他们都可以把这些措施融合在一起，为企业创造最佳的战略实施方法。满足企业短期需求的目标需要适应新的愿景和战略方向，同时还要通过资源组合的有效管理来保持企业的长期生存能力。

▶ 2. 有效管理企业的资源组合

有效管理企业的资源组合是战略领导任务的重中之重。企业的资源可以划分为：财务资本、人力资本、社会资本及组织资本。

（1）财务资本

财务资本是指企业所有者投入企业的货币资本，它所代表的价值以货币数量表示，因此与传统会计中的净资产相同。相对应地，实物资本是指企业的实物资产，反映企业实际具有的生产能力或经营能力，而企业的生产经营能力通常以一定时期企业生产的产品或劳务的实物数量表示。

显然，财务资本是组织成功的关键，战略领导者也深知这一事实。但是，最有效的管理者还要意识到，对其他资源以及资源整合的管理也同样重要。例如，用财务资本为人力资本提供培训机会，以提高其能力。

（2）人力资本

人力资本是指企业整体劳动力的知识和技能。从人力资本角度讲，员工被视为一项需要不断投资的资本资源。用于获取和开发高水平的人力资本的投资是有生产效率的，美国许多工业的发展都要归功于其有效的人力资本。这一事实表明："随着竞争不断变化，或许只有人力才是竞争优势的真正可持续来源。"在所有组织中——无论大企业还是小企业，新成立的企业还是原有企业——人力资本的重要性不断增加，这表明了人力资源管理的重要地位。作为辅助活动，人力资源管理实践有利于企业成功地选择战略，尤其有利于战略的实施。

把员工视为一种可以最大化利用的资源，而不是一种需要最小化的成本，这种观点将促进企业战略的成功实施。同样，战略领导者所具有的以员工认为公平和均等的方式进行裁员的能力，也有助于战略的成功实施。对员工而言，关键的问题是裁员以及工作待遇上的公平性，尤其是与他们的同行相比。

（3）社会资本

社会资本包括有助于企业完成任务、为股东和顾客创造价值的内外部关系。社会资本是企业的关键资产。在企业内部，员工和部门必须相互合作才能完成工作。在跨国组织中，员工还需要通过跨国合作来开展研发等活动，以实现绩效目标。

外部社会资本对公司的成功越来越重要，因为极少有企业能拥有战胜竞争对手所需的全部资源。企业可以利用合作战略来发展社会资本。由于战略联盟中的企业共享互补性资源，因而可以建立社会资本。但是，必须有效地管理资源共享，以确保成员间彼此信任，并愿意贡献出其他企业期望的资源。这种社会资本有许多好处。例如，拥有强大社会资本的企业往往会更加灵活，因为它们可以发展或获取多种能力，进而灵活地利用机会和应对重大挑战。

研究表明，许多不同类型企业的成功大部分归功于社会资本。大型跨国公司为了进入新市场，经常需要建立联盟。同样，创业公司也需要通过建立联盟，获取风险投资和其他类型的资源。企业文化对保留高质量人力资本和保持强有力的社会资本都有重要的影响。

（4）组织资本

组织文化是整个企业共有的复杂体系，由信念、标志和核心价值构成，并影响企业开展业务的方式。有证据显示，在实施战略以达到期望的结果，企业可以通过拥有的能力和能力的使用方式来发展核心竞争力。换句话说，由于组织文化影响着企业开展业务的方式，并有助于约束和控制员工的行为，因此可以成为竞争优势的来源。鉴于其重要性，充满活力的组织文化也许是组织中最有价值的竞争优势。因此，组织文化可以成为企业制定和实施战略的背景环境，那么塑造组织文化，就成为一个重要的战略领导行为。

大型企业需要利用企业家战略来追求创业机会并获得先发优势，中小型企业试图以创新作为利润增长的基础时，它们也需要依赖企业家战略。因此，对各种规模的公司来说，当员工以创业为导向时，企业家战略成功的可能性会更大。公司导向可以从五个维度来界定：自主权、创新性、风险承受性、探索性和竞争进取性。综合来看，这些维度影响着公司为了创新和进行新的冒险所采取的行动。

1）自主权，即允许员工摆脱组织的约束采取行动，允许个人和集体以自我为导向。

2）创新性，反映了公司对从事和支持新的想法、发明、实验以及创造性流程的倾向程度，这些活动可以带来新的产品、服务或技术流程。倾向于创新的组织文化会鼓励员工超越现有的知识、技术、参数去思考问题，以寻找能够增加价值的创造性方法。

3）风险承受性，反映了个人和公司在追求创业机会时承担风险的意愿。常见的风险有：承担高额的债务，对可能无法完成的项目投入大量的其他资源。

4）探索性，描述的是公司成为领导者而不是追随者的能力。探索性组织文化总是不断地预测未来市场的需要，并抢先于竞争对手满足这些需要。

5）竞争进取性，指公司对于采取行动不断超越竞争对手的倾向程度。

▶ 3. 强调道德准则

当战略的实施过程以道德准则为基础时，可以增加这一过程的有效性。遵守道德的企业会鼓励各个层级的员工在采取行动实施战略时遵守道德准则；反过来，道德准则以及以此为基础的判断在组织中创造了"社会资本",并且增加了个人和集体可以利用的友善关系。相反,如果战略实施不以道德准则为基础时,当组织中存在不道德的行为时,许多管理者和员工都会接受这种行为。一项研究发现,在这种环境下,当需求得不到满足时,管理者更有可能采取不道德的行为来达到个人目的。

为了恰当地影响员工的判断和行为,道德准则必须贯彻到企业的决策制定过程中,并成为组织文化不可或缺的一部分。事实上,研究表明,基于价值的文化是确保员工遵守企业的道德要求的最有效手段。当企业对道德行为的要求比较宽松时,管理者会采取机会主义行为,在制定决策时追求个人利益而不是企业利益最大化。换句话说,管理者利用自己的职位优势,制定有利于自己利益而损害利益相关者利益的决策。但是,当企业有清晰的道德准则,这些准则又通过广泛的道德培训整合到企业的业务中,并且股东期望道德行为时,战略领导者才最有可能把道德价值观融入决策中。

企业应该雇用有道德观念的战略领导者,因为这样的领导者把道德准则作为企业战略方向的一部分,他们渴望做正确的事,看重诚实、可信和正直等品质。不断展现出这些品质的战略领导者,在与他人一起塑造和支持以道德准则为行为标准的组织文化时,会对员工起到很好的激励作用。

战略领导者可以采取以下行动来塑造符合道德准则的组织文化:通过确立和传递特定目标来描述企业的道德标准,例如制定和公布行为准则;以企业内部所有员工和利益相关者的意见为基础,不断修改和更新企业的行为准则;向所有的利益相关者公布行为准则,以告知企业的道德标准和准则;为了达到企业的道德标准而开发和使用各种方法,例如使用符合标准的内部审计准则;创建和使用明确的薪酬系统来鼓励有勇气的行动,例如,奖励那些通过适当的渠道和程序来举报有不当行为的人;创造一种尊重个人尊严的工作环境。当这些行动同时实施并相互支持时,其有效性将大大提高。但是,如果战略领导者和员工未能采取这些行动——也许是由于没有形成道德文化,那么问题会接踵而至。

▶ 4. 建立平衡的组织控制

组织控制是资本系统的基础,并且一直以来都被视为战略实施过程中的一个重要组成部分。控制是帮助企业实现期望的结果所不可或缺的。组织控制可以帮助战略领导者树立信誉,向企业的利益相关者证明战略的价值,促进并支持战略变革。最为重要的是,控制可以为战略的实施以及实施过程中的调整和纠正活动提供必要的参数。例如,阿里巴巴通过控制来识别和消除欺诈行为,并且采取了额外的控制措施来避免类似的行为再次发生。

战略控制和财务控制是两种主要的组织控制形式。战略领导者对这两种控制的发展及有效运用负有责任。财务控制主要聚焦于短期财务结果,相反,战略控制的重点则是战略行动的内容而不是结果。由于经济衰退、出乎意料的国内外政府的行为或者自然灾害等外部条件,一些战略行动本身虽然正确,但收获的最终业绩却不尽如人意。因此,强调财务控制经常会产生周期更短和规避风险的管理决策,因为财务结果可能是由超出管理者的直接控制范围的事件引起的。战略控制则激励低层级的管理者制定带有较少或适度风险的决策,因为决策的结果由提出战略建议的业务层管理者,以及对这些建议进行评价的公司层管理者来共同承担。

小结

战略实施就是将公司战略付诸实施的过程。企业战略的实施是战略管理过程的行动阶段，因此它比战略的制定更加重要。企业战略实施包含四个相互联系的阶段：战略发动阶段、战略计划阶段、战略运作阶段和战略的控制与评估阶段。企业在经营战略的实施过程中，常常会遇到许多在制定战略时未估计到或者不可能完全估计到的问题，因而在战略实施中有三个基本原则，可以作为企业实施经营战略的基本依据：适度合理性的原则；统一领导、统一指挥的原则；权变原则。战略的变化往往要求组织结构发生相应的变化。公司治理是企业发展到一定阶段的产物。尤其是在现代企业制度中，由于企业所有权与管理权的分离所产生的委托代理问题，更是让公司治理的重要性更加凸显。本章介绍了在战略实施中所涉及的公司治理的概念、简单介绍了公司治理的基本问题及主体间的博弈关系以及讲解了内外部公司治理方式。组织结构是部门划分、管理层次与管理幅度的确定、集权与分权关系的确立等一系列管理决策的产物和结果。确立组织结构各要素的不同方式，会使组织结构呈现出不同的形式，即组织结构形式。本章主要介绍了五种主要的组织结构及其相应的特点。简单结构型、职能型、事业部型、战略业务单元结构型和矩阵型。也有最新的一些组织结构，例如虚拟组织、蚁群组织和学习型组织。有效的战略领导力是成功运用战略管理过程的先决条件。由此，本章介绍了战略领导力，领导风格以及关键的战略领导行动。

章末案例

"接班人"张勇定下阿里巴巴新目标：未来五年服务超 10 亿消费者

2019 年 9 月 10 日晚间，阿里巴巴董事局主席兼首席执行官张勇（逍遥子）宣布，未来五年，阿里巴巴要奔向一个新目标：服务全球超过 10 亿名消费者，通过平台继续成长，实现超过 10 万亿元以上的消费规模。只有达到这个阶段性目标，阿里巴巴才能真正走向未来的长期目标——到 2036 年服务全球 20 亿名消费者，创造 1 亿个就业机会，帮助 1 000 万家中小企业盈利。

张勇同时表示，五年前，阿里巴巴定下 2020 财年平台消费规模 1 万亿美元的近期目标。今天，这个数字已经毫无悬念。

"我们希望做一家好公司，希望我们的客户、我们的合作伙伴过得比我们好。"张勇说。

为此，张勇透露，阿里巴巴将进一步推进全球化、内需、大数据云计算三大战略，并全面推进"阿里巴巴商业操作系统"的建设。

张勇说，作为数字经济平台，阿里巴巴必须用面向数字经济的商业、金融、物流、云计算等数字基础设施，更好地帮助企业客户全面走向数字化经营和智能化经营。

在帮助企业客户完成数字化、新零售的基础上，阿里巴巴商业操作系统将帮助企业在营销、渠道管理、生产制造、商品设计、品牌建设、客户服务、资金需求、物流服务、组织运营、IT 基础设施等方面实现全面数字化，"我们认为只有这样，才能帮助所有企业共同走向数字化、智能化的未来。"

"我们希望能成为不断为社会创造价值，解决社会问题，具有社会担当的公司。"张勇说。全球化、内需、大数据云计算是阿里巴巴的业务战略，大中台、小前台是组织战略，今天全面升级的价值观是文化战略。"面向未来的102年，业务战略、组织战略、文化战略必须高度融合在一起，阿里才能走得长，走得久，走得好。"

逍遥子现场演讲核心观点：

1. 5年以前，我们为阿里巴巴数字经济体定下了一个近期目标，那就是到2020财年能够完成平台消费规模达到1万亿美元。今天，这个数字已经毫无悬念。

2. 我们希望通过5年的努力，能服务全球超过10亿名消费者，创造超过10万亿元以上的消费规模。

3. 我们将全力推进阿里巴巴商业操作系统建设，只有这样，才能帮助所有企业共同走向数字化、智能化的未来。

4. 阿里巴巴文化原浆来自于我们相信人和社会的美好，我们对这个时代充满感恩。我们的感恩越多，我们就应该为社会担当越多，我们希望能为社会不断创造价值，为社会承担更多责任。

5. 面向未来，我们的业务一定会改变，我们服务客户的方式一定会改变，我们创造客户价值的内容也一定会改变。但不变的是我们的初心，是我们20年前就定下的使命。

6. 如果因为我们的努力，这个社会能够有一点进步；因为我们的努力，我们的商家生意能做得更好；因为我们的努力，我们的消费者生活能变得更好，我们由衷地高兴。我们希望做一家好公司，我们希望我们的客户、我们的合作伙伴过得比我们好。

7. 感谢阿里，感谢马老师，感谢过去的12年帮助过我的所有同事们。因为你们，使我能够成为一个更好的自己；因为你们，使我有幸参与建设一个更好的阿里；也因为你们使我今天有机会站在这里，面向未来，和大家一起让阿里因我而不同。

8. 未来的路还很长，我们共同去面向未来。对昨日最好的感恩，就是我们大家一起共同去创造最美的未来。

资料来源：国际金融时报

问题：马云是阿里的灵魂人物，2019年马云正式卸任阿里巴巴集团的执行董事，得力干将张勇接棒。张勇还能够继续创造阿里巴巴的神话吗？为什么？

复习与讨论

1. 企业的战略实施有哪几个阶段？
2. 战略实施的基本原则是什么？
3. 公司治理与战略实施有什么关系？
4. 五种基本的组织结构是哪些？各有什么优缺点？
5. 关键的战略领导力行动有哪些？

线上课堂——训练与测试

战略实践演练

在线自测

第9章 战略评价

学习导语

战略管理的基本假设是所选定的战略能实现企业的目标，但在战略实施过程中，由于种种原因可能会造成战略方案的局部或整体已不符合企业的内外条件，因此就需要用到战略评价来检测战略实施进展，评价战略执行业绩，不断修正战略决策，以期达到预期目标。一般情况下，战略评价包括三项基本活动：考察企业战略的内在基础；将预期结果与实际结果进行比较；采取纠正措施以保证行动与计划的一致。

学习目标

- 掌握战略评价的操作框架
- 理解战略评价对企业的意义
- 明晰战略评价中权变规划的重要性
- 理解战略评价中审计的作用
- 掌握平衡计分卡

名言

复杂的控制不起作用，只会让人迷茫，让人们将注意力从被控制的地方转向控制的机制和方法。

——西摩·蒂里斯

虽然某一计划因为最可行而被选中……但也不能忘记其他备选方案，因为它们可以充当权变计划。

——戴尔·麦肯基

虽然战略这个词经常和未来联系在一起，但和过去有着千丝万缕的联系。生活要向前看，但理解生活却要往后看。管理者将在未来实施战略，但要通过过往的经历来理解战略。

——亨利·明茨伯格

除非认真而系统地实施战略评价，除非战略制定者决意致力于取得好的经营成果。否则，一切精力将被用于为昨天辩护，没有人会有时间、资源和意愿来开拓今天，更不用说去创造明天。

——彼得·德鲁克

| 开篇案例 |

阿里巴巴的战略绩效考核

1. 阿里巴巴绩效管理中的271是什么?

所谓271或者361,就是说,最好的员工占30%,中间的是60%,最末位的是10%,往往最末位的这10%的员工是要被淘换的。

阿里把员工类比四种动物:"狗""野狗""兔子""牛"。

狗:业绩不好、价值观又低的是"狗",也就是10%的末位员工。首先公司会帮他改进,或者是轮岗换岗,如果都不成的话,那就淘换。

野狗:是业绩特别好,但是价值观不好的员工。"野狗"在阿里巴巴里也是要拿掉的,因为他们对企业的危害最大。

兔子:也叫"老白兔",价值观特别好,特别认同企业,兢兢业业,但是就是不出活。

牛:大部分的员工属于牛,价值观和业绩都能满足企业需要,是企业未来管理人才梯队里的重要来源。

此外,还有一类是"明日之星":价值观又好,业绩又好,公司会投入大量资源在这些人身上去培养他们,让他们成为下一代的接班人。

2. 阿里leader绩效考核考什么?

阿里leader的绩效考核,通常有三点:

定策略:团队的大方向是什么。

建团队:有能力把团队搭建起来,并有组织能力承接战略的落地。

推文化:在阿里巴巴做事情很多是靠文化和价值观推进的,所以说文化的传承很重要,靠文化把大家凝聚在一起的,这是管理者的考核目标。

3. 阿里员工绩效考核考什么?

阿里员工的绩效体系采取双轨式:

业绩考核:目标-KPI-衡量结果,对业务目标的阶段评估

价值观考核:日常行为是否符合阿里巴巴所倡导的价值观要求

4. 阿里价值观考核标准是什么?

价值观的考核方式:自评和他评。采用三档标准:

A档:超越自我,对团队有影响,和组织融为一体,杰出榜样,有丰富案例和广泛好评,属于标杆;

B档:言行表现符合阿里巴巴价值观要求,是一个合格的阿里人;

C档:缺乏基本的素质和要求,突破价值观底线,根据程度不同,需要改进甚至离开。

资料来源:阿里巴巴官网 2019.10

企业战略执行的结果需要好的战略评价工具来进行考量。因此,战略制定者应该系统

地审视、评价和控制战略的实施。本章为管理者进行战略评价提供了一个框架和一些战略评价考核的工具，使得战略的行动能够有效进行，帮助企业实现既定目标。

9.1 战略评价的重要性

战略管理决策具有重要而持久的影响。错误的战略决策会导致严重后果，而且很难甚至不可挽回。大多数战略制定者认为，战略评价对于企业的正常运转利益攸关，及时的评价能让管理层在情况变得更糟糕之前觉察到问题或潜在问题。

战略评价包括三个基本方面：

(1) 检查企业战略的内在基础；

(2) 比较预期结果和实际结果；

(3) 采取纠偏行动确保绩效符合预期计划。

充分而及时的反馈是有效开展战略评价的基石。很大程度上，战略评价的质量取决于信息的质量。高层管理者施加太多的压力，可能会导致基层管理者不惜修改数据以迎合上级。战略评价是一项复杂而敏感的任务。过分的战略评价可能成本很高，并且降低生产效率。没有人愿意接受过于严格的评价。管理者越尝试评价他人的行为，他们的控制权反而越小。然而，评价太少又会导致更严重的问题。战略评价对于确保目标的实现十分必要。许多企业中，战略评价仅仅是评价企业绩效如何。企业的资产增加了吗？利润提高了吗？销售量扩大了吗？生产能力提升了吗？利润率、投资回报率和每股收益增加了吗？一些企业认为只要这些指标完成了，它们的战略就是正确的。是的，战略或者战略制定者可能是正确的，但是这种逻辑有误导作用，因为战略评价同时针对短期和长期。通常，战略不会影响短期的运营结果，但直到需要做出改变时才发现，就为时已晚。我们不可能证明某一战略是最有效的，或者保证它一定有效，但却能评价它是否存在严重缺点。

战略评价之所以重要，是因为企业面临动态环境，关键的内部环境因素经常发生快速、剧烈地变化。随着时间的推移，由于种种原因，战略评价也越来越困难。导致战略评价如今变得更困难的原因主要有以下几个方面：

(1) 环境复杂性极大增加；

(2) 准确预测未来变得更加困难；

(3) 变量日益增多；

(4) 再好的计划也在迅速地过时；

(5) 影响企业的国内和全球性事件增多；

(6) 在任何程度上完成计划的时间变短。

9.2 战略评价的框架

表 9-1 总结了战略评价活动的关键问题、备选方案和恰当行动。注意,企业需要不断进行战略修正调适,以下情况除外:①内外部因素变化不大;②企业在令人满意地朝着既定目标前行。战略评价活动之间的关系如图 9-1 所示,战略评价框架如图 9-2 所示。

表 9-1 战略评价矩阵

企业内部战略定位发生重大变化吗?	企业外部战略地位发生重大变化吗?	企业是否朝着既定目标顺利前进?	结　果
否	否	否	采取修正行动
是	是	是	采取修正行动
是	是	否	采取修正行动
是	否	是	采取修正行动
是	否	否	采取修正行动
否	是	是	采取修正行动
否	是	否	采取修正行动
否	否	是	继续现有的战略行动

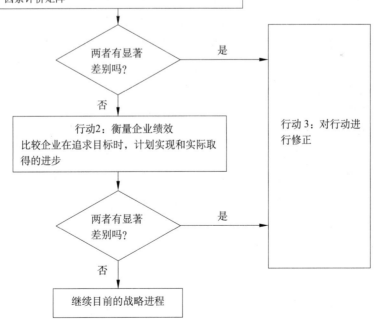

图 9-1　战略评价框架

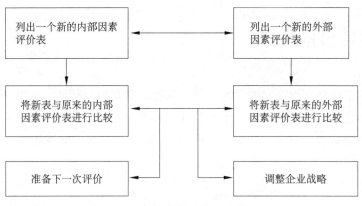

图 9-2　企业环境变化评价模型

9.2.1　审查战略基础

如图 9-2 所示，开展公司战略基础审查，可以通过开发一个修正的 EFE 矩阵和 IFE 矩阵实现。这个修正的 IFE 矩阵应该关注企业在管理、营销、财务/会计、生产/运营、研发和管理信息系统等方面优劣势的变化。修正的 EFE 矩阵应该显示，企业的战略如何有效反映关键机会和威胁。

各种内外部因素会妨碍企业实现长期和短期目标。外部方面，竞争对手行动、需求变化、技术变化、经济变化、人口迁移和政府行为等会妨碍企业目标的实现；内部方面，企业选择的战略可能不奏效，或者战略实施不到位或目标太过乐观。因此，没有实现战略目标，未必是管理者和员工的工作没做好，所有企业成员都需要知晓这点，从而支持战略评价。企业特别需要知道，什么时候其战略无效。有时，管理者和一线员工比战略制定者会更早发现问题。对于现有战略的外部机会和威胁以及内部优势和劣势，企业需要实时监控其变化。问题不是这些因素是否会改变，而是它们何时以何种方式改变。以下是在战略评价中需要正视的一些关键问题：

(1) 我们的内部优势依然是优势吗？
(2) 我们能否增加其他内部优势？如果有，是什么？
(3) 我们内部的劣势依然是劣势吗？
(4) 我们内部现在还有其他劣势吗？如果有，是什么？
(5) 我们的外部机会仍然是机会吗？
(6) 我们现在还有其他外部机会吗？如果有，是什么？
(7) 我们的外部威胁仍然是威胁吗？
(8) 我们现在还有其他外部威胁吗？如果有，是什么？
(9) 我们容易受到敌意收购吗？

9.2.2　衡量企业的绩效

另一种重要的战略评价行为是衡量企业绩效，主要包括：比较预期目标和实现结果、调查偏离计划的原因、评价个人绩效、检验目标实现的程度等。这一过程中，普遍会用到中长期目标和短期目标。战略评价的准则应该可度量并易于调整。对未来业务指标的预测远比显示以往业务的完成情况更为重要。例如，战略决策者应该知道，需要采取一些补救措施，否则下一季度的销售量将低于计划20%，而不是到了下一季度才告知其销售量低于预期20%。真正有效的控制需要准确的预测。

企业追求长期和短期目标都未能取得满意成绩，这表明需要进行改进了。许多因素都会导致目标实现不佳，如不合理的政策、未预料到的经济变化、不可靠的供应商和分销商或者无效的战略等。还有诸多问题可能来自无效益或者无效率。

在衡量企业绩效时，许多因素可以且应该包含其中。如表9-2所示，一般而言，每月、每季、每年企业都要对令人满意和不尽如人意的因素进行记录，从而确定合理行动。

表 9-2 战略执行报告示例

基本变量		预期目标	当前情况	二者偏差	分析
成本控制	行政费用在生产成本中的比例(%)	15	12	−3	在缩减行政开支方面，是否力度过大？或是开支项目漏掉了一些必要的开支？
	毛利润率(%)	40	40	0	
为顾客服务	安装周期(天)	3.2	2.7	−0.5	这种进步是否能维持？
	服务人员与销售人员之比	2.7	2.1	−0.6	产生这种落后的原因？
产品质量	退货率(%)	2.0	2.1	0.1	引起这种落后的原因是什么？
	优质品率(%)	99	97	−2	必须改进
市场	职工月销售额(元)	11 500	12 100	600	进步较大，但是否会出现原材料供应问题？
	产品线的扩大	3	5	2	
服务部门的士气	旷工比例(%)	3.0	3.0	0	这是个比较大的问题，要弄清楚真正原因
	更替比例(%)	1.0	4.0	3.0	
竞争能力	引入新产品	3	6	3	偏差较大，是否原先对自己的估计错误？

通常，确定哪些目标在战略评价中最为重要十分困难。战略评价基于定性和定量标准。战略评价标准的选择取决于企业规模、产业、战略和管理理念。比如，采取收缩战略的企业与追求市场开发战略的企业，其评价标准完全不同。战略评价中经常使用的定量标准是财务指标，战略制定者通常要做三种重要比较：①比较不同时期企业的绩效；②比较自身和竞争对手的绩效；③比较企业绩效与产业平均水平。

作为战略评价的标准，一些关键的财务比率特别有用，主要有以下几种：

（1）投资收益率；

（2）股本收益率；

(3) 利润率；

(4) 市场份额；

(5) 负债对权益比率；

(6) 每股收益；

(7) 销售增长率；

(8) 资产增长率。

但是，采用定量标准进行战略评价也有一些潜在问题。首先，大多数定量标准是针对年度目标而非长期目标的；其次，不同的会计方法在定量标准下的结果有所不同；第三，定量标准中几乎总是包含直觉判断。鉴于这些及其他各种原因，定性标准对于战略评价也非常重要。人力因素，比如高旷工率和调班率、低产品合格率和生产率或者低员工满意度，都是可能导致业绩下滑的潜在原因。市场营销、财务/会计、研发或者管理信息系统因素也可能导致财务问题。

战略评价中，还有一些反映定性需求或者直觉判断的关键问题，主要包括：

(1) 企业高风险和低风险投资项目之间的平衡如何？

(2) 企业长期和短期投资项目之间的平衡如何？

(3) 企业在缓慢增长市场和快速增长市场之间的平衡如何？

(4) 企业如何平衡在不同事业部之间的投资？

(5) 企业可选的战略在多大程度上体现社会责任？

(6) 企业的关键内部和外部战略因素之间的关系如何？

(7) 主要竞争对手对企业的各种战略如何反应？

9.2.3 采取修正行动

战略评价的最后一步是采取修正行动，即需要做出一些变革使企业在未来获得竞争地位。如表所示，需要采取的变革包括：调整组织结构、替换一个或多个关键人员、出售某项业务，或者重新修正企业愿景等。还有一些变革，比如设定或修改目标、出台新的政策、发行股票融资、增加销售人员、以不同的方式分配资源或者给予新的绩效激励等。采取修正行动并不一定意味着放弃现有战略，或者必须制定新的战略。

错误或者不当行为发生的可能性随着人员算术级数的增加而呈几何级数增长。任何对某项业务全面负责的人必须同时检查参与者的行为和他们实现的成果。如果行动或者结果与预期或者计划的结果不一致，就要采取纠正措施和修正行动。

没有企业能够在孤岛上生存，也没有企业能够逃避变革。采取修正行动对于保持企业沿着既定的目标前进很有必要。阿尔文·托夫勒在其令人深思的著作《未来冲击》和《第三次浪潮》中提到，商业环境变得如此动荡而复杂，它以未来的冲击威胁个人和组织。当变化的性质、类型以及速度超出个人和组织的适应能力时，这种冲击就会发生。战略评价能够增强组织成功地适应环境改变的能力。

采取修正行动会增加员工和管理者的焦虑。研究表明，员工参与战略评价行动，是克服对于变革的抵制情绪的最佳方式之一。厄瑞兹和坎弗称，当人们对变革有认知理解、感觉局势可控并意识到实施变革必须采取必要的行动时，他们最乐意接收变革。

战略评价会导致四种情况：战略制定的改变、战略实施的改变、两者都发生改变或者都不改变。战略制定者迟早都要修正战略及其实施方法。赫西和兰厄姆对采取纠正措施有如下见解：人们对变革的抵触经常基于情感因素，很难因理性的说服而改变。人们抵触可能是因为他们感觉地位丧失，现有能力遭到质疑，害怕新环境下会失败，对未征求他们的意见不满，对变革必要性缺乏理解，或者对改变熟知的现有方法产生不安全感。因此，有必要为大家创造参与条件并对变革进行全面理解，以便克服变革阻力。

修正行动应该将企业推向更好的地位：能够更好地利用内部优势和外部关键机会，更有力地避免、减少或者转移外部威胁，更坚决地对内部劣势进行弥补。修正行动应该有明确的时间表和恰当的风险度，应该保持其内部一致性并对社会负责。更重要的是，修正行动要增强企业在业界的竞争地位。持续的战略评价可以使战略制定者随时把握组织脉动，并为战略管理系统提供有效信息。

卡特·贝尔斯这样描述战略评价的好处：评价行动可能增强对企业现有战略的信心，或者指出修正一些短处的必要，如优质产品或者技术优势的减少。许多案例中，战略评价有更深远的意义，评价过程的结果可能产生全新的战略，它将使甚至已经获得可观利润的企业再上一个台阶，大幅提高盈利水平。正是这种可能体现了战略评价的价值，因为其成效可能非常巨大。

9.3 平衡计分卡

平衡计分卡(balanced score card，BSC)是战略评价的重要工具。平衡计分卡是一个过程，在其中要求企业从四个方面评价战略：财务绩效、顾客知识、内部业务流程，以及创新与学习。按照卡普兰和诺顿的观点，"平衡计分卡是一种绩效管理的工具。它将企业战略目标逐层分解转化为各种具体的相互平衡的绩效考核指标体系，并对这些指标的实现状况进行不同时段的考核，从而为企业战略目标的完成建立起可靠的执行基础"。

微课视频 9-1
平衡计分卡

9.3.1 平衡计分卡的起源

平衡计分卡起源于 20 世纪 90 年代初，是由哈佛商学院的罗伯特·卡普兰(Robert Kaplan)和诺朗诺顿研究所所长(Nolan Norton Institute)、美国复兴全球战略集团创始人兼总裁戴维·诺顿(David Norton)所从事的"未来组织绩效衡量方法"研究而得出的一种绩效评价体系。当时该计划的目的，在于找出超越传统以财务量度为主的绩效评价模式，以使组织的"策略"能够转变为"行动"而发展出来的一种全新的组织绩效管理方法。平衡计分卡自创立以来，在国际上，特别是在美国和欧洲，很快引起了理论界和客户界的浓厚兴趣与反响。

2002年平衡计分卡被《哈佛商业评论》评为75年来最具影响力的管理工具之一，它打破了传统的单一使用财务指标衡量业绩的方法。而是在财务指标的基础上加入了未来驱动因素，即客户因素、内部经营管理过程和员工的学习成长，在集团战略规划与执行管理方面发挥着非常重要的作用。平衡计分卡主要是通过图、卡、表来实现战略的规划。

9.3.2 平衡计分卡原理流程分析

BSC是一套从四个方面对企业战略管理的绩效进行财务与非财务综合评价的评分卡片，不仅能有效克服传统的财务评估方法的滞后性、偏重短期利益和内部利益，以及忽视无形资产收益等诸多缺陷，而且是一个科学的集企业战略管理控制与战略管理的绩效评估于一体的管理系统，其基本原理和流程简述如下。

▶ 1. 以组织的共同愿景与战略为内核

运用综合与平衡的哲学思想，依据组织结构，将企业的愿景与战略转化为下属各责任部门（如各事业部）在财务（financial）、顾客（customer）、内部流程（internal processes）、创新与学习（innovation&learning）四个方面的系列具体目标（即成功的因素），并设置相应的四张计分卡，其基本框架如图9-3所示。

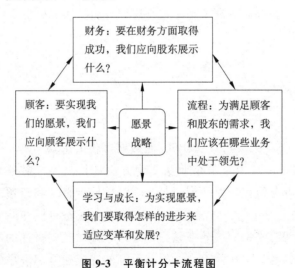

图9-3 平衡计分卡流程图

▶ 2. 设立四种计量可具体操作的目标

依据各责任部门分别在财务、顾客、内部流程、创新与学习四个方面的计量可具体操作的目标，设置一一对应的绩效评价指标体系，这些指标不仅与企业战略目标高度相关，而且以先行（leading）与滞后（lagging）两种形式，同时兼顾和平衡企业长期和短期目标、内部与外部利益，综合反映战略管理绩效的财务与非财务信息。

▶ 3. 商定各项指标的具体评分规则

由各主管部门与责任部门共同商定各项指标的具体评分规则。一般是将各项指标的预算值与实际值进行比较，对应不同范围的差异率，设定不同的评分值。以综合评分的形式，定期（通常是一个季度）考核各责任部门在财务、顾客、内部流程、创新与学习等四个方面的目标执行情况，及时反馈，适时调整战略偏差，或修正原定目标和评价指标，确保企业战略得以顺利与正确地施行。BSC管理循环过程的框架如图9-4所示。

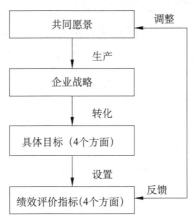

图 9-4　平衡计分卡管理的循环过程

9.3.3　实施平衡计分卡的障碍

▶ 1. 沟通与共识上的障碍

根据 Renaissance 与《首席财务官》杂志的合作调查，企业中少于1/10的员工了解企业的战略及战略与其自身工作的关系。尽管高层管理者清楚地认识到达成战略共识的重要性，但却很少有企业将战略有效地转化成被基本员工能够理解且必须理解的内涵，并使其成为员工的最高指导原则。

▶ 2. 组织与管理系统方面的障碍

据调查，企业的管理层在例行的管理会议上花费近85%的时间，以处理业务运作的改善问题，却以少于15%的时间关注于战略及其执行问题。过于关注各部门的职能，却没能使组织的运作、业务流程及资源的分配围绕着战略而进行。

▶ 3. 信息交流方面的障碍

平衡计分卡的编制和实施涉及大量的绩效指标获取和分析，是一个复杂的过程，因此，企业对信息的管理及信息基础设施的建设不完善，将会成为企业实施平衡计分卡的又一障碍。这一点在中国的企业中尤为突出。中国企业的管理层已经意识到信息的重要性，并对此给予了充分的重视，但在实施的过程中，信息基础设施的建设受到部门的制约，部门间的信息难以共享，就像在信息的海洋中建起了座座岛屿。这不仅影响到了业务流程，也成为实施平衡计分卡的障碍。

▶ 4. 对绩效考核认识方面的障碍

如果企业的管理层没有认识到现行的绩效考核的观念、方式有不妥当之处，平衡计分卡就很难被接纳。长期以来企业的管理层已习惯于仅从财务的角度来测评企业的绩效，并没有思考这样的测评方式是否与企业的发展战略联系在一起、是否能有效地测评企业的战略实施情况。平衡计分卡的实施不仅要得到高层管理层的支持，也要得到各业务单元管理层的认同。

9.3.4 实施平衡计分卡的影响因素

平衡计分卡不仅强调短期目标与长期目标间的平衡、内部因素与外部因素间的平衡，也强调结果的趋动因素，因此平衡计分卡是一个十分复杂的系统。在其实施的过程中一定会遇到困难。在国外，平衡计分卡的实践也证实了这一点。

▶ 1. 指标的创建和量化

财务指标创立与量化是比较容易的，其他三个方面的指标就需要企业的管理层根据企业的战略及运营的主要业务、外部环境等加以仔细地斟酌。平衡计分卡中列出的指标有些是不易收集的，这就需要企业在不断探索中总结；有些重要指标很难量化，如员工受激励程度方面的指标，需要收集大量信息，并且要经过充分地加工后才有实用价值，这就对企业信息传递和反馈系统提出了很高的要求。

▶ 2. 结果与趋动因素间的关系

平衡计分卡要确定结果与趋动因素间的关系，而大多数情况下结果与趋动因素间的关系并不明显或并不容易量化。这也是企业实施平衡计分卡所遇到的又一个困难。企业要花很大的力量去寻找、明确业绩结果与趋动因素间的关系。

▶ 3. 实施的成本

平衡计分卡要求企业从财务、客户、内部流程、创新与学习四个方面考虑战略目标的实施，并为每个方面制定详细而明确的目标和指标。它需要全体成员参加，使每个部门、每个人都有自己的平衡计分卡，企业要付出较大代价。

9.3.5 BSC、KPA、KPI 和 KRA 的关系

BSC 即平衡计分卡，是绩效管理中的一种新思路，适用于对部门的团队考核。平衡计分卡的核心思想就是通过财务、客户、内部流程及创新与学习四个方面的指标之间的相互驱动的因果关系展现组织的战略轨迹，是实现绩效考核—绩效改进、战略实施—战略修正的战略目标的过程。它把绩效考核的地位上升到组织的战略层面，使之成为组织战略的实施工具。

KPA(Key Process Area)意为关键过程域，这些关键过程域指出了企业需要集中力量改进和解决问题的过程。同时，这些关键过程域指明了为了要达到该能力成熟度等级所需要解决的具体问题。每个 KPA 都明确地列出一个或多个的目标，并且指明了一组相关联的关键实践(Key Practices)。实施这些关键实践就能实现这个关键过程域的目标，从而达到增加过程能力的效果。而从人力资源管理角度而言，KPA(Key Performance Action)意为关键绩效行动，可以简单叫作关键行为指标，当一件任务暂时没有找到可衡量的 KPI(关键绩效指标，Key Performance Indicator，KPI)或一时难以量化的时候，可以对完成任务关键的几个分解动作进行要求，形成多个目标，对多个目标进行检查，达到考量的结果。KPA 是做好周计划和日计划的常用工具，通过 KPA 的检查考量统计可以将一个任务

的 KPI 梳理出来。

KRA(Key Result Areas)意为关键结果领域，它是为实现企业整体目标、不可或缺的、必须取得满意结果的领域，是企业关键成功要素的聚集地。

KPI(Key Performance Indicators)意为关键绩效指标，是通过对组织内部流程的输入端、输出端的关键参数进行设置、取样、计算、分析，衡量流程绩效的一种目标式量化管理指标，是对企业运作过程中关键成功要素的提炼和归纳。每个 KRA 都涵盖了几个 KPI。KRA 和 KPI 是把企业的战略目标分解为可操作的工作目标的工具，是企业绩效管理的基础，建立明确的切实可行的 KPI 体系是做好绩效管理的关键。

可以把 KPA、KPI、KRA、BSC 系统联系起来，就会发现 KPA 是指标量化执行阶段，KPI 是指标量化考核阶段，KRA 是指标必要达成的结构性目标管理阶段，BSC 是指标的战略管理阶段，这四个名词是绩效量化管理不断升级的关键词，也是企业实施绩效量化管理发展的四个阶段。

知识链接 9-1
平衡计分卡应用的成功者

9.4 有效评价系统的特征

战略评价必须达到以下几个基本要求才算有效。首先，战略评价活动必须经济，信息太多和信息太少一样糟糕，控制太多也不好；其次，战略评价还应该有意义，必须贴近企业目标，给管理者需要控制和影响的任务提供有用信息；最后，战略评价应该提供及时信息，管理者有时在某些领域每天都必须掌握最新信息。例如，企业通过收购另一家企业实现多元化，就不断需要各种评价信息。但是，对于研发部门，每日或每周进行信息评价反而不利于部门的正常运作。作为战略评价的基础，概略、及时的信息比精确、延迟的信息更为重要。频繁考核和快速回报可能会妨碍而不是促进控制效果。采取控制措施的时间必须与被考核事件开展时间同步。

战略评价应该反映现实。例如，在经济严重衰退时，尽管员工和管理者都更加努力地工作，生产率和利润率却大幅度下滑，战略评价应该客观公正地反映这种情况。来自战略评价过程的信息应该促进行动，并且及时传递给企业中需要依靠这些信息进行决策的人员。管理者通常忽视那些仅以提供信息为目的的评价报告，因为不是所有管理者都需要全部的报告。控制应该是行动导向而非信息导向的。

战略评价过程不应该统领决策，而应该促进相互理解、增强信任、提升共识。所有部门都应当在战略评价中同其他部门进行合作。战略评价应力求简单，切忌烦琐和刻板。评价系统是否有效取决于其有用性而非复杂性，复杂的战略评价系统经常使人们困惑迷失且收效甚微。

大型企业需要更为细致周全的战略评价系统，因为在不同事业部和职能单位进行协调更为困难。中小企业的管理者经常和员工交流，因此不需要庞大的评价报告系统。由于对当地环境熟悉，中小企业比大型企业开展信息收集和评价工作更为容易。但是，有效的战略评价系统的关键可能是让参与者明白，没有在预定时间内完成既定目标未必是他们努力不够，绩效未必能反映他们的实际付出。

没有十全十美的战略评价系统。企业的每一个特征，包括其规模、管理风格、目标、问题和优势，都可能决定战略评价和控制系统的最终设计。罗伯特·沃特曼关于成功的企业战略评价和控制系统有如下洞察：

成功的企业将事实看成朋友，将控制看成解放。摩根保证信托公司和富国银行在解除银行管制的困境中，不仅幸免于难，而且茁壮成长，这得益于它们有很好的战略评价和控制系统，能够有效控制风险，并深入了解自身和竞争环境。成功的企业对于事实有着狂热的追求，它们透过数据看出信息，而别人则把数据看作数据成功的企业喜欢比较、排序，对靠拍脑袋决策嗤之以鼻；成功的企业保持着严格准确的财务控制，员工不把控制看成是权威强加，而看成是善意的检查和平衡，从而使得他们更加具有创造性和自由度。

9.5 权变计划

好的战略管理有个基本前提：企业在有利和不利事件发生之前提出应对计划。很多企业仅仅针对不利事件制订应急计划是错误的，因为利用机会和降低威胁都能够提高企业的竞争地位。

无论战略制定、实施和评价如何仔细，意料之外的事件，如罢工、抗议、自然灾害、外国竞争者的到来以及政府行为等，都会使之前的战略过时。为了尽量减少潜在威胁的影响，组织应制订权变计划作为其战略评价的一部分。权变计划（contingency planing）是指若预期的某些关键事件没有发生时，可以生效的替代方案。战略制定者不应该也不可能为所有可能发生的意外制订计划，只有高级优先级的领域需要保证权变预案。但在任何情况下，权变计划应尽可能简单。

通常，企业制定的权变计划包括以下内容：

（1）如果情报显示主要竞争对手从特定市场撤出，企业应该采取什么行动？

（2）如果销售目标没有达到，企业应该采取什么行动以避免利润损失？

（3）如果新产品的需求超过了计划，企业应该采取什么行动满足更高的需求？

（4）如果发生某些灾难性事件，如计算机网络损坏、敌意收购、专利保护损失，或者由于地震、龙卷风或飓风使生产设施遭到破坏，企业应该采取怎样的行动？

（5）如果新技术发展使新产品比预期更快过时，企业应该采取什么行动？

许多企业舍弃那些没有被选中实施的战略，但是，这些战略对方案的分析工作也提供了有价值的信息。当被采用的战略失败时，那些没有被选中的战略正好可以作为替代战略。

有效的权变计划包含以下七个步骤：

（1）识别可能会扰乱现行战略的有利和不利事件；

（2）识别触发点，推算这些突发事件可能发生的时间；

（3）评价每个突发事件的影响，估计可能的收益或损失；

（4）制订权变计划，确保应急预案与目前战略的兼容性和经济上的可行性；

（5）评价每个权变计划的影响，即评价每个应变计划在多大程度上利用或消除相应的应急事件，这样做可量化每个权变计划的潜在价值；

（6）确定关键应急事件的预警信号并提前进行监督；

（7）对那些有可靠预警信号的应急事件，预先制订行动计划，以利用因提前发现而获得的时间优势。

9.6　审计

审计是战略评价中经常使用的一种工具。审计是对资料作出证据搜集及分析，以评估企业财务状况，然后就资料及一般公认准则之间的相关程度作出结论及报告。进行审计的人员必须有独立性以及具备相关专业知识。常见的财务审计有以下三种：

（1）运作审计（作业审计），检讨组织的运作程序及方法以评估其效率及效益；

（2）履行审计（遵行审计），评估组织是否遵守由更高权力机构所订的程序、守则或规条；

（3）财务报表审计，评估企业或团体的财务报表是否根据公认会计准则编制，一般由独立会计师进行。

小结

本章讨论了可以促进实现企业年度和长期目标的战略评价基本框架。有效的评价使得企业在发展时能够利用内部优势，在跃升时利用外部机会，认识并防御威胁，以及在内部劣势和外部威胁造成危害之前尽可能减少损失。

在成功的企业中，战略制定者投入时间和精力仔细而系统地制定、实施和评价战略。优秀的战略制定者以明确的目标和方向指引企业前进，他们持续地评价和提升企业的内外部战略地位。战略评价使企业设计自己的未来，而不是受那些对企业发展无关紧要的因素左右。

平衡计分卡是战略评价的重要工具，是一种绩效管理的工具。它将企业战略目标逐层分解转化为各种具体的相互平衡的绩效考核指标体系，并对这些指标的实现状况进行不同时段的考核，从而为企业战略目标的完成建立起可靠的执行基础。它打破以前只是从财务方面、短期的结果方面去看待企业的战略实施情况，它是一个过程，在其中要求公司从四个方面评价战略：财务绩效、顾客知识、内部业务流程，以及创新与学习。审计也是战略评价中经常使用的一种工具。

章末案例

"互联网+"转型，平衡计分卡如何扛起绩效管理大旗？

传统鞋服为代表的零售企业正面临日趋复杂的竞争环境。一方面是电子商务的步步紧逼，另一方面又是传统渠道的举步维艰。门店租金高涨、人力成本攀升，客流量却在下降。为求自救，鞋服企业纷纷拥抱电商，走上"互联网+"战略转型的道路。不仅仅是将商店搬到网上，进行纯电子商务，而是进行O2O渠道营销。全渠道营销，是指企业将线上线下渠道进行深度融合，为消费者提供无差别消费体验的营销模式。全渠道能够帮助企业充分发挥线上的流量优势，同时结合线下服务，为消费者提供优秀的消费体验。从企业运营的角度来看，全渠道商品、库存、订单统一管理，也能够帮助企业优化供应链和库存结构，降低整体运营成本。全渠道战略涉及企业管理的诸多方面，需要动员和协调各个部门的资源支持转型工作。

俗话说，无法衡量，就没有办法进行有效管理。那么，原有的以营收、利润等财务指标为主的绩效衡量体系，是否还能在企业的全渠道战略转型中发挥积极作用呢？答案是否定的，部门边界逐渐淡化，客户体验和流程创新等非财务要素，在企业竞争力的构成中占据越来越重要的位置。在这样的背景下，如果还是单纯衡量全渠道部门的财务贡献，忽略其在流程创新和客户保持方面的工作，全渠道战略的执行效果将难以得到保证。因此，为确保转型成功，平衡记分卡就更符合新战略的绩效衡量体系，让各部门员工的工作目标与企业战略紧密联系，从而最大程度上支持企业的成功转型。

平衡计分卡则能够很好地满足这个要求，主要表现为以下几点：

(1) 阐明并解释新的愿景与战略，为客户提供无差别的全渠道购物体验，从而创造更高的品牌价值和利润；

(2) 沟通并连接战略目标和指标，各个部门、员工都将拥有与战略目标挂钩的指标，知道自己的工作是如何支撑企业整体战略的；

(3) 计划、指定目标值并协调战略行动方案，通过跨部门行动方案制定，促成各个层面战略主题的执行，最终支持财务目标的实现；

(4) 加强战略反馈与学习，通过各个层面指标的监控，发现战略目标分解中存在的问题，及时调整，保证整体战略的实现。

平衡计分卡将从财务、客户、内部流程及创新与学习四个层面来进行战略评价，在传统鞋服企业全渠道战略转型中的应用具体如下：

1. 财务层面

大部分鞋服企业都已处于成熟期，追求股东价值和企业利润是非常重要的财务主题。保持销售增长是成熟期企业稳定的基础；当前生产效率大大提升，降低库存成本则是保证企业利润的重要举措；电商渠道具有流量、成本优势，线下渠道具有服务、体验优势，怎样的收入组合既能保证短期的财务目标，又能帮助企业实现可持续增长，也是企业需要衡量和调整的重要战略主题。

总的来说，在全渠道战略下，除了营收、毛利等传统的财务指标，全渠道的库存成本、各个渠道的销售额占比也是企业需要重点关注的指标。

2. 客户层面

互联网时代，传统鞋服企业很难通过大规模的电视广告和开店来轻松地获得和留住客户。消费者能够轻松地获得来自各个渠道的品牌和产品信息，如果没有好的口碑和令人满意的消费体验，不仅无法吸引潜在的消费者，连原有的会员也会面临流失，直接导致的财务后果就是销售额萎缩。

通过全渠道，可以将提升客户满意度战略分解成以下几个。

（1）更快捷：特别是针对线上订单，消费者对货物送达的速度要求越来越苛刻。衡量指标可以是订单的平均响应速度、平均收货时长等。

（2）更贴心：精准营销一般通过短信、邮件、微信推送或者店员当面介绍等方式实现，企业是不是能以消费者接受的方式，将消费者需要的商品、促销信息提供给他们，是精准营销需要关注的重要方面。对于精准营销是否真的精准和贴心，可以通过营销信息的反馈比例或者投资回报率（ROI）等指标来进行衡量。

（3）更放心：消费者对购物放心，主要来自对售后流程的体验，尤其是鞋服行业的在线销售，退换货率居高不下。企业可以尝试通过改进售后流程，或者基于线下实体门店优化售后体验，为客户提供更便捷的退换货服务，让消费者购物无后顾之忧。对售后满意度则可以通过售后投诉率、售后回访满意度等方式进行衡量。

（4）更独特：O2O购物体验也会逐渐趋于同质化，为消费者提供有品牌特色的消费体验也能有效提升客户对品牌的好感。在这个战略主题上，可以衡量购物流程创新的次数、频率，并注意对每一次创新收集消费者的反馈。

总的来说，在客户层面衡量指标的建立，需要围绕消费体验，关注消费者在各个方面的诉求并加以满足。当然，这里没有提到为客户提供质优价廉的产品这个重要的战略主题，可以把它放在企业总体的平衡计分卡中，这里只对全渠道相关的战略进行分解。

3. 内部流程层面

从帆软提供企业数据服务的经验来看，大部分企业对数据的管理到财务和客户层面就完成了。然而，建立平衡计分卡的前提，是确定一套内部流程价值链，对流程层面战略主题的衡量同样重要。在这里，结合帆软部分客户的全渠道案例，选取经营流程和售后服务流程，并将其演绎成库存共享、订单处理、会员营销和退换货四个主要流程来进行分析。

（1）库存共享

库存共享，是指门店将自己一定比例的库存共享到电商渠道，供电商渠道进行销售的一种方式。这是全渠道战略执行的基础流程，只有电商渠道能够透视到门店库存，才能够实现线上订单门店发货或者自提。然而现实情况下，由于门店销售的惯性思维以及分润模式下导致的利益减少，如何让门店愿意共享出库存，是执行全渠道战略的关键所在。

（2）订单处理

全渠道订单处理，主要包括线上订单总仓发货、线上订单门店发货两种。发货和物流速度关系到用户满意度，建议对所有处理线上订单的节点进行发货速度、物流速度的衡量,并且关注订单处理速度的投诉率等指标,对各个节点的订单处理进行全面衡量。

(3) 会员营销

营销活动 ROI 是对营销流程最直接的衡量。然而在全渠道会员营销的战略主题中,可能要更加关注营销活动对会员转化的效果,比如说线上推送的优惠信息吸引了多少会员到达门店,线下注册的会员多少在线上产生了购买。综合来说,需要更多地去衡量会员的线上、下转化率,让会员和品牌进行线上、线下全方位的接触。

(4) 退换货流程

全渠道的退换货流程有可能包括线上订单门店退货、门店订单线上退货等场景,这对内部的流程设置提出了很高的要求,包括货物调配、财务结算等。因此,如何去设置退换货流程,除了考虑消费者的满意度(退换货服务的时长、质量等),也要把退换货的成本考虑在内。

4. 创新与学习层面

创新与学习层面,主要关注员工的生产率。从员工层面来讲,全渠道战略是希望线上、线下结合产生"1+1>2"的效果,之前门店的店员只要服务好门店的顾客就可以了,在全渠道中,还需要为线上顾客提供订单处理甚至一对一的客服服务,利用好了全渠道工具,每天就会面对更多的顾客和订单,大大提升生产效率。因此,衡量店员的人均收入指标很有必要。店员之外,我们还建议将所有线上渠道的建设、运营人员一同纳入进来,衡量全渠道所有相关人员的人员收入,综合评估全渠道给企业带来的变化。

员工人均收入的衡量是结果衡量,创新与学习层面还要对两个驱动因素进行评估。

(1) 员工能力

主要是员工对全渠道营销工具的应用能力,这个层面我们首先对所有销售人员进行应用培训,然后对该员工在工作过程中对全渠道工具的使用率进行评价。而从店长到管理人员的角度,我们可能更关注他们对全渠道战略提供建设性贡献和意见的能力,这里可以对他们提出建设性意见的次数和质量进行衡量。

(2) 信息系统能力

巧妇难为无米之炊!开展全渠道营销,全渠道信息系统的建设是基础,从流程的几个角度分解下来,可以把信息系统能力分为库存管控、订单获取、订单路由、会员数据、会员营销等多个维度。这里仅以库存管控能力为例,全渠道信息系统对门店库存管控的覆盖率、实时程度等,都是衡量库存管控能力的重要指标,很多企业会选择试点门店开展全渠道,初期的覆盖率要求不会很高,但是随着全渠道发展,所有门店实现库存信息实时打通,是对信息系统的基本要求。

资料来源:帆软数据应用研究院 陈陵志

问题:请问这些传统服鞋企业可以怎样通过平衡计分卡来进行自身的战略评价?

复习与讨论

1. 讨论"战略评价是一个持续的过程而不是阶段性的"这个观点的利弊?
2. 什么情况下战略评价过程中不需要修正行动?
3. 列出有效战略评价系统的特征?
4. 什么是平衡计分卡?有什么作用?
5. 讨论什么是权变计划?

线上课堂——训练与测试

战略实践演练

在线自测

第 10 章　战略变革

学习导语

20世纪90年代以来，尤其是进入21世纪后，世界经济全球化进程日益加剧，新技术不断诞生，顾客需求更趋多样化，产品生命周期越来越短，企业面临着空前激烈的竞争和挑战，这种超强的竞争环境给企业的生存与发展造成了巨大的压力，致使企业所执行战略的有效期缩短，战略失效的速度加快。越来越多的事实表明，在环境变化的情况下仍固守原有的战略非但不明智，甚至会导致严重的生存危机。通常企业在其成长与发展过程中或多或少地都需要进行战略变革，在不确定性的环境条件下尤其明显。在激烈的市场竞争中，只有那些善于改变自己的企业才有可能获取更多的发展机会和生存空间。本章就将对战略变革进行详细阐述。

学习目标

- 定义战略变革的基本内涵；
- 理解企业进行战略变革的原因；
- 领会企业战略变革主导逻辑模式；
- 了解战略变革的主要类型；
- 明确企业进行战略变革的主要方式；
- 定义组织变革的基本内涵；
- 理解成功变革的主要因素；
- 理解变革的阻碍因素。

名言

智者之虑，必杂于利害。杂于利，而务可信也；杂于害，而患可解也。

——《孙子兵法·九变篇》

用兵争强，固非一道。若拘执常理，寸步不可行矣，宜从权变。

——《三国演义》

在当今时代里，我们每一天、每一分钟都必须讨论变革。

——杰克·韦尔奇

开篇案例

变革也有方法论：华为任正非靠这些经验挺过冬天

任正非说，企业若想活下去，没有捷径，唯有持续变革。

变革有主动和被动之分，很多企业都是被动型的，即当企业遇到重大问题的时候才考虑实施变革。

华为公司的变革基本都是在主动的情况下实施的，三十多年来华为公司所取得的一切成就，无不跟变革有关。华为较好地把握了变革的时机点和节奏，有力地支撑了业务的发展。

一个企业如何判断是否需要变革？企业情况千差万别，问题是不一样的。另外，企业的高层、中层和基层员工，对企业存在问题的感受也是不一样的。真正有判断价值的，是企业高层管理者、中层管理者和骨干员工都对整个企业的管理现状有同样的负面感受。变革最重要的是在核心高管层面的认识上要达到高度统一。华为公司的变革之所以进展还比较顺利，就是因为前期花了两年时间起草了《华为基本法》。《华为基本法》里面已经把华为公司整个变革的指导思想、原则、路径基本上都说清楚了。所以整个变革在华为公司的核心管理层和高管团队中就没有什么大的阻力。

变革确实是一个非常复杂的系统过程。有个统计，企业认为自己变革成功的好像只占不到20%。那就意味着，企业花了钱，请顾问来帮助，牺牲了自己的时间和金钱，最后企业的变革还没有达到目的，这无疑是个非常痛苦的事情。

因此，变革的准备程度是非常重要的，变革的需求也要非常清晰。整个变革的组织准备、人员准备、业务准备都要先做好，千万不能仓促开始，草草收场，最后对企业的整个业务发展产生极大的负面作用。

华为公司的变革一直都没有停止，大体上可分为几个重要阶段，第一个阶段是《华为基本法》的起草，这是一次管理文化的变革。1996年3月—1998年3月，起草过程前后历时两年。

《华为基本法》的起草，正值华为公司处于一个非常迅猛发展的时期。1992年华为公司差不多一百人，销售额一个亿。到了《华为基本法》起草完毕的1998年，华为公司已经发展到了8 000人的规模，90亿元的销售。

基本法当时要解决的，是企业野蛮生长阶段如何统一思想、统一认识、激发斗志。企业在迅速发展的阶段，很多问题都会不断浮现出来，如激励问题、管控问题、价值追求问题、使命问题等，所以需要制订一部《华为基本法》来统一大家的思想。

企业在变革过程中，常常是"动了别人的奶酪"，肯定会触动老员工的利益，而企业又离不开这些人，有什么好的办法呢？总之一句话，你动别人的奶酪是要付出代价的，公司在处理这个问题上要刚柔并济。

华为公司在变革过程中，也发生过类似的问题。如华为公司的变革顾问团队进驻到公司以后，在访谈过程中就遇到很大的阻力。任正非的做法很简单，把那些不配合变革的人，全部从变革项目团队里请出去，另外调一些对变革怀有热情和积极态度的人参与进来。

资料来源：世纪名家讲堂　2018-07-28

英特尔公司前董事长安迪·葛洛夫在《十倍速时代》一书中指出：一旦经历战略转折点，就会有赢家和输家。如今，在战略上的"求变"与"应变"成为企业获取持续竞争优势，进行永续经营的重要生存法则。在激烈的市场竞争中，只有那些善于改变自己的企业才有可能获取更多的发展机会和生存空间。近几年，战略变革越来越成为中国企业在动态、复杂环境条件下，追求做大、做强、做久，提升国际竞争力过程中不可回避的现实问题。就如任正非说，企业若想活下去，没有捷径，唯有持续变革。

微课视频 10-1
战略变革

战略变革主要涉及企业实施战略变革的动因、思维逻辑、主要类型和方式、导致成功变革的主要因素以及在实施变革过程中所遇到的种种阻碍因素。

10.1　战略变革基本内涵

从国外相关方面的研究来看，战略变革理论是在企业变革理论研究的基础上逐步发展起来的，从属于组织变革领域的研究范畴，并且往往同企业变革和组织变革的研究内容交织在一起。由于战略管理成为一门独立学科的时间较晚，当其成为热点并系统地对其加以研究为时更晚，因此，单独对其进行的研究更显得薄弱。事实上，国外有关企业战略变革的研究从 20 世纪 80 年代后期才引起重视，近年来随着企业所处环境的不确定性增强，对企业战略变革的关注亦与日俱增，但到目前为止，可以说学术界一直未能整合成一套完整的体系与架构。

关于企业战略变革的基本内涵，学者们对此有各自的理解与看法（表 10-1）。

表 10-1　学者们对战略变革的定义

学　　者	年份	战略变革定义
Henry Mintzberg & Frances Westley	1992	如果当企业变革的内容涉及方向性的组织要素时，如抽象性思维层次的使命、定位和具体性行为层次的程序等，那么此时的变革就是企业战略变革
Rajagopalan E & Kelly J	1997	战略变革是在企业和外部环境的一致性的过程中，随着时间的推移而表现在企业形式、品质或状态等方面的不同。这种一致性的变化包括两项内容： ①外部环境与企业的变化会引发企业战略变革； ②企业战略变革的内容是由企业的范围、资源配置、竞争优势和协调性的变化带来的
Charle W. L. Hill & Gareth R Jones	1998	战略变革，是企业从目前状态到未来理想状态而增加其竞争优势的活动

续表

学　者	年份	战略变革定义
Hill & Jones	1998	再造、重组及创新是企业战略变革的主要的三种形态
项国鹏，陈传明	2003	企业战略变革是"企业为了获取可持续性竞争优势，根据所处的外部环境或内部情况的已发生或预测会发生和想要使其发生的变化，秉承环境—战略—组织三者之间的动态协调性原则，涉及企业组织各要素同步支持性变化的，改变企业战略内容的发起、实施、可持续化的系统性过程"

归纳起来，由于研究者们各自的角度与认识上的不同，对以上概念的解释各有特点。但其共同之处在于：企业都试图通过企业战略变革，以不断变工的行为方式来确保其市场竞争地位，并通过战略变革为企业行为提供方向性的指导。

关于战略变革的定义，本书认为，所谓"战略变革"（strategic change）是企业为取得保持持续的竞争优势，在企业内部及其外部环境的匹配方式正在或将要发生变化时，围绕企业的经营范围、核心资源与经营网络等战略内涵的重新定义，改变企业的战略思维以及战略方法的过程。

实际上战略变革主要涉及企业战略内容的改变、战略变革发生可能性的变化、战略变革力量的变化以及战略变革持续的时间，详见本章后续各节的叙述。

10.2　战略变革的动因

企业为什么要实施战略变革，结合主管与客观、内部与外部的原因，影响中国企业战略变革的因素分为外部环境、企业内部环境、愿景或使命及领导者这四项。

10.2.1　环境动因

环境（environment）包括那些在广阔的社会环境中影响到一个行业和业内企业的各种因素。如 PESTG 模型以及供应商、顾客、竞争对手等。

环境对企业的影响是不断变化的，这是因为环境本身就是一个不断变化的动态体系，其中每个因素都会直接或间接地对企业产生影响。环境提供组织资源、机会，但有其限度，企业提供环境所必要、所需求的产品与服务；企业与环境相互配合均能够互利、互惠。环境的变化会引发战略变革，环境变化的动态性、复杂性与不连续性隐含着无数现实的或潜在的机会与威胁，制约着战略变革的决策与实施。而随着环境的变迁，企业的战略也会老化、过时。在整个 20 世纪 60—70 年代，企业经营的游戏规则犹如足球比赛，是一种爆发的剧烈活动，规模和市场份额是企业能否盈利的两种重要因素；从 80 年代起，竞争节奏大大加快，游戏规则发生了变化，变成了篮球比赛。此时市场规模和市场份额固然重要，却大不如以前，新的形式要求企业既要注重规模，更要反应灵敏、行动迅速。然而当不少行业正在改变和学习"篮球赛"式的经营技能时，竞争和游戏规则再度发生改变。21

世纪的竞争格局正发生着本质的变化，人们常用超级竞争和动态竞争来描述21世纪的竞争环境，市场是高度竞争的，即使目前获得了赢利，若是不创新，就很快会被淘汰。

随着5G时代的到来，3G逐渐离我们远去，全球移动产业也发生了翻天覆地的变化，各大企业都在进行战略转型，最终促进了移动终端的变革。手机从原来简单的通话工具转向智能型移动终端设备，手机制造商也已经由传统的制造向软件服务转型。

可以说，符合时代环境要求及竞争条件的假设，是战略变革的关键。而在这个动态竞争和超级竞争的时代里，企业要预测出环境变迁的趋势，从而进行相应的战略变革谈何容易，20世纪80年代初，未来学家托夫勒曾预言：在20世纪最后20年，由于对经营环境的变化感受迟钝，世界上将会有一大批巨型企业进入"恐龙博物馆"，结果，其预言后来不幸言中。因此，企业能否对各种变化做出正确而快速的反应，从容应对产业方面的重大变革，及时进行战略变革和产业创新，成为企业可否持续发展的关键。

10.2.2 企业动因

企业在发展过程中，由于自身经营状况发生了变化，而导致战略的制定与实施发生改变。由企业原因所带来的变革因素主要有企业生命周期、企业的资源与能力、企业利益相关者、企业的战略弹性等。

▶ 1. 企业生命周期

与产业一样，企业的发展也有生命周期，其发展阶段也分为出生、成长、成熟、复兴与衰亡五个阶段，任何一个组织都有其成长极限，即S曲线理论。因此，企业能否持续经营，在不同的阶段采取不同的手段，从而引起了战略变革。当顾客的需求、竞争环境以及市场等因素发生变化时，企业为了避免衰退的命运，需要缩小规模、精简部门、节约经费、控制成本等。格兰仕公司原来是以生产和销售羽绒服为主，但随着竞争加剧，该产品的利润空间越来越小，企业决定立即业务转型，并最终成为微波炉生产商中的老大。

从全球范围来看，企业几乎都会经历这样的过程，即使是百年老店、家族企业，大部分也都会经历"富不过三代"的悲惨命运。在企业不同发展的时期，企业会采取不同的战略方式。海尔根据市场的变化，进行了管理革新，现在所采取的"人单合一"模式和"T模式"。"人单合一"模式，即公司每个人都面对市场，都有自己的订单，都要为订单负责，工厂按其订单制造并发货，而每一张订单都有人对它负责。"T模式"(time、target、today、team)，即每个人、每个部门把实现自己市场目标的时间定为"T"日，然后再确定"T"日前要做哪些预算，"T"日后要进行哪些方面的优化。

成功企业的种种现象告诉我们，在企业的成长变化过程中，要主动求变，学会"吃着碗里的、看着锅里的"。在企业达到成熟期，且尚未出现问题时，要选择另一条创新曲线，另辟蹊径。

▶ 2. 企业的资源与能力

然而在动态的生命周期里，企业的资源与能力是否能够适配企业的变化，是重中之重。"外因通过内因起作用"，企业资源与能力的状况以及核心竞争力的利用，不仅决定着企业的活动范围与效率，而且还左右着企业战略变革的方向与路径的选择。企业的永续经营是建立在核心竞争力基础之上的,而这些都是处在动态变化过程之中,因此,企业战略的资源依赖性和企业资源的战略积蓄性之间的非均衡性正成为企业变革的动力。

地处成都的四川徽记食品产业有限公司在其发展历程中曾遭遇了成本上涨、产权不合理等危机,但最终凭着充满激情的企业家能力、正确盈利模式的设计与运作、规范的组织能力化解了危机。

▶ 3. 企业利益相关者

利益相关者是指受组织决策和行动影响的任何相关者,主要包括:资本市场利益相关者(如股东)、产品市场利益相关者(如顾客、供应商、政府)和组织利益相关者(如员工、管理层)。每一利益相关者集团都希望有利于自己目标实现的领导方式能被战略决策者所采纳实施,而正是由于这些集团之间不同的利益和特征导向,各方相互较量、博弈,最终导致了战略变革。目前,中国的市场机制尚未完善,政府、股东、经营者三方利益集团争利的现象比较明显。由于企业身处快速多变的外部环境中,为了实现战略变革的目标,必须有效地、快速地应对环境的变化,然而因为这三方利益集团的相互牵制,对企业、特别是国有企业的战略实施造成了很大的影响。

▶ 4. 企业的战略弹性

企业战略弹性(strategic flexibility)实际上就是企业战略变革能力,它是企业基于原有的认识基础并通过战略管理机制,整合代表企业战略变革诱因的新知识而使新的企业战略得以实施和制定的功能。

基于企业战略学习机制的企业战略弹性的高低决定了企业战略变革能力的强弱。若战略弹性低,则说明企业处于被动地位,变革能力弱,只能随环境变化而变化;若战略弹性高,则表明企业变革能力强,处于主动地位,能够影响并改变环境。面对以知识经济为主旋律的管理时代,我国各大商业银行从组织结构、人才结构、经营技术以及内部管理等方面进行了重大转变,而这些基本因素则构成了银行应对不确定环境下的战略弹性能力。

10.2.3 使命或愿景动因

企业进行战略变革不是在企业本身及外部环境的影响下自然发生的结果,它是通过企业使命愿景的驱动以及领导者认知的催化作用,进行的独立转化过程。

使命或愿景作为企业战略之舟的"引航灯",意味着"把企业带向何方"的价值与蓝图。愿景(vision)一词,根据牛津字典的解释,是"人们所有梦想的、超现实的未来影像"。对企业而言,愿景是企业对未来的期待、展望、追求与梦想。它包含两层意思:第一,愿景是发自内心的,渴望实现的愿望;第二,愿景要建立具体生动、可以看见的景象。而共同愿景(shared vision)则是指由组织中个人愿景互动成长而形成的,组织成员普遍接受和认同的共有的愿景。共同愿景展示了企业的目标,提供给企业前进的动力,并汇聚全体成员的力量。一个构思良好的愿景规划包括两个组成部分:核心经营理念和生动的未来前景。"核心经营理念"界定了我们的主张是什么以及我们为什么存在;"生动的未来前景"是企业渴望变成、渴望实现、渴望创造的东西,是那些需要经过明显的改变和发展才能达到的东西,其作用是激发变革与进步。使命(mission)是指企业之所以存在的理由与所追求的价值，它解释了企业形成和存在的根本目的、发展的基本任务，以及完成任务的基本行为规范和原则。企业使命还揭示了企业区别于其他类型而存在的原因或目的，即企业应满足何种需要，它从根本上回答了"我们的业务是什么？"这一问题。具体而言企业使命又通常包含两方面的内容：企业哲学与企业宗旨。德鲁克曾提出"企业的业务是什么"，就等于提出了企业存在的理由。"成为中国房地产行业的领跑者"，正是这一远大的目标，激励着万科人不断钻研专业技术，展现追求完美的人文精神，永远向客户提供满足其需要的住宅产品和良好的售后服务，最终成为国内房地产业的霸主。

在这个超级竞争与动态竞争的环境中，企业的目标或许可以和海上导航的指南针相比拟。因此，由目的性反映的系统趋向终极状态未来状态，使当今企业的战略变革与创新特质突出显示在五个超越中：超越现有资源的束缚、超越企业内部优势、超越企业现金流局限、超越既定关键技能的局限、超越企业内部的既定程序规划等。

当然，企业的使命、愿景一定要切合实际，否则会产生负面的影响。商品的竞争好比下棋博弈，下棋讲究全盘考虑，随着棋局的变化，棋手需要重新选择招数。企业的竞争也是如此，必须要认真审视自身的态势——棋局、自己的棋子、对手的棋子以及顾客的棋子，从而制定出企业的使命和愿景。

10.2.4 领导者动因

变革能否最终继续下去，取决于变革领导人能否首先完成自我变革。1937年，科斯提出了交易成本理论（Transaction Cost Theory），该理论给我们启示，即企业家在战略变革中的能动作用成为一种对市场有效协调的另一种协调方式。他们不仅是企业战略变革的"推动者"，也是企业战略变革的"发动者"和"支持者"。当然由于领导者的思维逻辑方式不同，所采取的变革方式也不相同，在下一节中，我们将讨论战略变革的思维逻辑问题。

企业战略变革在本质上是一种选择与判断。这种选择与判断虽然是重要的，但是会受到所在社会的局限、企业目标和偏好的约束，尤其是领导者的偏好和判断确实在决定企业战略和所采用的特定方法中起着重要作用。变革的进化论与过程论都强调领导者在根据机会或威胁做出关键决策时迅速和敏锐的必要性。领导者是整个战略过程的中心，这个中心决定了企业从自己的成功和失败中学习的能力，以及影响利益相关者的能力。只要领导者认为需要变革时，企业就会产生变

典型案例 10-1
同仁堂健康的战略
转型变革

革；反之，即使其他因素发生了变化，而领导者不变革，则变革仍不会启动。因此，企业战略变革发生的主要原因在于领导者的主观认知与意愿。而随着企业内部领导的更替，权利的变动，不同的领导者给企业注入不同的经营理念，也会直接或间接的导致企业战略、企业结构以及制度、文化的变革。拥有极大变革热情的杰克·韦尔奇把通用电气公司打造成为世界一流的企业；日本的稻盛和夫能够在78岁高龄的时候临危受命，接受日本政府的托付，冒着一世英名毁于一旦的危险，以零薪水接任日航公司董事长，仅用420多天的时间扭转日本航空的颓势，获利1880多亿日元，创造了又一个神话。

10.3 战略变革的主导逻辑

在全球化与信息化不断冲击的今天,全球范围正在引发一场深刻的经济与社会的结构性变革,由此带来价值的转移与范式的改变。许多企业为了避免消逝在时代的洪流中,将企业战略上的"求变"与"应变"视为不确定性环境下企业拯救危机、"做大、做强、做久"的重要生存法则。而围绕企业是否应该变革以及该怎样变革,即战略变革的"源"与"内在逻辑"问题,既有来自环境等客观因素的作用力,也有来自企业领导者认知等主观因素的主导力,而存在于战略变革表面之下的"根本"问题,即"变革主导逻辑",才是企业战略变革问题的核心与关键所在。

本节主要讨论在战略决策过程中,由于每个人的选择性认识的不同,而造成各企业的领导对环境和资讯有不同的理解。所谓"战略变革主导逻辑",是指对战略变革问题的深层次基本假定,它提供一种"心智地图"(cognitive map),该心智地图将有意地、无意地引导企业领导者根据自己的认知,做出相关的企业战略变革。只有主观因素共同作用才能使企业朝着正确的方向发展。所以,对于战略变革的主导逻辑,应当与行为、方式的选择整合在一起,进行系统的思考。

10.3.1 战略先应式

塑造未来,先机为贵。采用该范式的企业通常是行业的领先者,企业领导者为了保持持续的竞争优势和领先地位,往往前瞻性地主动去寻求变革。永续经营的驱动力就是变,而且不是在不得不变的时候才变,而是提早变,在问题尚未发生时就变。

同其他电子设备制造商一样,作为民营企业,华为最开始也是通过低成本仿制设备起家的。随着国内销售额的不断增加,华为迅速壮大起来。但随着中国加入 WTO,国内市场的竞争不断加剧,华为迫切希望能走向世界,而不是仅仅做个"本土精英"。经过近些年的快速发展,华为已开始向全世界销售先进设备,同时还在欧洲、印度和美国等地四处招揽人才,以及与很多顶级合作伙伴,包括微软、高通和英特尔等合作,来不断增强自己的实力。

战略先应式企业的特点主要有:
(1) 抢占先机成为先行者(first mover)主导者;
(2) 关注战略定位;
(3) 通过创新,建立新的经营范围;
(4) 使命或愿景导向,愿景在战略变革中发挥了导向作用,因为愿景促进了对未来的预见性;组织通过学习,获取核心能力。

企业只有通过不断学习,才能使企业的能力与不确定的环境相匹配,才能对于环境的潜在威胁和机会予以及时回应。

当然,对于行业领先者的企业来说,尝试着前所未有的变革是有很大风险的,而且这些企业的部分管理者也会因为过去业绩的出色，可能会阻碍变革，甚至造成"成功的报应"。在现今"超级竞争"与"动态竞争"的时代，不进则退，企业应当具有预见性，忘记过去，至少要部分地忘记过去。保卫今天的领先地位，代替不了创建明天的领先地位。因此，要保持其领先地位，必须要不断地赋予新意，创造未来的机会份额，甚至可以改变行业的游戏规则。

法国米其林轮胎公司希望法国的汽车使用者每年行驶更多的里程，从而导致更换更多的轮胎。于是，它提出以三星制体系来评价法国境内的旅馆，其评价报告说，许多最好的饭店都在法国的南部，这使得许多巴黎人考虑驱车去法国南部旅游。

10.3.2 战略因应式

俗话说"有什么金刚钻，揽什么瓷器活"。但对于那些虽然资源与能力弱，但变革意愿强的企业来说，它们坚信自己能够创造奇迹，因而主动求变，提前考察市场的需求，并为适应未来市场的需求而提前做好准备。

采用该逻辑范式企业的主要特点体现在以下几方面。

（1）求胜心强。确立使命或愿景在战略中的地位，由于具有强烈的变革意愿与危机意识，往往能调动员工的积极性和主观能动性。

（2）崇尚积极主动的变革。

（3）不是被动的等待，而是主动的期待变革时机的到来，变被动决策为主动决策。

（4）突出战略变革的绩效性。该范式是建立在预测基础上的。

（5）战略对公司绩效的影响，遵循的是"感知—实验或尝试—学习"这一发展与变革路径。

但是，由于该范式强调的是因环境的变化而积极求变，若自身的能力与资源不足以变革，会影响企业的稳定性和战略实施的连续性。没有相应的人才、资金和管理平台，豪情壮志往往只能给人"心有余，而力不足"的感觉。

10.3.3 战略反应式

中国有句俗话"枪打出头鸟"，因而在中国，许多企业宁愿当老二。大多数有变革能力的企业，却因变革意愿弱，基于环境的不确定性而随波逐流。只有当利益受到威胁与挑战时，企业才不得不正视来自企业内外变革动因的挑战，并做出相应的反应。

采用该逻辑范式企业的主要特点体现在以下两点：

（1）该企业大多是行业追随者，跟随领先者进行有限的模仿和跟随式的战略变革；

（2）最大的好处是降低风险。

但由于保守与战略的滞后，领导者通常满足于现状，基于"适应现在"的思维，被动地随着环境的变化而改变战略，使企业疲于应付，战略的滞后性有可能贻误时机，对企业发展造成不利的影响。这类企业应当具备快速识别环境和市场变化的能力，由于其资源的优势，一旦先行者失败，可集中力量超越竞争对手。

10.3.4 战略后应式

如果环境慢慢地恶化，企业管理者却浑然不知，就可能导致彻底的失败，使企业在这个世界上永远消失，即所谓的"煮熟青蛙并发症"。这绝对不是危言耸听。但是有些企业在面对着激烈的市场竞争时，管理者不仅缺乏未来的发展战略，也从不进行旨在探索未来发展趋势的各种尝试。只有为了挽回不利的局面，企业才被迫无奈地进行变革。

采用该逻辑范式企业的特点有以下两点。

（1）由危机事件所触发，变革成本高。当企业已面临内外交困、绩效与运营危机时，企业上下才不得不采取战略变革。但是由于存在战略变革的"时滞"，错过了最佳的变革时机，因此，只有采取大量的措施、付出较大的代价才能挽回劣势。

（2）内部变革阻力小。到了企业危机四伏、濒临破产的时候，包括管理层和员工应当不会有人拒绝进行突变式的变革了。

10.4 战略变革的主要类型

实施战略变革的企业因竞争基础、变革方向、力度以及途径的不同，变革的具体类型也不同。如联想通过并购 IBM 全球 PC 业务，扩大了市场份额以及社会影响力；格兰仕多年以来一直实行专业化战略，占据着国内微波炉市场老大的位置。

▶ 1. 依据基础选择的战略变革类型

迈克尔·波特在《竞争战略》一书中，曾提出三种基本战略，即成本领先战略、差别化战略和集中化战略。在选择业务层战略时，企业获得竞争优势的途径：一是在产业中成为成本最低生产者；二是在企业的产品和服务上形成与众不同的特色，企业可以在或宽或窄的经营目标内形成这种战略。

▶ 2. 依据方向选择的战略变革类型

安索夫 1957 年提出了"产品与市场配合"的概念，他认为依据产品和市场的组合，企业经营战略由现有产品、未来产品、现有市场、未来市场四项要素组成（表 10-2）。

表 10-2 依据方向选择的战略变革类型

市 场	产 品	
	现有产品	新 产 品
现有市场	市场渗透	产品开发
未来市场	市场开发	多元化

▶ 3. 依据力度选择的战略变革类型

从战略发展力度来考虑，企业的战略发展分为稳定型发展战略（stability strategy）、增长型发展战略（growth strategy）和紧缩型发展战略（retrenchment strategy）。

从企业经营风险的角度来说，稳定型发展的风险是相对较小的，对于处于上升趋势的企业和在一个相对稳定的外部环境中经营的企业会很有成效。

增长型发展战略能保持企业的竞争实力，实现企业的竞争优势。实施扩张型发展战略的企业由于发展速度较快，往往更容易获得较好的规模经济效益，从而降低生产成本，获得超额的利润率。

紧缩型战略同扩张型战略刚好对应，是一种在外部环境对企业不利的情况下，企业不得不采用向后退却的战略，通过减少成本与资产而重组企业，以扭转销售和盈利的下降。

▶ 4. 依据途径选择的战略变革类型

从战略发展的途径考虑，企业可以进行内部开发、并购以及战略联盟或合资。采用内部开发战略时，企业通过内部的不断创新、变革，以开发新产品进入新市场或改变行业游戏规则，重新塑造新的市场，从而进入一个新的行业。任正非在《华为的冬天》一文中提到："十年来，我天天思考的都是失败，对成功视而不见，也没有什么荣誉感、自豪感，而是危机感。也许是这样才存活十几年。"正是由于这种危机意识，华为不断寻求创新、发展，并与IBM、英特尔、摩托罗拉等世界一流的企业成立联合实验室，广泛开展技术与市场方面的合作。

企业并购是指一家企业通过购买另一家公司的部分或全部股权、资产所有权或经营控制权，之后将被并购公司的业务纳入其战略投资组合，作整体系统性安排，按照一定的并购目标、方针和战略组织运营，从而达到更加有效利用其核心竞争力的目的。

战略联盟一般指两个或两个以上的经济实体为了实现特定的战略目标，在保持自身独立性的同时通过股权和非股权的方式建立的较为稳固的合作关系。

10.5 战略变革方式

电话进入25%的美国家庭花了35年的时间，电视只花了26年，收音机22年，个人电脑16年，互联网7年。可见，创新、变革已成为企业生存的救生索。从当今的竞争态势看，领导者应当成为企业的"建筑设计师"，必须学会否定，善于放弃。应该说过去的变革越成功，就越有信心放弃过去。变革意味着从感情上放弃对某些人或某些想法的依附；意味着打破均衡，放弃过去成功的模式；意味着看清楚未来之前就必须放弃。做一次挑战者，其实只要向老公司的传统观念挑战足矣；做两次挑战者，就必须具备向自己的传统观念挑战的能力。

传统的战略变革模式，根据变革的程度或幅度分为温和的渐进式变革，即渐变；剧烈的地震式变革，即突变。但进入21世纪后，企业的经营环境与过去相比截然不同，环境不确定性之特征尤为明显。那种适应过去环境的传统变革方式难以体现企业战略变革的需要，在不确定性的背景下必将酝酿出新的变革方式及新的特性，变革方式会呈现出多元化的特征。环境的复杂性使上述分类不再合理。企业的战略变革应当具有多元化特征，并基于系统思维与整合的观点。本书依变革的频率和幅度，即从时间与空间两个维度，分为战略渐变式、战略突变式、战略连变式和战略跳变式。

10.5.1 战略渐变式

战略渐变式变革是指企业在相当长的时期内，小幅度、循序渐进地实施战略变革。实际上，渐变也可看成量变积累到一定程度，发生质变的过程，战略渐变式是一种逐步推进的、计划式的变革过程，变革的程序多采用自下而上的方式，由于该变革是通过沟通合作与连续性学习而执行的，因此在实施过程中，往往变革的阻力比较小，进度容易控制。

10.5.2 战略突变式

战略突变式变革是指企业在短期内迅速地、大幅度地推进战略变革的方式，它是一种无法事前计划、不可确定的剧烈的变革。其本质实际上就是从量变到质变的快速裂变及连续性的过程。

战略突变式是突发式的、但并不理性的方式。变革的程序多采用自上而下的方式，企业领导者往往抱着"不成功，便成仁"的思想。当然，在短期时间内，可能会出现立竿见影的效果，但对于企业的长期发展是不利的。由于该变革方式涉及的范围广，是从战略业务单元到公司层的总体战略，因此，这种变革具有相当大的风险。

10.5.3 战略连变式

战略连变式变革是指企业在相当长的时期内，以大小不等的规模、幅度和频率，采用连续的实验、试错和调适，快速进行战略变革。现今的企业领导者不应该是一名"维修工程师"，而应该是名"建筑设计师"，通过对战略的重新定位，构建未来与众不同的战略。

战略连变式是基于不确定的环境，因此企业的战略变革不应该是僵化的、刚性的，应该基于企业的能动性及资源与能力的优势，以此来挑战不确定性的环境。整个变革过程不是渐变，也非剧烈的突变，而是介于两者之间。

该变革的程序是上下结合、互动的方式，新的方向能随着各个层次的不断反应而不断扩展和演化。变革常常围绕着产品服务和战略核心，涉及的范围有大有小，有时是业务层，有时是公司层，因而变革的阻力比较小。

该方式有助于企业保持当前的与未来的战略方案的持续性，确保企业能够有效率地发展。

10.5.4 战略跳变式

战略跳变式变革是一种非常规的、不连续的战略变革，该方式又称为跳跃均衡变革方式或动态均衡变革方式。跳变一般由企业内在的深层结构与环境严重不匹配所致，并由一些内外动因或事件所触发。

企业在长期的均衡时期中以渐变式求得稳定发展，而在短期中又有节奏地进行突变式改变。该变革方式隐含着，当企业处于稳定、平衡发展时期，组织内部非常凝聚，产生了惰性。因此，要进行一次革命性的变革，克服企业的惰性，才能使企业走上重新发展的道路。战略跳变式与战略连变式一样，都采用上下结合和互动的方式，变革涉及的范围大小不一，体现为计划与非计划相结合。

总之，战略跳变式变革主要是让企业的管理层和员工们有危机意识，从而有助于建立一种对战略适应性追踪的机制，不断测试企业的战略导向与环境所需要的战略导向匹配功能的适应性，也有助于在变动的环境下避免削弱企业的竞争力。

10.6 成功变革的主要因素

随着信息时代的到来和企业国际化的趋势增强，以及我国市场经济体制的不断完善和加入WTO后所导致的竞争规则国际化，国内企业战略管理的逻辑正从"机会主义型"和"关系主义型"转变为"市场主义型"和"公平主义型"。企业战略变革也日益被中国企业所重视，但对多数中国企业而言，战略变革的效果并不令人满意。中国企业的改革浅尝辄止者多，实质变化者少；观念守旧者多，文化更新者少；对企业改革必要性的认识，停在口头上者多，深入脑海者少。

对于企业未来的发展和变革，不应闭门造车，而是要知己知彼，找到自己的标杆，相互借鉴。成功变革的因素有以下几种。

▶ 1. 转变经营理念

正如前文中所说到的，不同的年代和时期，企业面对的环境以及自身的资源、能力都在改变，因此，企业的经营观念应该与时俱进。随着我们已经步入新世纪，竞争日趋激烈，企业必须要忘记过去的辉煌，改变经营理念(表10-3)。

表 10-3 经营理念的转变

旧 的 特 征	新 的 特 征
适应未来	创造未来
价格竞争	价值竞争
产品质量思维	全面质量管理
产品优先	顾客优先
财务导向	综合导向

▶ 2. 树立危机意识

没有危机意识，就没有紧迫感，企业常常认为现在采取的行动已经是很完美的，这种自满心态直接导致变革过程被戏剧性地延长。在许多方面危机意识激活了企业的变革，事实上，危机意识能够使许多员工跳出对变革的抵制转而支持变革。科特认为当企业75%的管理者真正地认为业务发展不能令人接受时，紧迫感和危机感能够驱动成功的变革发生。一旦多数关键员工相信应该变革时，变革就成为内在驱动力，容易达到变革目标。紧迫感和危机感一旦能够获得支持和推动变革行动，就可以驱动快速而有效的变革达成。

▶ 3. 建立一支强有力的领导团队

任何组织变革的成功，都需要一个强有力的领导团队。这个工作团队理想地由有才华、令人尊敬的中高层管理者组成。最关键的是，他们应该有强烈的创新、变革精神。尽管许多成功的变革型领导来自企业外部，但也有许多来自企业内部。通用电气的韦尔奇，在公司工作了21年后被提升为首席执行官。在韦尔奇任期内，他领导了通用电气公司的伟大变革。格洛夫上任英特尔的CEO后，认为公司经营战略的转型必须由高层来推动，并且意识到战略的制定及诠释是决策者们的工作，而不仅仅是某个部门的转型。

在构建了一个强有力的工作团队后，最重要的事情便是变革型领导应该成为沟通网络的中心，他应该不断地与员工沟通，了解他们的需求是否得到满足、兴趣是否和工作方向一致等。

▶ 4. 识别变革需求

变革是对企业现状不满，为了企业更好地发展而变，而不是为了变革而变。只有大家明确了变革后将会带来的成效和好处，才会投入精力支持变革。美国3M公司通过大力推行时间节奏的方法来确定公司前进的节奏和步伐(战略目标)，即公司25%的销售额必须来自上市不超过4年的产品，从而形成了半固定式的战略趋向，最终使公司获得持续不断的竞争优势。

▶ 5. 注重变革的艺术性

变革是革命，需要"流血"，即裁员、精简结构，但其不等于蛮干，要注意艺术性。对于变革的认识，人们各有不同的看法。因此要使变革顺利进行，管理者必须合理地安排好变革的时间和进程，选择好时机，把握分寸。在变革之前，要考虑变革中产生的问题以及可能发生的种种后果，提前采取预防措施。

▶ 6. 通过价值创新来进行变革

传统观点认为应该回到基础，传统观点还认为应该缩减成本。但传统观点注定要失败，成功者是那些在每天的经营中都最大胆思考不断创新的人们(加里·哈默尔)。创新已成为几乎每个行业生存和发展的必要条件。

10.7　变革中的阻碍因素

战略变革不以人的意志为转移，它既包含着无限的机会，更蕴含着巨大的风险。因此，在战略变革的实践过程中，管理者要正视变革的阻力，积极地采取各种有效的措施来消除这些阻力，以保证变革的顺利实施。阻碍战略变革的主要因素有以下几种。

▶ 1. 企业家认知刚性

"在国外，70%的组织变革以失败告终；85%的公司认为，其公司领导的变革能力达不到要求；80%以上的企业把领导变革列为未来最重要的领导技能。"在某种程度上，企业战略变革的主要原因在于领导者的主观认知与意愿。如果领导者认为企业有变革的需要并因此产生了足够的能量与意愿时，他就会千方百计地克服变革的障碍，打破原有企业的深层结构，进入变革阶段。

然而，正是由于企业家的权威性，其刚性的认知和错误的决策往往阻碍企业的发展。人如果位于某个职位上，其思维就很容易被该职位的框架所限制，只会考虑自己的立场，而无法设身处地去观察事物的全局。更为糟糕的是，如果领导者故步自封，不采纳别人的观点，就会以独裁的方式来处理问题，便逐渐形成了企业家认知的刚性，导致了企业变革难以实施。

▶ 2. 对未来的不可预见性

这是个爆炸性变动的时代，而我们正站在爆炸的原点。多数人都不喜欢生活在不确定性之中，但战略变革的结果常常具有很大的不确定性和风险性。"变革是找死，不变革是等死"，这正是现今企业领导者和员工对变革后果担忧的真实写照。大多数人都会有风险厌恶的心理，比如"营销近视症"，即企业往往更加关注眼前利益，即使拥有多余的闲散资源时，也不把这些资源用于新的市场拓展。正是"与其面对不可预见的未来，不如安于现状"的心理，造成了战略变革中最大的阻力。

▶ 3. 组织惰性

战略变革就是为达成企业的永续发展，掌握社会环境的脉动，不断地变换思维模式，重新设计经营事业的流程及相关的活动。而组织内部的活动一旦形成了，就很难改变。一个企业如果不做新的尝试，就不会有永续的经营。而由于受到组织长期的运作思维影响，对一定事物有习惯性的反应，在以后出现类似现象的情况下，组织会习惯性采取相同的做法，诚然，组织惰性可以稳定现状，但对于企业永续经营，则会产生阻碍作用。

▶ 4. 战略目标不明确，变革方式设计不合理

正如前文中所说的那样，战略变革方式有无优势，关键在于是否符合企业的现状。当然，变革最重要的还是在于企业的管理者，管理者对企业所处的环境和内部情况的变化，应当保持清醒的认识和敏锐的反应。切记，不是为了变革而变革，而是为了企业的永续经营。

▶ 5. 企业文化

"习惯不是最好的仆人，就是最差的主人"。企业的战略变革最重要的是企业文化的变革——建立起一种与战略相适应的企业文化。企业文化就是企业的一片沃土，支撑着企业的长远发展。企业文化一旦根植于员工的心中，在正常的经营活动中，人们可能忽视了它的存在；而当发生变革时，文化就会束缚人们的思维，阻碍着企业的发展。没有培养出创新和变革的文化，不能使之落地生根，即使拥有再好的资源，也无济于事。对于那些抗拒变革潮流的企业和组织，进行变革最有效的做法就是从企业文化的变革开始。

企业进行战略变革的目的是在于"好了，还要更好"，即在现有的基础上，创造新的利润空间，获得更大的饼，而不是瓜分现有的饼。因此，只有实现"双赢"的企业文化。促使大家都能乐于接受变革，最后将变革的成果公平的分配给每位对变革有贡献的参与者，战略变革的步伐才能放大。而在双赢的企业文化中，要突破信赖的瓶颈，企业才能壮大。

小结

战略变革是企业为取得或保持持续的竞争优势,在企业内部及其外部环境的匹配方式正在或将要发生变化时,围绕企业的经营范围、核心资源与经营网络等战略内涵的重新定义,而改变企业的战略思维以及战略方法的过程。影响企业战略变革的因素分为环境、企业、使命或愿景及领导者。由于存在不同的思维逻辑模式,导致企业变革的方式和效果大不相同,主要有战略先应式、战略反应式、战略后应式和战略因应式四种模式。企业战略变革的类型可根据竞争基础、变革方向、力度以及途径来划分。企业实施战略变革的方式主要有战略渐变式、战略突变式、战略连变式和战略跳变式。企业应该根据外部环境以及内部状况等因素,来实施相应的变革方式。组织在进行变革时,导致其成功变革的主要因素有:经营理念的转变、树立危机意识、建立一支强有力的领导团队、识别变革需求、注意变革的艺术性、通过价值创新来进行变革。当然在实施变革的过程中,必然存在一些障碍,主要体现在企业家认知刚性、对未来的不可预见性、组织惰性、战略目标不明确、企业文化等方面。

章末案例

调整心态　享受变化

2008 年 2 月,当星巴克的 7 100 家门店在某天下午突然同时关门停业,由此拉开一场浩大而深刻的公司变革时,社会舆论一时烽烟四起。娱乐至死时代,无论传统媒体,还是各种网络传播平台都纷纷给予负面报道,标题党冷嘲热讽无所不用其极,连脱口秀都在恶搞"没有星巴克的世界?"但是霍华德和他的团队知道自己在做什么,135 000 名咖啡师必须重新接受培训,以确保他们能够精确无误地调制出意式浓缩咖啡,重新唤醒给顾客创造价值的激情。"如果他们只是机械地完成一个动作,而没有用心,那等于自我放弃 40 年坚守的品牌使命:激发人类的灵感"。而早已迷失了方向的经营管理需要下大力气调整,但是危机四伏、前途未卜。

但正是霍华德的敏感,使得星巴克赶在世界金融危机之前先行一步,掀起了一场自我救赎的运动、重塑星巴克精神的灵魂之旅,从而惊心动魄地逾越了一场可能的覆顶之灾。

"人不是不喜欢改变,而是讨厌被改变"。当你知道自己往哪里去时,全世界都会为你让路;但是当你决定要转变时,全世界都成了阻力。新的坦途常常始于逆旅,所以霍华德在拯救星巴克的行动中,用了"一往无前"这个口号为自己的团队喊加油。

对于管理团队而言,实现企业的战略和推动企业的成长是其职责和价值所在,这也是作为一个管理者能够胜任的工作和需要承担的责任。而组织变革和战略转型,一定会给大家带来困扰和不安,也的确会让大家在经历变化中感受压力。峰回路转、柳暗花明,从转变心态开始。所以我给同事们的建议是:拥抱变化,享受变化!

第一,不要在意别人的评价,而要在意对自我的要求。在这些调整过程中,同事们听到非常多的信息,也得到各种各样的评价。当这些评价干扰了你正常工作的时候,我非常希望你可以回归到对自己的要求上。我们工作的评价并不来源于其他人的看法，而是来自于工作品质本身，如果我们谨守工作品质，谨守价值贡献，就可以对自己问心无愧。如果在意别人的评价多过于自我的要求，因为影响了心情所以影响了工作的品质，这是一种借口而已，但是这个借口并会因此真的让我们自己得以解脱，劣质的工作成果不是别人的标签，而是自己的标签。这一点需要我们清醒。

第二，变革就是给了每个人画图的机会，我们可以自己规划属于自己的未来。改变的确会带来阵痛、不安和未知，这是改变的基本特点。也正因为此，改变也会带来机会、可能和奇迹，这同样是改变的基本特点。如果我们感受到痛苦、不安和未知，那么也就会一样感受到机会、可能和奇迹。如果仅仅是感受到前者而没有感受到后者，只能说明我们拥有的是负向思维和态度。具有负向思维的人，一定会被动地等待，这样的结果会导致你陷入一种等来却不想接受的窘态。具有正向思维和态度的人，一定会积极接受挑战，快乐迎接变化，期待着创造奇迹，这样的结果会将你带到从未有过的高度。积极的态度让自己获得了规划属于自己的未来的机会和可能。

第三，不怕有问题，所有的问题都有解决的方法，也都会带来全新的成就体验。改变会带来问题，有些问题是历史存留下来的，有些问题是因为改变带来的，有些问题本身存在而被我们忽略了。但是不管什么原因产生的问题，只要是问题就有解决的办法，只要是问题，就有因解决问题而带来的新发现。无论是组织变革还是战略转型，调整、打开就会暴露问题，自己的问题露出来别怕，别人的问题露出来别怨，需要的是负责任的行动。如果我们大家都能够保持接纳的心态来面对问题，都能够保持负责任的心态来解决问题，我相信一切都会朝着好的方向发展，当我们齐心解决问题的时候，无论是过程还是结果，都会带来全新的体验，并获得意想不到的收获和成效。

结语：星巴克赶在世界金融危机之前先行一步，掀起了一场自我救赎的运动、重塑星巴克精神的灵魂之旅，从而惊心动魄地逾越了一场可能的覆顶之灾。这给我们的启示便是：调整心态，拥抱变化。

资料来源：陈春花(新希望六和股份有限公司联席董事长兼CEO)：调整心态，享受变化
http://www.360doc.com/content/16/0216/11/28681596_534970019.shtml

问题：星巴克能够成功实现企业变革的原因是什么？

复习与讨论

1. 什么是战略变革？就战略变革的发展历程谈谈自己的看法？
2. 为什么要进行战略变革？
3. 企业进行战略变革时，其战略主导思维逻辑有哪些？并举例说明。
4. 战略变革有哪几种主要类型？它们各自的特定是什么？
5. 通常企业进行战略变革的主要方式有哪些？
6. 组织变革的概念是什么？
7. 变革成功的原因是什么？

8. 影响战略变革的主要阻碍是什么?

线上课堂——训练与测试

战略实践演练

在线自测

期末试卷(A卷、B卷)

参 考 文 献

[1] 龚荒. 战略管理——理论、方法与案例[M]. 北京：人民邮电大学出版社，2016.

[2] 黄旭. 战略管理——思维与要径[M]. 北京：机械工业出版社，2015.

[3] 蓝海林. 企业战略管理[M]. 北京：中国人民大学出版社，2015.

[4] 徐飞. 战略管理[M]. 3版. 北京：中国人民大学出版社，2016.

[5] 迈克尔·希特，R. 杜安·爱尔兰，罗伯特·霍斯基森. 战略管理：概念与案例[M]. 12版. 刘刚，梁晗，耿天成，等，译. 北京：中国人民大学出版社，2017.

[6] 迈克尔·A. 希特，R. 杜安·爱尔兰，罗伯特·E. 霍斯基森. 战略管理：竞争与全球化（概念）[M]. 12版. 吕巍，等，译. 北京：机械工业出版社，2012.

[7] 迈克尔·A. 希特，R. 杜安·爱尔兰，罗伯特·E. 霍斯基森. 战略管理：概念与案例[M]. 10版. 刘刚，吕文静，雷云，等，译. 北京：中国人民大学出版社，2013.

[8] 弗雷德·R. 戴维. 战略管理：概念与案例[M]. 13版. 许飞，译. 北京：中国人民大学出版社，2012.

[9] 约翰·皮尔斯二世，小理查德·鲁滨逊. 战略管理——制定、实施和控制[M]. 12版. 钱锋，译. 北京：中国人民大学出版社，2015.

[10] 肖智润. 企业战略管理：方法、案例与实践[M]. 2版. 北京：机械工业出版社，2018.

[11] 马浩. 战略管理学精要[M]. 2版. 北京：北京大学出版社，2015.

[12] 明茨伯格，阿尔斯特兰德，兰佩尔. 战略历程：穿越战略管理旷野的指南[M]. 2版. 魏江，译. 北京：机制工业出版社，2012.

[13] 邵一明. 战略管理[M]. 2版. 北京：中国人民大学出版社，2014.

[14] 蓝海林. 转型中的中国企业战略行为研究[M]. 广州：华南理工大学出版社，2007.

[15] C. W. J. 希尔，G. R. 琼斯. 战略管理[M]. 孙忠，译. 北京：中国市场出版社，2008.

[16] 谭力文，吴先明. 战略管理[M]. 武汉：武汉大学出版社，2011.

[17] 肖海林. 企业战略管理：理论、要径和工具[M]. 1版. 北京：中国人民大学出版社，2008.

[18] 金占明，杨鑫. 战略管理[M]. 北京：高等教育出版社，2011.

[19] 项保华. 战略管理——艺术与实务[M]. 北京：华夏出版社，2001.

[20] 王德中. 企业战略管理[M]. 成都：西南财经大学出版社，2002.

[21] Funk K. Sustainability and Performance[J]. MIT Sloan Management Review,

2003, 44(2): 65-70.

[22] Blyler M, Coff W. Dynamic Capabilities, Social Capital, and Rent Appropriation: Ties That Split Pies[J]. Strategic Management Journal, 2003, 24(7): 677-686.

[23] King A W, Zeithaml C P. Measuring Organizational Knowledge: A Conceptual and Methodological Framework [J]. Strategic Management Journal, 2003, 24(8): 763-772.

[24] Zott C. Dynamic Capabilities and the Emergence of Intraindustry Differential Firm Performance: Insights From A Simulation Study[J]. Strategic Management Journal, 2003, 24(2): 97-125.

[25] Ireland R. D, Hirc M A. Mission Statements: Importance, Challenge, and Recommendations for Development[J]. Business Horizons, 1992, 35(3): 34-42.

[26] Wind J. A Plan to Invent the Marketing We Need Today[J]. MIT Sloan Management Review, 2008, 49(4): 21-28.

教师服务

感谢您选用清华大学出版社的教材！为了更好地服务教学，我们为授课教师提供本书的教学辅助资源，以及本学科重点教材信息。请您扫码获取。

》教辅获取

本书教辅资源，授课教师扫码获取

》样书赠送

企业管理类重点教材，教师扫码获取样书

 清华大学出版社

E-mail: tupfuwu@163.com
电话: 010-83470332 / 83470142
地址: 北京市海淀区双清路学研大厦 B 座 509

网址: http://www.tup.com.cn/
传真: 8610-83470107
邮编: 100084